Rüdiger Proske

Vom Marsch durch die Institutionen zum Krieg gegen die Wehrmacht

Rüdiger Proske

Vom Marsch durch die Institutionen zum Krieg gegen die Wehrmacht

Zweite Streitschrift wider den Mißbrauch der Geschichte deutscher Soldaten zu politischen Zwecken

v. HASE & KOEHLER VERLAG

Gesamtherstellung: Zechnersche Buchdruckerei, Speyer
Printed in Germany · ISBN 3-7758-1365-9

Inhalt

Man hat sich derer anzunehmen,
die Geschichte erleiden mußten,
um sie gegen jene zu schützen,
die sich anmaßen, Geschichte
machen zu müssen.

Albert Camus

Versöhnen statt spalten

Dr. h.c. Johannes Rau

Ein Nachwort als Vorwort

Dieses Buch ist die Fortsetzung der Streitschrift: "Wider den Mißbrauch der Geschichte deutscher Soldaten zu politischen Zwecken", die im Mai 1996 erschien. Sie wurde von den elektronischen Medien und der großen überregionalen oder regionalen Presse durchweg totgeschwiegen, erreichte dennoch inzwischen ihre vierte Auflage und wurde mit Sicherheit von über 20 000 Menschen gelesen. Sie hatte zwei Ziele: sich der Unwissenschaftlichkeit und den Halbwahrheiten der Ausstellung des Hamburger Instituts für Sozialforschung "Verbrechen der Wehrmacht - 1941 - 1944" entgegenzustellen und zweitens die wissenschaftliche Basis für diesen, seit langem vorbereiteten neuen Vorstoß der radikalen Linken auf das "establishment" zu enttarnen.

Zu enttarnen war zunächst die "rote Zelle" des Militärgeschichtlichen Forschungsamtes, die über fast 20 Jahre mit dem Geld der Steuerzahler die systematische Diffamierung der Kriegsgeneration vorbereitet und diese dann zusammen mit der Ausstellung des Multimillionärs Jan Philipp Reemtsma und seines "wissenschaftlichen Leiters", des Altkommunisten Hannes Heer, vorangetrieben hatte. Die Enttarnung und die allmähliche Zurückdrängung des Einflusses der "roten Zelle" im MGFA ist gelungen. Auch der Beweis der Unwissenschaftlichkeit der Reemtsma-Veranstaltung kann als erfolgreich geführt angesehen werden. Eine Wirkung auf die Ausstellung hat das nicht gehabt, weil diese inzwischen von einem angeblich wissenschaftlichen Bemühen, den Mythos von der "sauberen" Wehrmacht zu zerstören, zu dem übergegangen ist, was sie wahrscheinlich immer sein sollte, ein Instrument zu einer neuen Machtentfaltung der radikalen Linken mit Hilfe einer Art Stellvertreter-Krieg, in dem die Wehrmacht die Rolle des von der Linken seit Jahren so verzweifelt gesuchten emotionalisierbaren neuen Feindbildes zu übernehmen hatte.

Die "rote Zelle" des MGFA hat seit ihrer Enttarnung durch die Streitschrift "Wider den Mißbrauch ..." wesentlich an Bedeutung verloren, ja man kann sogar sagen: sie ist zerschlagen. Viele ihrer Mitglieder gingen in Pension. Dr. Wilhelm Deist pusselt wissenschaftlich in Freiburg herum; der Titular-Professor und ehemalige Leitende Historiker im MGFA, Dr. Manfred Messerschmidt, tingelt mit der Ausstellung des Hamburger Instituts durch Deutschland und wird von den elektronischen Medien ständig zu wenigstens ihm sehr wohltuenden Äusserungen gebeten; Dr. Wolfram Wette verdirbt in Freiburg weiterhin Studenten und arbeitet mit Zeitverträgen tüchtig im Hamburger Institut mit; Jan Philipp Reemtsma eröffnet ständig neu seine Ausstellung und will das mindestens bis in das Jahr 1999 weiter tun, - begleitet zeitweise von Dr. Gerhard Schreiber, der vor seiner Pensionierung 1996 schnell noch ein wegen seiner Einseitigkeit giftiges Buch über "Deutsche Kriegsverbrechen in Italien" geschrieben hat, wie auch von Dr. Gerd R. Ueberschär, der sich in seinem Buch über das Nationalkomitee "Freies Deutschland" und den "Bund Deutscher Offiziere" 1995 weiter um die sogenannte integrale Widerstandstheorie - in Fachkreisen als "Widerstandsgulasch" belächelt - bemühte. Inzwischen sitzt er die letzten zwei Jahre vor seiner Pensionierung, da er Freiburg nicht verlassen wollte, in dem dort ansässigen Bundesarchiv/Militärarchiv ab. Bleiben an der Kampffront also noch Professor Hans-Erich Volkmann als Leiter des Forschungsbereiches im MGFA, Dr. Jürgen Förster, und der Verfasser der einzigen unglaublich müden Kritik des MGFA an der Reemtsma-Ausstellung in den "Militärgeschichtlichen Mitteilungen 54" (1995) Heft 1, Rolf Dieter Müller.

Auch im Streit um die Bände 9 und 10 der auf zehn Bände angelegten Prestigereihe des MGFA "Das Deutsche Reich und der Zweite Weltkrieg" sind Fortschritte zu vermelden. Dem Autorenteam des Bandes 9 werden zwar nach wie vor die Herren Messerschmidt, Förster und Ueberschär angehören, aber man hat zwei weitere Autoren gewonnen, um einen politischen Ausgleich zu schaffen, und gab den Auftrag, sie zu finden, in die Hände von

Professor Dr. Hans-Ullrich Thamer als dem Vorsitzenden des Ständigen Beirats für das MGFA, dem es seit seiner Institutionalisierung obgelegen hatte, in den Publikationen des Amtes für Ausgewogenheit zu sorgen. Auch muß der Veröffentlichung noch das Imprimatur erteilt werden, - und zwar von dem im März 1997 ernannten Amtsnachfolger von Kapitän zur See Dr. Werner Rahn, dem langjährigen Leiter des Referates Fü SI4 (zuvor SI3) Oberst i.G. Friedhelm Klein MA., der nun das MGFA wesentlich enger an das Verteidigungsministerium anbinden wird, als das bisher der Fall war. Über den Band 10, der einmal als Krönung des Werkes von Messerschmidt und seiner "roten Zelle" gedacht war, wird zur Zeit überhaupt nicht mehr geredet.

Aber es sind nicht nur die Veränderungen in der Personalstruktur, die einen Wandel in dem jetzt in Potsdam residierenden MGFA bewirkt haben. Es gibt auch einen Stilwandel im MGFA selbst. Als Anfang September 1996 in der Presse ein Artikel erschien, daß die Sonderberichterstatterin, Linda Chavez, in einem Zwischenbericht für eine Unterkommission der Menschenrechtskommission der UNO geschmackvoller Weise festgestellt habe, deutsche Truppen hätten in beiden Weltkriegen systematisch Frauen vergewaltigt, ließ das die Herren im Verteidigungsministerium nun doch nicht mehr ruhen. Sie forderten eine kurze Stellungnahme des MGFA an und siehe da, bereits am 19. November 1996 lag sie vor, eine sorgfältige Studie, die kein abschließendes Urteil enthielt, aber aus dem vorgelegten Material dem Auswärtigen Amt jede Voraussetzung gab, den Behauptungen von Frau Chavez massiv entgegen zu treten. Man stelle sich vor, das MGFA hätte durch entsprechend vorausschauende Forschung, den interessierten Wisssenschaftlern, den Soldatenverbänden oder wichtigen, von den Reemtsmas heute in geradezu obszöner Weise angegriffenen Widerstandskämpfern, wie Henning von Tresckow, entsprechende Unterstützung geben können. Stattdessen zog sich das Verteidigungsministerium auf die hoffnungslose Position zurück, daß es in der gegebenen Lage keinen anderen Weg gebe, als sich vor der eskalierenden politischen Auseinandersetzung fernzuhalten, einer Auseinandersetzung, welche die Bundeswehr, die ja schließlich von Wehrmacht-Offizieren und -unteroffizieren aufgebaut wurde, eines Tages eben doch in den Morast mit hineinziehen könnte. So kapituliert bei uns einmal mehr der Staat vor der Macht der radikalen Linken, diesmal vor einem Milliardär, der sein Vermögen von einem Kriegsgewinnler des Nazi-Regimes geerbt hat, und einem Alt-68er, der den Haß auf sein nationalsozialistisches Elternhaus auslebt.

Muß auch der Verteidigungsminister Volker Rühe alledem nur zusehen? Eigentlich nicht. Er ist ein gewiefter Politiker, und er hat das Ansehen der Bundeswehr gemehrt. Das hätte ihn eigentlich vergessen lassen müssen, daß auch er natürlich einmal ein 68er gewesen war, aber die Beziehung zu dieser speziellen Vergangenheit ist wie ein magisches Band. Es gehört viel Kraft dazu, sich seiner Bindung zu entziehen.

Immerhin schaute das Ministerium, das sich jahrzehntelang um das MGFA so gut wie überhaupt nicht gekümmert hatte, in letzter Zeit nun immer wieder einmal hin, was dort so zusammengebastelt wurde, und schon kam es dann auch zum Krach, als sich herausstellte, was hier und da klammheimlich geschehen war. Auch ist zu vermerken, daß der Amtschef, der Kapitän zur See Dr. Werner Rahn, am 28. Juni 1996 am Tag des Königlich-Bayerischen Infanterie-Leibregimentes mit einem Festvortrag in die Öffentlichkeit getreten war, zu dem man ihn nur beglückwünschen kann. Sein Thema "Wege zur historischen Wahrheit" beschäftigte sich genau genommen mit der Reemtsma-Ausstellung und den Voraussetzungen, die sein Amt ohne sein Zutun dafür geschaffen hatte. Um die "Auswahl der Themen" ging es, um "die Bewertung der Quellen" und "die Abgewogenheit der Darstellung", - und was gefordert wurde, entsprach genau den Forderungen, die in der Streitschrift "Wider den Mißbrauch..." erhoben worden waren.

Hier einige Zitate:

"Bei der Annäherung an sein Thema ist der Historiker nicht frei von Fehlern, Irrtümern und manchmal auch von Vorurteilen. Bei einigen Historikern führt der Weg zur Vergangenheit bei der Rekonstruktion und Beschreibung der gewesenen Wirklichkeit durch einen Tunnel. Dessen Wände sind meist sorgfältig abgedichtet, um jeden Kontakt mit einem anderen Tunnel zu vermeiden, denn es gibt verschiedene ... Jeder ist der festen Überzeugung, sein Tunnel sei der richtige Weg zur Wahrheit. Der Kampf der Tunnelbauer wird zum Historikerstreit".

"Einige Tunnelbauer, die sich vom Haupttunnel 'Militärgeschichte' abgezweigt haben, vertreten die These, die Wirklichkeit des Krieges ergebe sich nicht daraus, wie wenige Generale und Admirale den Krieg geführt und erlebt haben, sondern daraus, wie es dem kleinen Mann, dem Schützen in der Feuerstellung ergangen sei. Immerhin gab es viel mehr Schützen als Generale. Also dürfen wir nicht mehr Armeebefehle und Operationspläne analysieren, sondern konzentrieren uns auf die Auswertung von Feldpostbriefen. Eine solche Auswahl ist durchaus legitim, man darf nur nicht behaupten wollen, man habe mit diesem Verfahren die ganze Wahrheit erfaßt".

"Alles ist im Bild festgehalten, die Kamera lügt bekanntlich nicht, also wird es wohl so gewesen sein. Wichtige Fragen werden dann leicht weggelassen, so etwa die Frage, wen genau man da im Bild sieht, ist das die Wehrmacht, Waffen-SS oder eine einheimische Hilfsformation. Auch andere Fragen fallen aus dem Frageraster heraus. Etwa: warum wird da einer erschossen? Verurteilt wegen eines Verbrechens? Partisanen? Repressalie, wie das Völkerrecht der damaligen Zeit es ja zuließ? Oder Willkür, Ausrottung von Juden, Ermordung der politischen Kommissare der Sowjetarmee. Solche Verkürzungen der Wahrheit darf der Wissenschaftler nicht zulassen."

Und dann kommt der Keulenschlag auf Messerschmidt: "Die überlieferten Akten allein reichen nicht aus, um darauf Aussagen zu stützen". 18 Jahre lang hatte unter dem Leitenden Historiker Dr.

Manfred Messerschmidt das MGFA nichts anderes getan, als aus überlieferten Akten Aussagen zu formulieren.

Schließlich blickt Dr. Rahn noch einmal auf die Ausstellung zurück: "Wenn in einer Ausstellung ein Viertel der Bilder, mit denen der verbrecherische Charakter der Wehrmacht bewiesen werden soll, aus einem stalinistischen Schauprozeß stammt, dann sollte der Besucher nachdenklich werden."

Dem ist nichts hinzuzufügen.

Es war immer die Position des Verteidigungsministeriums gewesen, daß man die Ausstellung des Hamburger Instituts ablehnte, aber auf das MGFA nichts kommen lassen wollte und jede Verbindung zwischen ihm und der Ausstellung stets ableugnete. Auch hier kann zu den entsprechenden Behauptungen der Streitschrift "Wider den Mißbrauch ..." etwas nachgetragen werden. Am 26. Februar 1997 hatte auf Einladung des Bürgermeisters Dr. Henning Scherf im Bremer Rathaus eine Panel-Diskussion stattgefunden, in der geklärt werden sollte, ob die Heer-Ausstellung im Bremer Rathaus gezeigt werden dürfe. An dem Panel waren drei Vertreter des Instituts und sieben Historiker und Zeitgenossen verschiedener politischer Richtungen beteiligt. Von diesen hatten alle ausnahmslos Fehler, Auslassungen, Einseitigkeiten und Halbwahrheiten der Ausstellung kritisiert und bemängelt. Daraufhin fragte der ehemalige Amtschef des MGFA, Brigadegeneral Dr. Günter Roth, warum denn die Aussteller nicht die Hilfe des Amtes in Anspruch genommen hätten, um die gerügten Fehler zu vermeiden. Aufgeregt meldete sich Hannes Heer zu Wort: so sei das keineswegs gewesen, denn man habe während der Vorbereitung der Ausstellung ständig mit "Professor" Dr. Messerschmidt, Dr. Förster, Dr. Müller, Herrn Wette und Herrn Schreiber Kontakt gehabt. Das war die komplette "rote Zelle" des MGFA. Quod erat demonstrandum. Brigadegeneral Roth stellte daraufhin energisch fest, daß er von diesen Kontakten und Verbindungen seinerzeit nichts gewußt hätte. Schade.

Der Mangel an Wissenschaftlichkeit und Ausgewogenheit der Ausstellung des Hamburger Instituts wurde inzwischen von unzähligen Fachleuten sachlich festgestellt und gerügt, so von so bedeutenden Zeitzeugen wie General Ulrich de Maizière oder dem General Gerd Schmückle, aber auch von anderen Soldaten, die den Krieg nicht mehr erlebt hatten, wie dem Generalmajor Gerd Schultze-Rhonhof, General Helge Hansen, dem Amtschef des Heeresamtes Jürgen Reichardt oder - in einem besonders nachdenklichen Artikel in der Zeitschrift SOLDAT UND TECHNIK (7/1996) - von Kapitän zur See Dieter Stockfisch. Alles Soldaten unserer Demokratie und Demokraten. Keiner von ihnen ein Militarist, keiner von ihnen Nationalist. Aber in einer Gesellschaft, die so linkslastig ist wie die unsere, ohne Chance, Gehör zu finden.

Das Verteidigungsministerium raffte sich immerhin zu der Aussage auf: "An den gebotenen Fakten der Ausstellung kann man nicht rütteln, allerdings bedarf die quellenkritische Einordnung und Würdigung noch einer wissenschaftlichen Untersuchung." Früher übliche Ausrutscher in Richtung von Lobeshymnen für die Heer-Ausstellung und von Diffamierungen der Wehrmacht in den Bundeswehr-eigenen Publikationen INFORMATION FÜR DIE TRUPPE und TRUPPENPRAXIS/WEHRAUSBILDUNG wurden in letzter Zeit nicht mehr geortet. Aber das war auch alles. Die Parteien schwiegen sich bis auf Einzelne sorgfältig aus. Als Ausnahmen konnten der Ehrenvorsitzende der CDU/CSU-Bundestagsfraktion, Alfred Dregger, oder der Innensenator von Berlin, Jörg Schönbohm, entdeckt werden. Aber der war General gewesen und von 1992 bis 1995 auf der Hardthöhe Staatssekretar. Und was den Münchner CSU-Chef und Landtagsabgeordneten, Peter Gauweiler, angeht, so schadete er durch seine ungeschickten Auftritte während der Münchner Krawalle um die Heer-Ausstellung im Februar 1997 der Sache mehr als er ihr nützte.

Zur Klärung der Frage, ob die Ausstellung wissenschaftlich sei, und zu dem so gut wie ausschließlich gefällten Urteil ihrer Unwissenschaftlichkeit trugen verständlicherweise in erster Linie Wissenschaftler bei, und zwar so angesehene Namen wie Professor Dr. Dr. h.c. Gerhard Kaiser, Freiburg, Professor Dr. Horst Möller vom "Institut für Zeitgeschichte" in München, Professor Dr. Franz W. Seidler von der Bundeswehruniversität in München, Professor Alfred de Zayas, Genf, Professor Dr. Friedrich Karl Fromme, Frankfurt, und Professor Dr. Günther Gillessen, Freiburg. Er war es, der als Teilnehmer an der Journalistenrunde des Ersten Deutschen Fernsehens am 1. März 1997 am gründlichsten die Wanderausstellung "Verbrechen der Wehrmacht 1941 -1944" an den Pranger stellte und ihre wissenschaftliche Scheinheiligkeit entlarvte. Hier Auszüge aus den wichtigsten Passagen seiner Äußerungen:

"Ich will nicht sagen, die Ausstellung zeige die Unwahrheit, aber sie zeigt einen *Ausschnitt der Wahrheit* und das ist das Problem. Das Ärgerliche ist nicht, daß Verbrechen gezeigt werden. Sie müssen gezeigt werden, sie sind geschehen. Aber sie werden nicht lokalisiert, zum großen Teil nicht. Es wird nicht individualisiert, es wird nicht gesagt, wer war es. Das ist der eine Vorwurf, und das andere ist, daß eben vieles, was dagegensteht, was den Befund, der hier gezeigt wird, der offensichtlich objektiv wahr ist, - daß vieles, was *dazu* gesagt werden muß, eben nicht gesagt wird. "

Auf die Frage des Diskussionsleiters, Fritz Pleitgen, ob Professor Gillessen aus seiner Sicht eine solche Ausstellung für wertvoll und wichtig halte, antwortet er: "Eindeutig. Mit den nötigen Korrekturen. Aber zu den Korrekturen gehört eben, daß Belege nicht ausschnittsweise gezeigt werden, sondern man wirklich versucht, ein Gesamtbild herzustellen ... Herr Heer sagt zum Beispiel, es ist nicht eine Bilderausstellung, sondern eine Textausstellung. Dann aber müssen die Texte stimmen. Und wenn ein Text über die verbrecherischen Befehle zum Beispiel sagt, daß die Wehrmacht mit Beginn des Ostfeldzuges die Völkerrechtsregelungen für die Behandlung der Zivilbevölkerung annulliert hat, und der Text sagt, das OKW, das Oberkommando der Wehrmacht, habe sie annulliert, ist ein solcher Satz schlicht eine unzulässige Vereinfachung, weil er gar nicht erkennen läßt, was sich zwischen dem Oberkommando des Heeres, zwischen Oberkommando der Wehrmacht, zwischen Führer-Hauptquartier und Sicherheitshauptamt der SS in den Monaten nach dem April 1941 abgespielt hat. Daß das Ergebnis schlimm ist, daß diese verbrecherischen Befehle schlimm sind, ist ganz klar, aber sie hätten, wenn sie nicht ergangen wären, den Staatsstreich verlangt, denn Hitler selber war der Urheber. Und dasselbe läßt sich noch einmal über den Kommissarbefehl sagen. Vom Kommissarbefehl ist die Rede, von seiner Nichtbefolgung in Teilen der Wehrmacht nicht. Wir können das nicht quantifizieren, aber ebenso wenig kann man quantìfizieren, in welcher Weise er befolgt worden ist."

Und dann geht Professor Gillessen noch einmal auf das Begleitbuch zu der Ausstellung ein: "In dem Begleitbuch zu der Ausstellung gibt es einen Aufsatz, der ausgesprochen die Verschwörer des 20. Juli in den Zusammenhang der Judenmorde im Osten bringt und zwar an erster Stelle Henning von Tresckow: dies finde ich nun wirklich, - darüber kann man überhaupt nicht mehr diskutieren - und wenn Sie die Begründung nachlesen, dann sehen Sie, daß der Mann einfach nicht weiß, was eine Paraphe auf einem Aktenstück bedeutet. Das heißt doch nicht 'gebilligt', es heißt 'gesehen', das ist etwas ganz anderes ... Ja, der ganze Zorn oder ein großer Teil des Zorns des militärischen Widerstands kommt ja gerade aus den Protesten gegen das, was die Einsatzgruppen hinter der Front und wozu Teile der Wehrmacht (beigetragen haben). Es handelt sich im wesentlichen um einige Sicherungsdivisionen. Das ist schwer zu quantifizieren, wieviel das ist. Das möchte ich jetzt auch nicht versuchen, aber es ist jedenfalls ein kleiner Teil, der als Gehilfe dabei war ... Das zweite ist, wie gehen wir damit um? Und ich meine, daß dies jetzt so explodiert in München, liegt daran, daß möglicherweise *wir als Journalisten die Ausstellung nicht kritisch genug angesehen und sie nicht nach ihren methodischen Mängeln kritisiert haben.* Denn die Tatsachen als solche sind ja überhaupt nicht zu bestreiten. Sie sind auch Gegenstand der Forschung. Die Ausstellung bringt ja nichts Neues. Wenn man die Bücher gelesen hat von Krausnick, Broszat, Streim und anderen. Die Ausstellung sagt in dieser Hinsicht gar nichts Neues. Sie sagt es nur einseitig ... *Die kritische Auseinandersetzung mit dieser Ausstellung, und zwar von der politischen Mitte aus, hat nicht stattgefunden."*

Die Streitschrift "Wider den Mißbrauch der Geschichte deutscher Soldaten zu politischen Zwecken" hat eben das versucht. Sie hat wenigstens einige Bewegung in die Gesellschaft gebracht und damit bewirkt, daß der allmähliche Wandel der Ausstellung als Krieg der radikalen Linken gegen das Establishment heute deutlich aufgehellt erscheint. Gegen die unglaubliche Vernetzung der heute noch aktiven 68er und ihres Umfeldes hätte politisch nur etwas ausgerichtet werden können, wenn, wie Professor Gillessen es fordert, die vierte Macht in unserem Staat sich der Ausstellung wirklich einmal kritisch angenommen hätte. Aber das hätte Unvoreingenommenheit vorausgesetzt und diese gibt es in unserem Lande nicht.

Was die hier erwähnten Wissenschaftler angeht, wird man einwenden können, sie zählten zum bürgerlichen Establishment. Umso interessanter liest sich der Artikel von Professor Dr. Eberhard Jäckel, der eher dem linken Spektrum der deutschen Geschichtswissenschaft zugeordnet wird, vom 14. März 1997 im Bonner GENERALANZEIGER, in dem es heißt: "Wer sich von dieser Ausstellung zu dem Schluß verleiten läßt, die Wehrmacht habe den Krieg eröffnet, verkennt das Verhältnis von Politik und Militär. Wer meint, die Wehrmacht habe auf eigene Faust beschlossen, Verbrechen zu begehen, verkennt ihre Einbindung in den Staat. Wer glaubt, sie habe sich fernhalten können oder wollen, überschätzt ihre Möglichkeiten." Und Jäckel schließt: "Was wir nach wie vor brauchen, ist ein differenziertes Bild der Vergangenheit. Dem dient diese Ausstellung nicht. Sie will provozieren statt zu informieren, und deswegen leistet sie der sachlichen Auseinandersetzung ... einen schlechten Dienst. "

Auch der linksliberale Historiker, Professor Dr. Hans Adolf Jacobsen, dem nachgesagt wird, er verfüge über eine hohe Sensibilität für die Zeitläufte, äußerte bei der bereits erwähnten Veranstaltung in Bremen sowohl in seinem Einleitungsvortrag wie auch in der Diskussion Meinungen, die im deutlichen Gegensatz zu seiner absurden Theorie der Mittäterschaft deutscher Soldaten im Zweiten Weltkrieg standen, wie er sie noch im Januar 1996 anläßlich einer von Generalinspekteur Klaus Naumann einberufenen Diskussionsveranstaltung zwischen Historikern und Zeitzeugen präsentiert hatte.

Damals nannte er alle Soldaten der Wehrmacht "Mittäter" an Taten, die er als "Mordaktionen" bezeichnete. Damit wurden dann 18 Millionen Männer der Wehrmacht in einem Schlag zu Mördern gestempelt. Mit dieser Argumentation rückte Jacobsen in unmittelbare Nähe des Hamburger Instituts und seiner infamen Pauschalisierung, "daß die Wehrmacht an allen Verbrechen aktiv und als Gesamtorganisation beteiligt war."

Von alledem war nun in Bremen keine Rede mehr. Vorsichtig hatte sich Jacobsen wieder in das Lager der ernsthaften Wissenschaft zurückbegeben. Sein Einleitungsreferat war ausgewogen, einsichtig und von deutlicher Kritik an der Heer-Ausstellung gekennzeichnet. Welcome in the team.

Die Beurteilung der neueren Geschichte wird zur Zeit durch ständig neue Quellen aus den sich uns nun wenigstens partiell öffnenden Sowjetarchiven, durch die Entdeckung neuer Dokumente und nicht zuletzt auch durch neue politische Entwicklungen gekennzeichnet. So wurde zum Beispiel die Welt vor kurzem davon überrascht, daß auf der Basis des Erlasses der russischen Föderation vom 18. Oktober 1991 "Gesetz zur Rehabilitierung von Opfern politischer Unterdrückung" laufend angebliche Kriegsverbrechen der deutschen Wehrmacht von russischen Staatsanwälten erneut untersucht und in der Regel die Verurteilungen der Betroffenen für null und nichtig erklärt wurden. Insgesamt sind es 35 000 deutsche Soldaten, die in der UdSSR seinerzeit wegen Kriegsverbrechen zum Tode oder zu hohen Freiheitsstrafen verurteilt worden sind. Bis Ende

1996 lagen in Moskau für die Rehabilitierung dieser Männer 10 000 Anträge vor, 6 000 wurden inzwischen bearbeitet, 730 Anträge abgelehnt, 5 100 Urteile aufgehoben. Der Direktor des Instituts für Archivauswertung, Dr. Günther Wagenlehner, arbeitet im Auftrag der Bundesregierung ständig in seinem Büro in der Ljubljanka mit den zuständigen russischen Stellen kollegial zusammen. Er ist sicher, daß so gut wie alle Verurteilungen wegen Kriegsverbrechen schließlich kassiert werden. Das also ist der Zustand unserer Gesellschaft im Jahre 1997. In Rußland werden die Soldaten der Wehrmacht von ihren Gegnern von gestern um der Gerechtigkeit willen rehabilitiert, in Deutschland werden sie um der Ideologie eines haßerfüllten Segments unseres Volkes nachträglich verurteilt.

Als im übrigen Professor Hans-Adolf Jacobsen in Bremen vorschlug, die Frage des Vorstellungsortes für die Heer-Ausstellung, die Frage also, ob sie tatsächlich im Rathaus stattfinden müsse, dadurch zu entkrampfen versuchte, daß er fragte, ob sich das Hamburger Institut dazu bereit erklären könne, die von dem Panel kritisierten Mängel der Ausstellung durch entsprechende Korrekturen zu beseitigen, schlug ihm ein unmißverständliches 'Nein' entgegen. Es geht den Veranstaltern längst nicht mehr um die Wahrheit oder auch nur um eine Annäherung an sie. Es geht ihnen um die Provokation und diese Provokation wird gebraucht, weil die Ausstellung politisch allein der Entflammung jenes Stellvertreterkrieges dienen soll, von dem hier noch so viel die Rede sein wird.

Diese Streitschrift dient nicht der Apologie. Sie bestreitet nicht die Verbrechen der Wehrmacht im Zweiten Weltkrieg und die Schuld, die wir uns als Volk damit aufgeladen haben. Aber sie sucht nicht die halbe Wahrheit, die mehr ist als eine Lüge, sie sucht die Sicht der Mitte. An kaum einem anderem Beispiel kann die Bedeutung dieser Sicht besser verdeutlicht werden als an dem Befehl des Oberbefehlshabers der 6. Armee, Generalfeldmarschall Walter von Reichenau, über "Vernichtungs- und Ausrottungsmaßnahmen und das Verhalten der Truppe im Ostraum" vom 10. Oktober 1941: "Das wesentliche Ziel des Feldzuges gegen das jüdisch-bolschewistische System ist die völlige Zerschlagung der Machtmittel und die Ausrottung des asiatischen Einflusses im europäischen Kulturkreis. Hier entstehen auch für die Truppe Aufgaben, die über das hergebrachte einseitige Soldatentum hinausgehen. Der Soldat ist im Ostraum nicht nur ein Kämpfer nach den Regeln der Kriegskunst, sondern auch Träger einer unerbittlichen völkischen Idee und der Rächer für alle Bestialitäten, die deutschem und artverwandtem Volkstum zugefügt wurden."

Und dann fährt der Befehl fort und kritisiert die Zustände an der Front, kritisiert, was dort in Wahrheit geschieht: "Der Kampf gegen den Feind hinter der Front wird noch nicht ernst genug genommen. Immer noch werden heimtückische Partisanen und entartete Weiber zu Kriegsgefangenen gemacht. Immer noch werden halbuniformierte oder in Zivil gekleidete Heckenschützen und Herumtreiber wie anständige Soldaten behandelt und in die Gefangenenlager abgeführt. Ja, die gefangenen russischen Offiziere erzählen hohnlächelnd, daß die 'Agenten der Sowjets' sich unbehelligt auf den Straßen bewegen und häufig an deutschen Feldküchen mitessen. Ein solches Verhalten der Truppe ist nur noch durch völlige Gedankenlosigkeit zu erklären. Dann ist es aber für die Vorgesetzten Zeit, den Sinn für den gegenwärtigen Kampf wachzurufen. Das Verpflegen von Landeseinwohnern und Kriegsgefangenen, die nicht im Dienst der Wehrmacht stehen, an Truppenküchen ist eine ebenso mißverstandene Menschlichkeit wie das Verschenken von Zigaretten und Brot. Was die Heimat unter großen Entsagungen entbehrt, was die Führung unter größten Schwierigkeiten nach vorne bringt, hat nicht der Soldat an den Feind zu verschenken, auch nicht, wenn es aus der Beute stammt. Sie ist ein notwendiger Teil unserer Versorgung. Die Sowjets haben bei ihrem Rückzug häufig Gebäude in Brand gesteckt. Die Truppe hat nur so weit ein Interesse an Löscharbeiten, als notwendige Truppenunterkünfte erhalten werden müssen. Im übrigen liegt das Verschwinden der Symbole einstiger Bolschewistenherrschaft auch in Gestalt von Gebäuden im Rahmen des Vernichtungskampfes. Weder geschichtliche noch künstlerische Rücksichten spielen hierbei im Ostraum eine Rolle."

Der erste Teil des Befehls entspricht genau dem, was Hannes Heer zeigen soll und muß: aber was der zweite Teil des Befehls wie ein Blitzlicht plötzlich enthüllt, nämlich die selbst im Krieg weiter lebende Menschlichkeit der Betroffenen, ihre Hilfsbereitschaft, so begrenzt sie auch sein mag, ihre Achtung vor der Kultur anderer, das alles darf nicht verschwiegen werden. Auch dafür gibt es Bilder.

Die "unglaublichen" Zustände an der Front, wie sie hier aus erster Quelle geschildert werden, beziehen sich auf Vorgänge lange nach dem Kommissarbefehl vom 6. Juni 1941 und dem berüchtigten "Barbarossa Kriegsgerichtsbarkeitserlaß" vom 19. Mai 1941, der die Kriegsgerichtsbarkeit an der Ostfront bei Straftaten gegen die einheimische Bevölkerung wesentlich einschränkte. Über seine Auswirkung ist wenig bekannt. Das eine waren die Befehle, die Messerschmidt und seine "rote Zelle" jahrelang im MGFA anstarrten, das andere war für einen Schnittpunkt der Zeit die Realität. *Beides* ist Teil der Geschichte der Wehrmacht, die irgendwann einmal in einer großen Ausstellung erzählt werden sollte.

Bleibt vielleicht noch zu fragen, um wieviele Soldaten der Wehrmacht es sich denn eigentlich gehandelt haben könnte, wenn wir pauschalisierend von den Verbrechen der Wehrmacht sprechen. In der Tat räumt selbst das ehemalige Mitglied der "roten Zelle" im MGFA, Dr. Gerhard Schreiber, ein, daß eben das niemand wisse.

Er selbst stellte auf Anfrage in atemberaubender, nicht nachvollziehbarer Logik fest, daß man "von ungefähr 5 Prozent Waffen-SS-Angehörigen und Kriegsverbrechern unter den oben genannten 18 Millionen Personen ausgehen" könne. Der Leitende Oberstaatsanwalt und Leiter der zentralen Stelle der Landesjustizverwaltung in Ludwigsburg, Alfred Streim, weiß nur, daß vom 8. Mai 1945 bis heute etwa 5 000 Verfahren wegen Kriegsverbrechen eröffnet worden sind. Bis zur Errichtung seines Amtes in den Jahren von 1951 bis 1958 wurden in der Bundesrepublik 726 Urteile wegen Kriegsverbrechen gefällt, von da bis zur Wende im Rahmen seines Amtes 65. In der DDR waren es bis 1958 616, in den Jahren 1966 bis 1985 nur noch sechs.

Natürlich sind solche Zahlenspielereien müssig. Es hat in diesem Krieg in der Wehrmacht weder nur ein paar Hundert, noch 900 000 Verbrecher gegeben. Aber eines zeigen die Zahlen doch, nämlich daß die Absicht, die Wehrmacht pauschal als eine Organisation von Kriegsverbrechern darzustellen, an jedem Versuch, sich der Wahrheit auch nur zu nähern, vorbeigeht.

Die Heer-Show zieht weiter - warum?

Die infame Wanderausstellung des Hamburger Instituts für Sozialforschung: "Vernichtungskrieg - Verbrechen der Wehrmacht - 1941 - 1944" zieht also weiter. Ursprünglich für eine Präsentation in 12 Städten Deutschlands und Österreichs geplant, soll sie nun bis weit in das Jahr 1999 in mehr als 40 Städten gezeigt werden -, um, wie es heißt, den Mythos einer sauber aus dem Weltkrieg hervorgegangenen Wehrmacht endgültig zu zerstören und ihren wahren Charakter als williger Erfüllungsgehilfin Hitlers und als verbrecherischer Organisation zu offenbaren. Das Bemerkenswerte dieser Vorstellung ist, daß es das anvisierte Ziel nicht gibt. Jede Armee ist die Erfüllungsgehilfin der politischen Führung, in Diktaturen wie in Demokratien, und daß die Oberste Führung der Wehrmacht gegenüber den sittlichen Normen, unter denen sie einmal angetreten war (die 10 Gebote für die Kriegsführung des deutschen Soldaten, die den Soldbüchern der Wehrmacht beilagen, sind ein eindrucksvolles Beispiel dafür), daß also ein Teil der Obersten Führung der Wehrmacht schmählich versagt hat, wurde bereits in den Nürnberger Prozessen festgestellt. Drei hochrangige Offiziere der Wehrmacht wurden dafür zum Tode verurteilt, der Oberbefehlshaber der Luftwaffe Hermann Göring, der Chef des Oberkommandos der Wehrmacht Wilhelm Keitel und der Chef des Wehrmachtführungsstabes Alfred Jodl. Im Rahmen der Wehrmacht wurden Verbrechen verübt, das ist ein Teil unserer Schuld als Volk und die Tatsachen werden heute von niemandem mehr bestritten. Aber um das Ziel, das die Ausstellung vorgibt, geht es auch nicht.

Die Ausstellung ist ein spätes Produkt der 68er-Revolte, in Szene gesetzt von einem ihrer Revolutionäre, von Jan Philipp Reemtsma.

Reemtsma studiert Ende der 60er Jahre Literatur, ist von den Zeitläuften tief beeindruckt, wird Mitglied einer Wohngemeinschaft und verehrt, wie seine Kommilitonen die Professoren Horkheimer, Adorno und ihre "Kritische Theorie". Geprägt von dem Anderssein-wollen seiner Generation wird er zum Mäzen des weit draußen am Rande der Literatur operierenden Arno Schmidt, richtet für ihn eine Stiftung ein und stiftet einen "Arno-Schmidt-Preis". 28 Jahre alt, verkauft er seinen Anteil an der Reemtsma-Cigarettenfabrik GmbH für 300 Millionen D-Mark und weiß seitdem sein Vermögen geschickt zu mehren. Er finanziert Bücherprojekte, unterstützt das linke Magazin KONKRET, gründet die "Hamburger Stiftung zur Förderung von Wissenschaft und Kultur", die in Frankfurt ein Adorno-Archiv verwaltet und Alice Schwarzer ein feministisches Archiv- und Dokumentations-Zentrum einrichtet. 1986 gründet er die "Hamburger Stiftung für Sozialgeschichte des 20. Jahrhunderts" in dem Dr. Dr. Karl Heinz Roth eine Rolle spielt, von dem noch die Rede sein wird und kümmert sich 1987 um die "Schmuddelkinder" in der Hafenstraße Hamburgs und die von ihnen besetzten Häuser am Hafenrand, die er kaufen und den Chaoten schenken möchte.

Sein eigentliches Ziel hat er indessen nie aus dem Auge verloren, nämlich dem in seiner Studentenzeit so bewunderten Frankfurter "Institut für Sozialforschung" ein eigenes großes Institut hinzuzufügen. Man spricht miteinander. Die Frankfurter helfen mit Rat und Tat und so kann Jan Philipp Reemtsma bereits 1984 sein "Hamburger Institut für Sozialforschung" gründen, das sich, wie das Frankfurter Institut einer unabhängigen, kritischen, interdisziplinären Sozialwissenschaft über klassische Fachgrenzen hinweg mit dem Ziel der Erkenntnis gesellschaftlicher Verhältnisse, politisch-ökonomisch-kultureller Prozesse und sozialpsychologischer Entwicklungstendenzen verschrieben hat.

Was dem Hamburger Institut im Gegensatz zu seinem Frankfurter Vorbild fehlt, sind die Köpfe. Und eben diesen Geburtsfehler wird das Institut nicht mehr los. In Frankfurt war es ein Kreis von Gelehrten, die ein Institut gründeten. In Hamburg wurde ein Institut gegründet, das Gelehrte sucht, - und bis heute nicht fand. Was an Autoren in dem Begleitband zu der Wehrmachtausstellung auftritt, ist unbedeutend und durch Eklektizismus gekennzeichnet: Kulturreferenten, Dramaturgen, Doktoranden, Wirtschaftspädagogen, Filmregisseure, Journalisten, Soziologen, Lehrer und Redakteure. Und was sich sonst noch inzwischen um das Institut herum gesammelt hatte, der Alt-Trotzkist Ernest Mandel, der Austria-Marxist Dr. Walter Manoschek, der Deserteur Ludwig Baumann, das Ex-RAF-Mitglied Kurt Heinz Dellwo, die Feministin Christiane Ensslin, deren RAF-Schwester Gudrun sich 1972 in Stammheim das Leben nahm, erhöhte den Glanz des Hauses auch nicht. Insoweit muß Hannes Heer für Jan Philipp Reemtsma eine Art Gottesgeschenk gewesen sein. Ein 68er aus dem linken, eindeutig auf der sowjetischen Linie operierenden Flügel der Studentenbewegung, inzwischen Hobby-Historiker mit Einseitigkeitsschlagseite und zugleich Journalist, Filmemacher und Dramaturg, und damit der ideale Mann für eines der großen Unternehmen, die sich das Institut im Rahmen ihres Projektes "Angesichts unseres Jahrhunderts" vorgenommen hatte, die Ausstellung. Wenn schon kein Kopf, so doch ein durch die Vergangenheit ausgewiesener Agitator. Aber wichtiger als ihre Interessen verband noch etwas anderes Heer und Reemtsma aus ihrer Prägung als 68er: ihr Haß auf die Väter. Reemtsma sah auf eine dramatische Familiengeschichte zurück und auch Heer hatte öffentlich eingestanden, daß er aus einem tief braunen Elternhaus stamme.

In einem SPIEGEL-Artikel in der Nr. 22 vom 26. Mai 1986 heißt es: Jan Philipps Erinnerung an den Vater seien nur schattenhaft und stellten kein besonderes Motiv einer individuellen Motivation dar. Das darf angezweifelt werden. Der dokumentierte Haß unzähliger 68er auf ihre Nazi-Väter stützt sich jedenfalls auf ungleich geringeres Material, sodaß man den Gedanken nicht los wird, sein Kampf gegen die Wehrmacht sei eben doch die Kompensation seiner Scham darüber, was sich seine Familie zur Zeit des Dritten Reiches hat zuschulden kommen lassen. Die Reemtsmas sind Calvinisten (sie kommen aus Ostfriesland) und Jan Philipp wurde calvinistisch konfirmiert. So wirkt in ihm calvinistischer Rigorismus zusammen mit dem der 68er und mag ihn die Bindungen an den Nationalsozialismus umso deutlicher als Schande empfinden lassen, je enger sie waren. Und die Bindungen der Familie Reemtsma an das Reich Adolf Hitlers waren eng.

Ausgerechnet der von Jan Philipp mit einer Stiftung beschenkte, noch heute den Kommunisten nahestehende Arzt Dr. Dr. Karl Heinz Roth wußte in einem Vortrag vor der GAL (Grüne Alternative Liste) und der Vereinigung "Umdenken e. V." in Hamburg am 21. Oktober 1995 viel davon zu berichten: die Reemtsma Familie bestand aus drei Brüdern: Jan Philipps Vater, Philipp Fürchtegott, Alwin und Hermann Fürchtegott. Vater Philipp Fürchtegott war ihr Kopf. Noch vor 1933 war seine Firma, in Altona-Bahrenfeld ansässig, das damals noch zu Preußen gehörte, in eine Steueraffaire geraten. Als dann das Dritte Reich hereinbrach, erwies sich der zuständige preußische Gauleiter Hinrich Lohse in dieser Angelegenheit als sein ausgemachter Feind. Aber da war plötzlich Hermann Göring da, der Lohse zurückpfiff, Philipp Fürchtegott vor dem laufenden Steuerhinterziehungsverfahren "per ordre de Mufti" rettete und dafür von ihm 12 Millionen Reichsmark erhielt. Für diese Bestechung wurde Philipp Fürchtegott 1948 angeklagt, dann aber schnell wieder freigesprochen und ein Jahr später, im Rahmen der Entnazifizierung, sogar als vom Entnazifizierungsgesetz "nicht betroffen" eingestuft.

Diese 12 Millionen Reichsmark waren indessen nicht alles, was den Nationalsozialisten aus dem Hause Reemtsma damals zufloß. Im SPIEGEL Nr. 18 vom 1. Mai 1995 sprach Jan Philipp selbst davon, daß dieser Fall dann "zu reichen Spendentätigkeiten und privaten Zuwendungen" führten. Gleich nachdem Altona 1938 eingemeindet worden war, begann Philipp Fürchtegott auf der Basis seiner politischen Beziehungen, seine Firma in einen integrierten Handels-, Transport- und Produktionskonzern umzuwandeln, der Unternehmen wie UNILEVER und NESTLE nacheiferte. Noch im gleichen Jahr erwarb er eine Fischerei, eine Tiefkühlkette und das HAMBURGER TAGEBLATT. Nach der Übernahme der Tschechoslowakei durch die Nationalsozialisten wurde er alsbald dort aktiv. Dann begann Hitler seinen Krieg und der war es dann, der sich für Philipp Fürchtegott Reemtsma erst richtig auszahlen sollte. 1939/40 etablierte er Niederlassungen seiner Zigarettenfabrik in Bromberg, Danzig, Graudenz, Kattowitz, Litzmannstadt, Posen und Thorn und vereinnahmte dabei erkleckliche Teile der Zentrallager der beschlagnahmten polnischen Tabakregie, lieferte an die Wehrmacht Zigaretten und brach aus dem unter "Feindvermögensverwaltung" stehenden UNILEVER-Konzern 1942 die "Nordsee-Hochseefischerei AG" heraus. Und immer waren es der Gauwirtschaftsberater, Otto Wolf, oder auch Gauleiter Kaufmann selbst, die ihm bei seinen kühnen Operationen halfen und dafür mit einträglichen Posten im Vorstand und Aufsichtsrat belohnt wurden.

Zugleich wußte er sehr geschickt seine kühnen Bereicherungsaktionen gegen den Apparat der Sicherheitspolizei und der nicht minder gefürchteten SS abzusichern. Dabei half ihm als Teammitglied sein Bruder Alwin. Alwin war schon 1936 Pressesprecher und Wirtschaftsberater des SS-Oberabschnitts Nordwest und persönlicher Referent des Höheren SS-Polizeiführers Hans Adolf Prützmann geworden. 1941 war er für Prützmann in Riga tätig und wurde für seine Verdienste von Heinrich Himmler persönlich zum SS-Obersturmbannführer befördert. Im August wurde er als Wirtschaftsberater zum Höheren SS- und Polizeiführer Rußland Süd - wieder war es Prützmann - kommandiert, der dort nach dem Prinzip "Vernichtung durch Arbeit" den Schwarzmeerabschnitt der "Straße der SS" bauen ließ. 1943 nach Hamburg zurückgekehrt, arbeitete Alwin als Lageoffizier (Ic) unter dem Höheren SS- und Polizeiführer Henning Graf Bassewitz-Behr, der seit dem Herbst 1943 in einem Jagdhaus des Reemtsmakonzerns in der Lüneburger Heide residierte, und wurde zum SS-Standartenführer befördert.

Wissenschaftlich bleibt die Ausstellung, die das Team Jan Philipp Reemtsmas und Hannes Heer schließlich der Öffentlichkeit vorstellte, ein undiskutierbarer Fehlschlag, politisch ist sie ein unglaublicher Erfolg. Man mag darüber streiten, ob das einem Zufall zuzuschreiben ist oder das Ergebnis einer ungewöhnlich geschickten politischen Planung. Auf jeden Fall hätte der Beginn ihrer Wanderung durch die Lande kaum einen geeigneteren Zeitpunkt finden können als den Anfang des Jahres 1995. Das Datum lag in der Mitte einer Reihe von medienträchtigen Daten. 1994 hatte sich der Aufstand des 20. Juli zum 50. Mal gejährt. Dabei hatte sich ganz unerwartet gezeigt, ein wie großes linkes Widerstandspotential selbst gegen die Widerstandskämpfer des 20. Juli aktiviert werden konnte, sofern diese nur Soldaten waren. Am 7./9. Mai 1995 galt es, des 50sten Jahrestages des Kriegsendes zu gedenken und im Oktober des gleichen Jahres des 40jährigen Bestehens der Bundeswehr. Das allein verursachte schon einen Strom von Artikeln, Betrachtungen, Sendungen und Kommentaren in den Medien, die angesichts ihrer Linkslastigkeit so gut wie immer zu Ungunsten des Militärs ausgingen. Aber das war noch nicht einmal das Schlimmste. Völlig überraschend hatte sich der 2. Senat des Bundesverfassungsgerichtes als eine Art "rote Zelle" an der Spitze des Staates geoutet und am 19. September 1995 das unglaubliche Soldaten-Mörder-Urteil gefällt. Damit war der Stellvertreterkrieg angesagt. Die Gäste anläßlich des Zapfenstreichs zur 40-Jahrfeier der Bundeswehr wurden mit Mörder-Mörder-Rufen empfangen und der Vorsitzende der SPD blieb der Feier fern. Ein Thema war gefunden, nach dem die Linke nach der Vereinigung der beiden deutschen Staaten seit Jahren gelechzt hatte. Und genau zu diesem Zeitpunkt begann die Karawane des Hamburger Instituts für Sozialforschung mit ihrer These von der Verbrecherorganisation Wehrmacht durch die Lande zu ziehen. Ihr Erfolg stützte sich nicht auf das, was sie vorstellt, sondern auf den Zeitpunkt, an dem sie auf eine ganz bestimmte Verfassung der deutschen Gesellschaft traf.

Wie wir heute wissen, hatte sich die Linke eben doch viel intensiver ideologisch auf den sowjetischen Kommunismus abgestützt, als es der Öffentlichkeit bewußt war. Bis zuletzt lebte für sie selbst im mörderischen Bolschewismus jenes "humanum", das den Kommunismus nach ihrer Auffassung eben von dem Nationalsozialismus grundsätzlich unterschied. Die "vergleichende Faschismus-Theorie" der 70er und 80er Jahre war die Kampfansage an alle, die

Hitler und Stalin miteinander vergleichen wollten. Und noch während des Historiker-Streits im Jahre 1986 verstieg sich der linke Historiker Hans Mommsen (in unglaublich schlechtem Deutsch) zu folgendem Ausspruch: "Die spezifische Form der Politik, das heißt deren Reduzierung auf machtpolitische Mobilisierung und Gewaltanwendung, die faschistische Bewegungen kennzeichnet, ist schwerlich mit dem kommunistischen Politikverständnis, trotz allerlei äußerer Affinität, desgleichen der Ähnlichkeit des Stalin-Kultes mit dem Hitler-Kult, über einen Kamm zu scheren. Die innere Grenzenlosigkeit, die insbesondere für den Nationalsozialismus kennzeichnend war, und die keinerlei Kompromisse zuließ (und daher notwendig in die Judenvernichtung trieb) ist diese Form für kommunistische Herrschaftssysteme, so tyrannisch sie zeitweise entgegentreten, nicht typisch. Dies erklärt auch, warum das Dritte Reich mit innerer Folgerichtigkeit der Selbstzerstörung anheim fiel, während *die kommunistischen Regime das Verhältnis zwischen Ressourcen und machtpolitischen Ambitionen in der Regel beachteten."* Und nun hatte das kommunistische Regime das Verhältnis zwischen Ressourcen und machtpolitischen Ambitionen offenbar doch nicht genau genug beachtet und war schlicht zusammengebrochen. Alles war sinnlos geworden.

Sinnlos der Versuch, die Freundschaft zur kommunistischen UdSSR zu verfestigen, wie Herbert Wehner, Egon Bahr und Karl Wienand es jahrelang mit ewig zwischen Geheimpolitik und Landesverrat schwankenden konspirativen Methoden versucht hatten. Sinnlos die noch 1987 unternommene Bemühung, mit Hilfe jenes skandalösen, von Erhard Eppler initiierten Papiers über den "Streit der Ideologien und die gemeinsame Sicherheit" den Schulterschluß mit dem Kommunismus voranzutreiben. Sinnlos schließlich der Versuch, die DDR mit allen Mitteln zu erhalten und die Vereinigung der beiden deutschen Staaten zu verhindern.

Als das letzte Jahrzehnt unseres Jahrtausends anfing, stand die Linke vor einem Trümmerhaufen. Die entscheidenden Eckpunkte ihrer Politik: Kommunismus, Sozialismus, Pazifismus - alles mißlungen; das Proletariat als Basis ihrer Politik in der Marktwirtschaft aufgegangen, die "Internationale" durch den Europagedanken der Bürgerlichen überflüssig geworden.

Lord Ralph Dahrendorf sprach in London von der SPD als einem auslaufenden Modell und Klaus von Dohnany meinte, daß die SPD auf einem Bahnhof warte, an dem kein Zug mehr vorbeikäme. Es gab auf der Seite der Linken keine überzeugende Persönlichkeit mehr und kein die Massen erreichendes Programm. Man flüchtete sich in 68er Clichées: Zukunftsfeindlichkeit, Wissenschaftsfeindlichkeit, Wirtschaftsfeindlichkeit, Verkehrsfeindlichkeit und begann, so weit die älteren Jahrgängen betroffen waren, sogar eine Abneigung gegen die 68er zu entwickeln. Altkanzler Helmut Schmidt hasste ihre Zukunfts- und Wirtschaftsfeindlichkeit. Georg Kronawitter, lange Zeit Oberbürgermeister von München, meinte, die promovierten Soziologen hätten der SPD schon zu lange geschadet. Der Vordenker der SPD, Peter Glotz, stellte bündig fest: "Die 68er sind teamunfähig" und Erhard Eppler resignierte: "Ich habe von dieser Generation sehr viel erwartet und gedacht, sie werde es schon irgendwie schaffen. Aber das stimmt nicht". Hans Apel fügte schließlich noch eine Sottise dazu und nannte den 68er Oskar Lafontaine schlicht einen politischen und moralischen Luftikus. 1972 waren es 100 000 Mitglieder unter 35 Jahren gewesen, die in die SPD eintraten, 1995 blieb es bei 8000. Sie hätten einfach von der ganzen 68er Geschichte genug, bekannten die Jungen auf dem Jugendtag der Bundestagsfraktion. Sie bekämen ein "beklemmendes" Gefühl, wenn die Älteren Geschichten "von damals" erzählten, wie sie mit roten Fahnen durch die Straßen und Hochschulen gezogen seien. Erst allmählich begannen die 68er zu begreifen, daß ihre Erzählungen auf die Jungen genauso zu wirken begannen wie die Kriegserzählungen ihrer Väter auf sie.

Ausgerechnet da der Marsch durch die Institutionen gelungen war, zeigte sich nun, daß sie so gut wie nichts mitgebracht hatten, was in der Gesellschaft tragfähig gewesen wäre. Und große Perspektiven der Vergangenheit ließen sich nicht mehr beleben. Was blieb, war die Wehmut der Erinnerung. Und so erinnerten sie sich dann in SPIEGEL und ZEIT, in Büchern, Artikeln und Sendungen tränenreich wieder und wieder an die Helden von damals: Rudi Dutschke, Ché Guevara, seine ihm von Erich Mielkes DDR-Ministerium für Staatssicherheit als Guevaras ideologische Kontrolleurin zugeteilte Tamara Bunke (die bereits niemand mehr kennt), Ulrike Meinhof und die Rote Armee Fraktion. Linke Politik endete in Nischen: Gorleben, Multikulti, Resozialisierung von Verbrechern, Freigabe von Rauschgift, Verachtung der Polizei (Bullen), Verkehrsberuhigung und "political correctness". Und fast immer mußten sie sich diese Nischen auch noch mit den Grünen teilen.

Die Grünen ihrerseits machten sich nach dem Untergang von Marx als geborene Rätekommunisten einen Müsli-Marxismus zurecht, in dem sie die Umwelt zu ihrem Ersatzproletariat ernannten, statt vor der "Verelendung der Massen" nun vor der "Klimakatastrophe" warnten und die "Ausbeutung der Arbeiterklasse" durch die "Ausbeutung der natürlichen Ressourcen" ersetzten. Aber tragfähig war dieses luftige Gebäude auch nicht.

Es lag viel Melancholie in der Luft, wenn man die Lage der Linken Mitte der 90er Jahre betrachtete. Und genau in diese Stimmungslage stieß nun das Signal der Wanderausstellung von Jan Philipp Reemtsma mit ihrer Fanfare, die Wehrmacht sei eine Verbrecher-Organisation gewesen. Was in dieser Ausstellung und ihrem Begleitbuch an Bösartigkeiten vorgetragen wurde, war nicht neu. Dafür hatte schon die in der ersten Streitschrift des Autors dargestellte "rote Zelle" des MGFA gesorgt. Dazu kam eine Fülle von inzwischen erschienener Literatur, die mit dem Amt nichts zu tun hatte. Aber als nun die Heer-Show durch die Lande zu ziehen begann, brach alles wieder auf. Die Zeitgenossen, für die es längst jenen Mythos der "sauberen" Wehrmacht nicht mehr gab, begannen sich an den Pauschalisierungen und der Provokation der Ausstellung zu stören, erwachten aus ihrer Lethargie und fingen an, sich zu wehren. Auf die mehr oder minder verzweifelten, still vor sich hin werkelnden, linken Eliten - in den elektronischen Medien, in der Presse, den Universitäten, den Gerichten, den Museen, den Amtsstuben der zuständigen Ministerien und allen Machtzentren, in denen der Marsch der 68er durch die Institutionen angekommen war - wirkte das neue Feindbild anderseits wie ein Aphrodisiakum, ein Adrenalinstoß, sich wieder zusammen zu finden, Schulter an Schulter miteinander zu marschieren, - wie damals, weißt Du noch: - wider das Establishment, was immer dieser Begriff auch bedeuten mochte. Nicht, daß die nun sehr bald die Szene beherrschenden Aktivitäten der 68er etwa koordiniert gewesen wären. Sie fanden vielmehr ebenso, wie in der Chemie ein Katalysator verschiedene Elemente aneinander bindet, die sich zwar "mögen" aber normalerweise miteinander nicht agieren, durch den Anstoß der Ausstellung zueinander, ohne großes Aufsehen, mit verteilten Rollen, von der Öffentlichkeit als Zusammenhang in der Regel übersehen, aber politisch ungemein wirksam und gefährlich.

Der Weg, den die Ausstellung nahm, ist zugleich die Geschichte ihrer zunehmenden politischen Bedeutung. Ziel der Veranstalter war, die Ausstellung von einem Feuilleton-Ereignis zu einem offiziellen Staatsakt hochzustilisieren. Dazu bediente man sich zweier Strategien. Erstens der sorgfältigen Auswahl und Anwerbung von Rednern, welche die Ausstellung eröffneten oder an ihren Zusatzveranstaltungen teilnahmen und so mit ihrem Namen und/oder ihrem Amt der Veranstaltung einen Gütesiegel oder gar einen Hauch von Offizialität verschafften, und zweitens die zunehmend unter politischen Aspekten vorgenommene Bestimmung des Veranstaltungsortes.

Als der Zug der Karawane in Hamburg begann, war es immerhin schon der ehemalige Intendant des Westdeutschen Rundfunks, Klaus von Bismarck, den man überreden konnte, sich als Aushängeschild zur Verfügung zu stellen. Aber die Kampnagelfabrik, in der das Bild- und Textmaterial gezeigt wurde, gehörte noch zu der Feuilleton-Ebene. Drei Ausstellungen weiter sah das schon ganz anders aus. Man tagte in Stuttgart und wollte eigentlich ins Rathaus, das war der erste Vorstoß, offiziell zu werden. Die

Kommune schmetterte ihn ab, der DGB mußte aushelfen. Aber hier wurde zum ersten Mal von der Strategie der Personen-Präsentation Gebrauch gemacht. Die Eröffnungsrede hielt Dr. Erhard Eppler, einer der großen alten Männer der SPD, der sich dann aber sehr zum Verdruß der Veranstalter eher zu einer Verteidigung der Wehrmacht bekannte. Der Titular-Professor Manfred Messerschmidt und Dr. Gerhard Schreiber trugen durch ihre Anwesenheit als Vertreter des MGFA, ohne daß dieses sich wehren konnte, zur Gewährung eines Gütesiegels bei. Wichtiger aber noch der erste Schulterschluß zwischen der Heer-Ausstellung und dem Bundesverfassungsgericht. Renate Jaeger, Richterin in Karlsruhe und Mitglied der "roten Zelle", die dort am 19. September 1994 das erste Soldaten-Mörder-Urteil gefällt hatte, sprach über "Die NS-Militärjustiz und ihre Opfer". Auch der Leiter der zentralen Stelle der Landesjustizverwaltung zur Aufklärung von NS-Verbrechen in Ludwigsburg, Alfred Streim, war da und der Historiker Professor Dr. Eberhard Jäckel auch. Ein schöner Fortschritt auf dem Wege der Offizialität.

In Wien fiel man mit der Eröffnungsrede von Johannes Mario Simmel wieder ins Feuilleton zurück. Aber wenigstens waren Messerschmidt und Wette vom MGFA zur Stelle, und der Divisionär Hubertus Trauttenberg vom österreichischen Bundesheer nahm schon mal an einer Podiumsdiskussion teil.

Als die Ausstellung im Januar 1996 in Freiburg einfiel, gewann sie den Charakter eines Fußball-Heimspiels. Die BADISCHE ZEITUNG überschlug sich vor Freundschaftsbekundungen zu ihren Mannen, die endlich den Mut gefaßt hatten, die Wehrmacht als Verbrecherbande zu enttarnen. Das Kulturamt wußte in ihren "Stadtnachrichten", die auf Kosten der Steuerzahler an alle Haushaltungen in Freiburg verteilt werden, auf zwei vollen Seiten von der Trefflichkeit der Ausstellung zu künden. Wieder waren vom MGFA Messerschmidt und Wette zur Stelle. Aber der SPD-Oberbürgermeister war auf Reisen und sein CDU-Stellvertreter ging nicht hin. Im Taumel der von der Presse täglich neu bestätigten Erfolge der Veranstaltung fiel das indessen nicht weiter auf.

Das Jahr 1996 sah sieben weitere Folgen derAusstellung, die aber relativ glanzlos verliefen. In Mönchengladbach stützte zum ersten Mal ein General der Bundeswehr die Ausstellung: Brigadegeneral Winfried Vogel. In Essen sprach der ehemalige Innenminister von Nordrhein-Westfalen, Dr. Diether Posser. In Erfurt tauchte der unvermeidliche Ralph Giordano auf. Regensburg war wieder einmal das Terrain von Messerschmidt und Wette. In Nürnberg gaben erneut der Brigadegeneral Vogel, Messerschmidt und Giordano Flankenschutz und in Linz hatte sich der Brigadier und Adjutant des Bundespräsidenten, Hubertus Trauttenberg, nun doch noch das Herz gefaßt, zur Eröffnung der Ausstellung zu sprechen.

Überall im übrigen dasselbe Bild: Destabilisierung der Gesellschaft in zwei Lager: die in der Regel ungeschickt oder falsch operierenden alten Soldaten, und auf der anderen Seite die revitalisierten 68er - der evangelischen Kirche, der Gewerkschaft, aller möglicher linksradikaler Zirkel, der Universitäten, Museen, Kulturämter, der Presse und des Fernsehens. Eine Kernspintomographie, die zeigte, wo die 68er auf dem Marsch durch die Institutionen überall angekommen waren.

1997 hatten es Jan Philipp Reemtsma und Hannes Heer schließlich geschafft. Die Ausstellung war zum Politikum geworden.

Wieder stützte sich der Erfolg auf die bereits genannten zwei Strategien und beide waren inzwischen wesentlich verfeinert worden. Austellungsorte wurden im voraus nicht mehr bekannt gegeben. Die Sicherung des Ausstellungsraumes begann viele, viele Monate vor dem angesetzten Termin, indem man mit den in der Regel links gemusterten Kulturämtern der betreffenden Stadt eisenharte Verträge abschloß, und der Raum, den man wünschte, trug dann jeweils genau den provozierenden Charakter, den man brauchte, um den Anspruch der Offizialität der Ausstellung aller Welt deutlich vor Augen zu führen. Das alles geschah, ohne daß die Öffentlichkeit es groß merkte, ja oft auch, ohne daß selbst die zuständigen Stellen oder gar die Volksvertreter der Stadt unterrichtet gewesen wären. Mauscheleien unter politisch Gleichgesinnten. So geschehen in München mit dem Ausstellungsort: Rathaus. So geschehen in Frankfurt mit dem Ausstellungsort: Paulskirche, der Wiege der deutschen Demokratie. So geschehen in Bremen mit dem Ausstellungsort eines der schönsten und historisch bedeutendsten Rathäuser in Deutschland. Ob bei diesen Verabredungen Geld geflossen ist, weiß niemand. Aber als die Gegner dieser Mechteleien aufwachten, war es jedenfalls jedesmal zu spät. In Bremen, wo eine Große Koalition regierte, kam es zu einer Koalitionskrise, die an dem geschlossenen Vertrag aber auch nichts mehr ändern konnte. In Frankfurt, wo nach einem großen Kommunalsieg der CDU es dann doch nur zu einem Allparteien-Stadtrat gereicht hatte, hielten alle still. Und in München, wo zum ersten Mal die Rechtsradikalen aufmarschierten, wurde die politische Mitte sofort von der unglaublich einseitigen und provinziell reagierenden SÜDDEUTSCHEN ZEITUNG, dem Radio und dem Fernsehen derart rigoros in die Ecke der ewig Gestrigen, wenn nicht gar der Faschisten gedrängt, daß ihr Aufbegehren wirkungslos blieb.

Zugleich war auch die Ausformung der zweiten Strategie, der Unterstützung durch Namen, ein entscheidendes Stück weiter vorangetrieben worden. Der Anfang zu dieser Entwicklung lag im Januar 1997 in Karlsruhe. Hier erschien, um der Ausstellung den offiziellen Glanz zu geben nicht nur die Mörder-Urteil Bundesverfassungsrichterin, Renate Jaeger, sondern sogar ihre Freundin, die Präsidentin des Bundesverfassungsgerichtes, Jutta Limbach. Was sie zur Eröffnung der Austellung zu sagen hatte, hätte sie auch anderswo sagen können und kein Hahn hätte sich darüber veranlaßt gesehen zu krähen. Nicht also, *was* sie zu sagen hatte, war der schreckliche Faux pas, sondern *wo* sie es sagte. Sie ist in unserem Staat die oberste Instanz für Gerechtigkeit, und wenn diese Ausstellung eines mit Sicherheit nicht im Sinn hat, ist es, der Geschichte der Wehrmacht Gerechtigkeit widerfahren zu lassen.

Der Autor dieser Schrift schrieb dem Herrn Bundespräsidenten einen Brief: Frau Jutta Limbach habe als Repräsentantin der dritten Gewalt in unserem Staat der Demokratie Schaden zugefügt, und ob der Präsident diesen Schaden nicht zu heilen vermöge. Eine Antwort auf diesen Brief steht noch aus.

Mit dem Auftritt von Frau Limbach waren nun die Schleusen für die bundesdeutsche Prominenz, den Herren Reemtsma und Heer zu Hilfe zu kommen und deren Werk durch ihre Anwesenheit zu preisen, weit geöffnet worden. Zwar waren in München die Wogen des Protestes schon Wochen vor der Ausstellungseröffnung so hoch geschlagen, daß man sich noch einmal auf das Feuilleton zurückziehen mußte und den Akt der Eröffnung von dem polnischen Schriftsteller Andrzej Szczypiorski vornehmen ließ (und das nicht einmal im Rathaus, in dem die Exponate gezeigt wurden, sondern, von der Stadt gezwungen, in der Ludwig-Maximilians-Universität). Aber für die Eröffnung in Frankfurt strömte nicht nur Ignatz Bubis, sondern sogar der Ministerpräsident des Landes Hessen, Hans Eichel, herbei. Und noch einer der linkslastigen Repräsentanten unserer Gesellschaft glänzte durch Anwesenheit: der Präsident des Bundesarchivs in Koblenz, Professor Dr. Friedrich Kahlenberg, der sich nicht entblödete, den in der Heer-Ausstellung gezeigten Bildern, soweit sie aus seinem Haus und den Sowjetarchiven stammten, das Gütesiegel der Echtheit zu verleihen, obwohl er nicht einmal alle Bilder aus der Sowjetunion, die in der Ausstellung gezeigt wurden, je gesehen hatte und offengelassen werden muß, inwieweit er die Bilder, die ihm aus sowjetischen Archiven vorgeführt wurden, tatsächlich persönlich und wissenschaftlich überprüft hat. Auch die Chuzpe von Jan Philipp Reemtsma und Hannes Heer bei der Suche nach geeigneten Ausstellungsorten hatte einen neuen Schub bekommen. Ihren Antrag, die Ausstellung im Bundestag zu zeigen, konnte die Präsidentin, Professorin Dr. Rita Süssmuth, gerade noch abschmettern, und auch das Haus der Geschichte der Bundesrepublik Deutschland in Bonn winkte ab. Aber dem Antrag der Parteien, einschließlich der PDS - so schnell schloß sich nun auch der Kreis von Heer zu den Kommunisten -, eine Sitzung des Bundestages über die Wehrmachtsausstellung abzuhalten, mußte stattgegeben werden. Sie fand am 13. März 1997 statt. Es wurden eine Anzahl von zum Teil gar nicht einmal schlechten Reden gehalten. Zu den von allen Fraktionen geforderten namentlichen Abstimmungen kam es aber erst auf einer Sitzung des Bundestages am 24. April 1997. Zu der Abstimmung lagen vier Beschlußfassungstexte vor, je einer von der CDU/CSU und FDP, zwei Texte von der SPD, ein Antrag der Grünen und einer der PDS. Der Antrag der CDU/CSU und FDP wurde schließlich bei 583 abgegebenen Stimmen mit 301 Stimmen angenommen. In dem Antrag heißt es: "Der Deutsche Bundestag verwahrt sich mit Entschiedenheit gegen jede einseitige und pauschale Verurteilung der Angehörigen der Wehrmacht": Die Aufnahme der Ausstellung in den Bundestag wurde abgelehnt. Der Ehrenvorsitzende der CDU/CSU-Fraktion, Dr. Alfred Dregger, gab als Anlage 3 zu dem Protokoll der Sitzung eine sehr nachdenkliche 10-Punkte Erklärung ab, die der geschichtlichen Wahrheit wohl näher kam als alles, was bisher im Bundestag gesagt wurde. Am 24. April 1997 hatten sich also 51,6 Prozent unseres im Parlament vertretenen Volkes hinter unsere Geschichte gestellt. Die andere Hälfte pflegte ihren Generationshass weiter, - bis auf einen Sozialdemokraten, der sich konsequent in allen Abstimmungen der Stimme enthielt: der SPD-Bundestagsabgeordnete Hans-Ulrich Klose, Vizepräsident des Deutschen Bundestages.

So, wie die Dinge Mitte 1997 lagen, ging es nicht mehr darum, ob die Ausstellung die Wahrheit sagt oder nur die Halbwahrheit, und das heißt, *ob sie lügt*. Es geht nicht mehr um Wissenschaftlichkeit und wissenschaftliche Methoden. Es geht nicht mehr darum, ob man pauschalisierend 18 Millionen Soldaten Verbrecher und die Wehrmacht eine Verbrecher-Organisation nennen darf. Es geht nicht mehr um die Aufhellung der Geschichte, sondern allein darum, wer für und wer gegen die Ausstellung ist. Es geht um ein neues Feindbild und es geht um die Revitalisierung der 68er-Welt. Es geht um den Versuch, die politische Mitte durch die Provokation der Rechtsradikalen in Verlegenheit zu bringen und es geht darum, die Ausstellung als Hebel dafür zu benutzen, der Linken für die kommende Bundestagswahl günstigere Ausgangspositionen zu verschaffen. Es geht um den Mißbrauch der Geschichte deutscher Soldaten zu politischen Zwecken.

Vom Pazifismus zur "Kritischen Theorie"

Der Zustand der Gesellschaft, auf den die Ausstellung des Hamburger Instituts für Sozialforschung traf, war das Ergebnis der besonderen Nachkriegsgeschichte Deutschlands, gekennzeichnet durch die Teilung des Landes und den damit verbundenen Verlust jeder nationalen Identität, gekennzeichnet durch einen Generationsaufstand, den es auch in Frankreich und in den USA gegeben hatte, der aber nirgendwo auch nur annähernd so tiefgreifende Zerstörungen der gesellschaftlichen Wertestruktur bewirkte wie bei uns, gekennzeichnet schließlich durch einen Pazifismus, der durch den verlorenen Krieg im Vergleich zu der zweiten Hälfte des 19. Jahrhunderts, aber auch der Zeit nach dem Ersten Weltkrieg, eine strukturelle Radikalisierung erfuhr.

Der Nachkriegsweg des Pazifismus bis hin zu dem schändlichen Soldaten-Mörder-Urteil des Verfassungsgerichtes des Jahres 1994 beginnt mit dem Widerstand gegen die Wiederbewaffnung, die im Mai 1955 mit dem Eintritt der Bundesrepublik in die NATO beschlossen wurde. Am 21. Juli 1956 erfolgte die Einführung der Allgemeinen Wehrpflicht. Aber schon 1950 war der CDU-Innenminister Heinemann aus Protest gegen die Planungen Adenauers aus der Regierung ausgetreten und hatte sich die "ohne mich"-Bewegung formiert. Ihr folgte 1957 die Initiative "Kampf dem Atomtod", die eine Volksbefragung forderte. Am 30. Juli 1958 lehnte das Verfassungsgericht sie ab. Damit klang diese Initiative zunächst ab, dafür begannen die von dem Philosophen Bertrand Russell ins Leben gerufenen Ostermärsche.

Die Wahl Willy Brandts zum Bundeskanzler 1969 brachte wiederum eine politische Beruhigung, aber mit Breschnew in Moskau und seiner Doktrin, nach der er es sich vorbehielt, seinen Verbündeten die Richtlinien der Politik vorzuschreiben, verschärfte sich die Lage von neuem: 1966 sowjetischer Einmarsch in Ungarn,

1968 Einmarsch sowjetischer Truppen zusammen mit Truppen des Warschauer Paktes in die CSSR, Machtübernahme in Angola (1975/76) und Äthiopien (1977/78). Am 12. Dezember 1979 beschlossen die USA, Großbritannien, Frankreich und die Bundesrepublik unter ihrem Kanzler Helmut Schmidt die Nachrüstung des Westens. Der deutsche Pazifismus verschlief den Termin. Die UdSSR dagegen nicht. Und sie war es dann, die dafür sorgte, daß die deutschen Friedenskämpfer nun in einem bisher noch nie dagewesenen Umfang die Bretter der Protestbühne betraten: die "Vereinigung der Verfolgten des Nazi-Regimes", "Die deutsche Friedens-Union", "Die sozialistische deutsche Arbeiterjugend", "Marxistischer Studentenbund" und "Junge Pioniere", mithin alles, was an der Leine der SED hing, machte die Vorhut. Die Jungsozialisten und die sozialdemokratischen Frauen fanden sich am 9. November 1980 zum "Bielefelder Appell" zusammen. Der "Arbeitskreis Frieden" der SPD kämpfte mit einer Heidelberger Erklärung um den Frieden. Die Schriftsteller unterschrieben einen "Appell der Schriftsteller Europas". Der DGB veröffentlichte am 10. Oktober 1981 einen Friedensaufruf, hinter den sich 1,5 Millionen Mitglieder stellten.

Mit der Mitte der 70er Jahre unterschriebenen KSZE-Schlußakte hatte sich die UdSSR vorrangig das Ziel gesetzt, Europa sowohl wirtschaftlich als auch durch die Spaltung der NATO militär-politisch von den Vereinigten Staaten zu lösen. Die militärische Komponente dieses Planes wurde von dem KGB-General Ivanow geleitet und mit Hilfe der "Aktion Mars" vorangetrieben. Im Mittelpunkt ihrer Aktivitäten stand die Instrumentalisierung der Friedensbewegung. Der von zwei Millionen Friedensbewegten unterschriebene "Krefelder Appell" vom Herbst 1980 gegen die sogenannte NATO-Nachrüstung war der erste große Erfolg dieser Aktion. Den Appell hatten damals der Ex-Bundeswehrgeneral Gert Bastian, die damalige Bundesvorsitzende der Grünen, Petra Kelly, die Theologinnen und Kirchenvertreter Uta Ranke-Heinemann, Dorothee Sölle, Helmut Gollwitzer, Kurt Scharf und Franz Hammerstein, sowie die Wissenschaftler Robert Jungk und Horst Eberhard Richter unterschrieben, - flankiert von zahlreichen linken Sozialdemokraten, Gewerkschaftlern und Schriftstellern. Von den SPD-Funktionären gehörte Heidemarie Wieczorek-Zeul, Manfred Coppik und der spätere saarländische Umweltminister Jo Leinen dazu, unterstützt von den Schriftstellern Bernt Engelmann (SPD), Dieter Lattmann (SPD) und Hans-Günter Wallraff. Dieser, durch inoffizielle Mitarbeiter (IM) und Kontaktpersonen (KP) der STASI sorgfältig gesteuerte Kreis war es, der aus Anlaß eines Besuches des amerikanischen Präsidenten Reagan zur 750-Jahrfeier der Stadt Bonn dann jene Groß-Veranstaltung im Bonner Hofgarten zustande brachte, an der 300 000 Menschen teilnahmen und von der wir heute wissen, daß sie der Höhepunkt einer politischen Kampagne der UdSSR war. Verfaßt wurde der damals vorgegetragene Aufruf von einem "Informationskreis Frieden-Koordination", unter dessen Dach sich annähernd 100 Politgruppen vereinigt hatten. Sein Sprecher war Michael Vennedey, ein Mediziner, der gleichzeitig Mitglied des "Bundes demokratischer Wissenschaftler" war. Der Bund arbeitete mit der "Niederländischen ökumenischen Gemeinde - DDR" und mit ihrem Westberliner Pendant, dem "Henrik-Krämer-Haus" zusammen, die wiederum zur "Christlichen Friedenskonferenz" (CFK) gehörten. CFK und "Bund demokratischer Wissenschaftler" wurden in der vom Bundesinnenministerium herausgegebenen Publikation als "sowjetisch gesteuerte Einwirkungsorganisationen" bezeichnet, eine Einschätzung, die inzwischen durch zahlreiche, von der Gauck-Behörde aufgefundene Dokumente bestätigt wurde.

Nach Erkenntnissen des Bundesamtes für Verfassungsschutz hat die DDR-Führung jährlich etwa 80 Millionen heimlich in den Westen eingeschleuste D-Mark an die DKP gezahlt. Ein beträchtlicher Teil dieser Summe war für die Finanzierung von "Sonderausgaben für die Wahlen und Friedensaktionen" bestimmt, das heißt aber nichts anderes, als daß sie der direkten Finanzierung der Friedensbewegung in der Bundesrepublik diente. So also sah der "spontane Emanzipationsprozeß" dieser Friedensbewegung, als den ihn die

Sprecher der Linken und der Grünen immer wieder ausgegeben hatten, in Wahrheit aus.

Der Philosoph Hermann Lübbe hat einmal gesagt, daß die Bundesrepublik die Verdrängung ihrer Vergangenheit und den Verzicht auf eine grundsätzliche Auseinandersetzung um die Verantwortung für diese Vergangenheit nach 1945 für ihr Überleben und ihre Stabilität gebraucht habe. Das ist wohl richtig und so vollzog sich die Geschichte dann ja auch. Nur forderte dieser Weg seinen Preis in Form eines Glaubwürdigkeit-Defizits des Staates, der die Schärfe des nun aufkommenden Generationsprotestes der 68er erst verständlich macht. Zur Lebenspraxis gehört der Kompromiß. Der aber steht regelmäßig in einer Spannung zwischen moralischen und gesinnungsethischen Anforderungen. Nun hatten die 68er die Wirkungen des Nationalsozialismus in den 60er Jahren entdeckt, waren tief erschrocken und begannen vor der Vergangenheit zu fliehen. Damit blieb ihnen aber nur noch ein rettendes Ziel: der moralische Rigorismus. So wurde aus dem Urteil über die Väter deren Verurteilung und aus deren Verurteilung der Haß. Tatsächlich war dieser Haß nicht mehr als eine Flucht vor sich selbst. Aber das wissen sie noch bis heute nicht.

Ein geschlossenes Programm hatten die 68er zunächst einmal nicht, dafür kamen in ihrer Protestbewegung der "Außerparlamentarischen Opposition" viel zu viele Strömungen zusammen. Man verehrte den Marxisten Georg Lukacs, den Pazifisten Helmut Gollwitzer, die ewig schillernde Rosa Luxemburg und den Diktator Lenin, - bis sie schließlich auf die "Kritische Theorie" stießen, die ihrem Aufstand, der sich von allen Revolutionen der Vergangenheit so gründlich unterschied, die philosophische, politische und, wie sie meinten, moralische Grundlage bot.

Die "Kritische Theorie" war in dem Frankfurter "Institut für Sozialforschung" entwickelt worden, einem Zentrum höchster jüdischer Intelligenz, das auf eine lange Geschichte und einen großen Ruf zurückblicken kann. Aus informalen Treffen einer elitären Gruppe von klugen und engagierten jungen Marxisten, die sich der strengen wissenschaftlichen Ordnung der deutschen Universität widersetzten, entstand Anfang der 20er Jahre in Deutschland der Wunsch nach einer eigenen Betätigungsplattform. 1922 schlug Felix J. Weil, dessen Vater um 1880 nach Argentinien ausgewandert war und dort als Getreidehändler ein Vermögen erworben hatte, die Gründung eines Institutes vor. Der Vater stimmte zu. Bereits im Juni 1924 war es entstanden. Von Anfang an bewußt als Stätte einer wissenschaftlichen Elite verstanden, waren es die "summa cum laude" Doktoren Friedrich Pollok und Max Horkheimer, die das Zepter in die Hand nahmen, Pollok als der Administrator, Horkheimer als das wissenschaftliche Haupt, Weil als Finanzier.

Ende der 20er Jahre stießen neue "celebrities" zu dem Institut: Leo Löwenthal und Theodor Wiesengrund-Adorno. Wenig später öffnete sich mit Erich Fromm das Institut der Erforschung der Psychologie und mit Herbert Marcuse, der 1932 dem Institut beitrat, war nun das Team zusammen, das den Weg von der Marxismus-Kritik zu der "Kritischen Theorie" finden sollte: Horkheimer, Pollok, Adorno, Löwenthal, Fromm und Marcuse. Und Marcuse sollte für die neue Theorie schließlich den wichtigsten Beitrag liefern.

Alle diese Wissenschaftler an der Spitze des Institutes kamen aus großbürgerlichem Haus, alle waren Deutsche, alle verfügten über ein gutes Auskommen und schätzten feines Leben, alle waren überdurchschnittlich intelligent und alle waren Juden. (Adorno hatte eine katholische Mutter.) Über diese Zusammensetzung ist viel gerätselt worden. War das Institut eine Antwort auf deutschen Antisemitismus? Offenbar nein, denn seine Mitglieder fühlten sich, nach eigenem Bekunden, nicht bedrängt. Das Mitglied des Instituts Franz Neumann schrieb in seiner Abhandlung "Behemotz", daß die Deutschen weniger antisemitisch seien als alle anderen. Eher waren es wohl ihre marxistischen Neigungen, die sie von der bürgerlichen Weimarer Demokratie absetzten. Ihr unbändiger Wunsch nach "excellence" mag indessen noch einen ganz anderen Grund gehabt haben, auf den Jürgen Habermas hinweist: die enge Verbundenheit der jüdischen kulturellen Tradition mit dem aus dem protestantischen Pietismus stammenden deutschen Idealismus. Das Institut brauchte dieses typisch deutsche geistige Umfeld, um reüssieren zu können, - vor und nach dem Krieg. In den USA gewann es nie an Bedeutung, wenn man von einer kurzen, vom Vietnam-Krieg getragenen Begeisterungswelle für Marcuse absieht.

Der Rest ist schnell erzählt. Schon Anfang der 30er Jahre hatte das Institut sich in Genf eine Außenstelle geschaffen und sein Vermögen nach Holland verlagert. So machte es keine Schwierigkeiten, vor dem Dritten Reich zunächst in Europa, dann nach Amerika auszuweichen, wo Felix J. Weil die Arbeit der Emigranten weiter unterstützte. Nach dem Krieg kamen Max Horkheimer und Theodor Adorno nach Deutschland zurück, Erich Fromm und Theodor Marcuse blieben in den USA.

Die "Kritische Theorie" kennt kein geschlossenes System. Es drückt sich vornehmlich in Essays und Aphorismen aus. Wohl haben Adorno, Fromm und Marcuse auch Bücher geschrieben, aber sie dienten immer nur einem Gedankengang, nicht einem System. 1968 war nun eine zweibändige Sammlung solcher Aufsätze in Frankfurt auf den Markt gekommen. Und damit begann die bis heute währende Bindung einer ganzen deutschen Generation an die Theorien und Träume dieser jüdischen Genies, denen Jan Philipp Reemtsma und Hannes Heer heute so eifrig nachzueifern suchen.

Die Gedankengänge der "Kritischen Theorie" sind schwer nachzuvollziehen und sind oft in einer schwer lesbaren Sprache geschrieben. "Eines der ständig wiederkehrenden Motive der Schule", schreibt Leszek Kolakowski in seinem dreibändigen Werk über die "Hauptströmungen des Marxismus", "ist die Überzeugung, daß die Welt bedroht sei vom Anwachsen einer Technik, der die Wissenschaft zu Diensten steht, eine Wissenschaft aber, die gegenüber der Welt der Werte grundsätzlich indifferent ist. Wenn szientistische Vorschriften und Einschränkungen für die gesamte menschliche Erkenntnistätigkeit verbindlich werden und unserer Erkenntnis daher die Fähigkeit abgesprochen werden soll, zu Werturteilen zu gelangen, dann wird Wachstum von Wissenschaft und Technik unausweichlich zu einer totalitären Gesellschaft führen, zu einer immer erfolgreicheren Manipulation der Menschen, zur Zerstörung der Kultur und zum Untergang der Persönlichkeit. Daher die Bedeutung der Hegelschen Vernunft - im Unterschied zum Verstand -, die 'umfassende' Urteile abzugeben vermag und nicht bloß die richtigen Mittel für irrational festgelegte Zwecke bestimmt, sondern auch die Zwecke selbst ... (Nur vermochten) weder Horkheimer noch sonst jemand aus der Frankfurter Schule zu erklären, wie ein und dasselbe Erkenntnisvermögen das eine und das andere leisten kann, und wie man von der Erforschung der Erscheinung zum Verstehen des hinter ihnen verborgenen 'Wesens' gelangt, das uns nicht nur darüber belehrt, was der Mensch empirisch ist, sondern auch darüber, was ein sein Wesen vollständig verwirklichender Mensch wäre."

Horkheimer antizipiert eine andere Gesellschaft, in der die Menschen selbst über ihr Schicksal entscheiden und nicht einer äußeren Notwendigkeit unterworfen sind. In dieser Gesellschaft werde es den Unterschied zwischen Notwendigkeit und Freiheit nicht mehr geben. Eine konkrete Anbindung an diesen Prozeß, wie etwa an das Klassenbewußtsein des Proletariats, wie die Marxisten es vorschlugen, lehnt Horkheimer ausdrücklich ab. Im Grunde ist die "Kritische Theorie" ein Marxismus ohne Proletariat.

Die "Kritische Theorie", schreibt Kolakowski, "enthält keine im Einzelnen umschriebene Utopie. Horkheimers Antizipationen begnügen sich mit nichtssagenden Allgemeinplätzen: allgemeines Glück, Befreiung der Menschheit, Selbstbestimmung der Menschen, Aufhebung der auf Profit und Ausbeutung beruhenden Wirtschaft usw." Man müsse "alles" verändern, "das heißt, daß die Theorie sich nicht bemüht, die bestehende Gesellschaft zu verbessern, sondern sie total umgestaltet; in welcher Weise das geschehen soll, und was an ihre Stelle treten wird, läßt sich nicht sagen ... Das Proletariat hat auf jeden Fall seine Rolle als unfehlbares Subjekt der Geschichte eingebüßt ... In diesem Sinne ist die "Kritische Theorie" ein inkonsequenter Versuch, den Marxismus zu retten, ohne seine Identifikation mit dem Proletariat zu übernehmen und ohne die Klassen- und Parteikriterien der Wahrheit anzuerkennen, aber auch ohne einen Versuch, die Schwierigkeiten zu lösen, die nach einer solchen Beschneidung des Marxismus auftreten. Sie ist ein halbierter Marxismus, dessen andere Hälfte durch nichts ersetzt wurde."

Auch Adorno, Philosoph, Musikwissenschaftler und Komponist, ist nicht im klassischen Sinne Marxist, weil er das "Primat der Praxis" ablehnt. Seine "negative Dialektik" läßt nicht zu, daß einem Glied der in der Philosophie traditionellen Gegensatzpaare: Objekt/Subjekt, Allgemeines/Besonderes, empirische Daten/Ideen, Kontinuität/Diskontinuität, Theorie/Praxis das Primat zuerkannt werde. Nichts besitzt einen absoluten "Primat". Alles, womit es die Philosophie zu tun hat, erweist sich als wechselseitig von seinem Gegenteil abhängig. Philosophie ist unmöglich, möglich ist nur die unablässige Negation, der rein destruktive Widerstand gegen alle Versuche, die Welt in ein Prinzip zu fassen, das ihr "Identität" verleiht. Damit aber ist Adornos negative Dialektik die klassische Verkörperung der Antinomie: ein philosophisches Buch über die Unmöglichkeit, ein philosophisches Buch zu schreiben.

Sein Werk zusammenzufassen, ist ebenso unmöglich, wie ein tachistisches Bild zu schildern. Dazu kommt, daß er sich einer unerhört verwickelten Syntax bedient, die jedem Versuch einer Erläuterung seines hegelianischen und neo-hegelianischen Jargons widersteht. Eben das aber führt zu Verschwommenheit und ist nicht mehr als die Verachtung des Lesers. In gewisser Weise ist sein Werk das philosophische Pendant jenes Formzerfalls, der sehr viel früher in den bildenden Künsten und dann in der Musik und in der Literatur einsetzte. Seine eigene Erklärung, was "negative Dialektik" sei, lautet folgendermaßen: "In gewissem Betracht ist die dialektische Logik positivistischer als der Positivismus, der sie ächtet; sie respektiert als Denken, das zu Denkende, den Gegenstand auch dort, wo er den Denkregeln nicht willfahrt. Seine Analyse tangiert die Denkregeln. Denken braucht nicht an seiner eigenen Gesetzlichkeit sich genug sein zu lassen; es vermag gegen sich selbst zu denken, ohne sich preiszugeben; wäre eine Definition von Dialektik möglich, so wäre das als eine solche vorzuschlagen", (Seite 132 der "Negativen Dialektik"). Es gibt wohl wenige philosophische Bücher, bei denen sich derart unabweisbar der Eindruck aufdrängt, daß sie nutzlos sind (Kolakowski).

Wahrscheinlich haben nur winzige Minderheiten der 68er Adornos "Negative Dialektik" gelesen und was sie aus ihr entlehnen konnten, war wenig. Anders die "Dialektik der Aufklärung", eine lose Sammlung von Ideen, die zu Ende des Zweiten Weltkriegs von Adorno und Horkheimer verfaßt worden war und 1968 dann in Frankfurt zu dem Aufruhr der 68er führte. Ihre Zielscheibe waren schon damals der Rationalismus und die Aufklärung. Nach ihrer Ansicht bestand die Ursünde dieser Aufklärung darin, daß sie das Band des Menschen zur Natur zerriß und die Natur als reines Ausbeutungsobjekt setzte, wodurch auch der Mensch, als Teil der natürlichen Ordnung, schließlich als Ausbeutungsobjekt aufgefaßt wurde. Das ideologische Pendant dieses Prozesses ist eine Wissenschaft, die sich nicht für die Qualität der Dinge interessiert, sondern nur für das, was sich an der Welt in quantitativer Form darstellen läßt und sich für technische Eingriffe eignet.

Das Hauptmotiv dieses Angriffs ist also, wie man sieht, von seiner Tradition her romantisch. Die Autoren weisen jedoch keinen Ausweg aus dem Niedergang. Sie sehen keine Möglichkeit, daß der Mensch zur Freundschaft mit der Natur zurückkehrt. Sie sagen auch nicht, ob und auf welche Weise die Menschen den Tauschwert liquidieren, das heißt ohne Geld und Berechnung leben könnten. Der einzige Rat, den sie erteilen, ist das theoretische Denken, wobei wir vermuten dürfen, daß der Hauptvorzug dieses Denkens darin bestehen soll, daß es die Despotie der Logik und der Mathematik ablehnt.

Appellierten Horkheimer und Adorno mit ihren bis ins Unbedeutende reichenden abstrakten Gedankengängen an den Intellekt der aufständischen Jugend von 1968, so fügte Erich Fromm, der seit 1932 in den USA lebte, den Balsam für ihre Seelen hinzu. Er teilte nicht Adornos Negativismus und strahlte in seinen klar und lesbar geschriebenen Schriften Güte und Menschlichkeit aus. Nach seiner Auffassung war Sigmund Freuds Lehre von dem von Natur aus antisozialen Menschen, der erst durch die Beschränkung und Unterdrückung seiner Triebwünsche Kultur schaffen und der Gesellschaft Sicherheit geben kann, eine unbegründete Verallgemeinerung begrenzter historischer Erfahrung und eine falsche Auffassung der menschlichen Natur. Unter diesen Voraussetzungen interpretiert er die frühen Schriften von Marx neu und meint, daß Marx in ihnen nicht nur die Utopien der Renaissance und der Aufklärung, sondern auch die Gedankengänge chiliastischer Sekten, jüdischer Propheten, ja sogar den Thomismus fortsetzte. Das ganze Problem der Befreiung des Menschen resümiert sich für Fromm in dem Wort Liebe. Wobei mit Liebe gemeint ist, daß der andere Mensch, als ein Ziel an sich, nie als ein Mittel behandelt wird, und daß die Menschen sich nicht selbst aufgeben, sich nicht in anderen Menschen verlieren und nicht auf ihre schöpferischen Möglichkeiten verzichten. Eine zentrale Rolle spielt für ihn der Begriff der "Entfremdung", der gleichsam die Summe der Unfreiheit, des Unglücks, der Einsamkeit und des Bösen darstellt, unter dem die Menschen leiden. Mit totalitären Doktrinen und dem kommunistischen System hat für Fromm Marx nichts zu tun: mit ihm teilt Fromm nur die humanistische Vision. Insoweit übernimmt er von Marx die Utopie, aber nichts von dem, was Marx über die Wege lehrt, die zu ihr führen, nichts also von seiner Theorie des Staates, des Proletariats und der Revolution. Er übernimmt, was sich am leichtesten übernehmen läßt und was am wenigsten kontrovers ist.

Theodor Adorno starb 1970, Max Horkheimer 1973, Erich Fromm 1980. Der Mann, der nun das Banner der "Kritischen Theorie" weiter trug, war Jürgen Habermas. Schon mit seinem Buch "Technik und Wissenschaft als Ideologie", 1968, lieferte er dem Aufstand der 68er Generation eine weitere intellektuelle Begründung für den bei Horkheimer angelegten Haß auf Wissenschaft und Technik. "Wissenschaft und Technik", erläutert Kolakowski die Habermas'sche Theorie, "haben in dem Sinne 'Ideologische Funktionen' übernommen, als sie das Bild einer nach dem Modell der Technik geformten Gesellschaft erzeugen, technische Ideologien hervorbringen, welche den Menschen das politische Bewußtsein, das heißt ein Bewußtsein der gesellschaftlichen Ziele nehmen, und implizit unterstellen, daß alle menschlichen Probleme technisch-organisatorischer Art sind und sich mit wissenschaftlichen Mitteln lösen lassen. Unter dem gewaltigen Einfluß staatlicher Institutionen auf die Wirtschaft haben auch die gesellschaftlichen Konflikte ihren Charakter geändert und treten immer weniger als Klassen-Antagonismus im Sinne von Marx auf. Die neue Ideologie ist nicht mehr bloß Ideologie, sondern mit dem Prozeß des technischen Fortschritts selbst vermischt. Sie ist schwieriger zu identifizieren und daher kommt es, daß eine Gegenüberstellung von Ideologie und realen gesellschaftlichen Verhältnissen sich nicht mehr in der Weise durchführen läßt wie bei Marx. "

Der Schlüsselbegriff, auf den Habermas sich beruft: "Emanzipation", wird nie klar erläutert. Erkennbar ist, daß er im Geist der Tradition des deutschen Idealismus nach einer Instanz sucht, in der praktische Vernunft und theoretische Vernunft, Erkenntnis und Willen, Kenntnis der Welt und das Streben nach ihrer Veränderung eins werden, Es scheint jedoch nicht, daß er eine solche Instanz entdeckt oder die Mittel zu ihrer Konstruktion aufgezeigt hätte. Er hat Recht, wenn er sagt, daß die Erkenntnis theoretischer Bewertungskriterien als ein Element der Geschichte der menschlichen Gattung verstanden werden müsse, in der sowohl die Prozesse des technischen Fortschritts als auch die Form der zwischenmenschlichen Kommunikation als unabhängige Variable auftreten ... Daraus folgt jedoch nicht, daß es einen Standpunkt gibt oder geben kann, von dem aus die Unterscheidung zwischen Erkenntnis und Willen aufgehoben wird. Es ist möglich, daß Akte des Selbstverständnisses von Individuen oder Gesellschaften in einigen Fällen ihrerseits Bestandteil von praktischen Verhaltensweisen sind, die zur "Emanzipation" führen - was immer dieses Wort bedeutet. Stets bleibt jedoch die Frage bestehen, nach welchen Kriterien wir beurteilen wollen, ob jenes Selbstverständnis zutrifft und auf welcher Grundlage wir zu der Ansicht gelangen, daß dies und nicht etwas anderes als "Emanzipation" bezeichnet zu werden verdient.

Mehr als alle bisher genannten Verfechter der "Kritischen Theorie" war es Herbert Marcuse, welcher der Generation der 68er schließlich die handfesten in Taten umsetzbaren Stichworte lieferte. Marcuse hatte in Freiburg promoviert, verließ 1932 Deutschland und arbeitete ab 1940 in dem von deutschen Emigranten organisierten "Institut for Social Research" in New York und dann im "Office of Strategic Services" (OSS), der Nachrichten- und Desinformationsabteilung der USA während des Krieges. Nach Deutschland zurückgekehrt, veröffentlichte er, angelehnt an Max Horkheimers Institut, in den 60er Jahren genau die programmatischen Bücher, auf welche der angestaute Protest der jungen Generation so sehnlich gewartet hatte: "Vernunft und Revolution", 1962 ; "Der eindimensionale Mensch", 1964; "Triebstruktur und Gesellschaft", 1965 und "Repressive Toleranz", 1966, eine Schrift, die für die 68er schließlich der Freibrief für alles wurde, was sie taten.

Zentrales Ziel seiner Kritik - und deshalb gehört er zur Welt der "Kritischen Theorie" - war zunächst der Positivismus, der seiner Auffassung nach nicht nur Konformismus, sondern darüber hinaus Verbündeter von totalitären Doktrinen und gesellschaftlichen Bewegungen war, weil er als seine Hauptregel das Prinzip der Ordnung vertrete. Seine Argumentation stützte sich schlicht auf den Glauben, daß wir unabhängig von jeglicher Empirie die transzendentalen Forderungen der Vernunft kennen können, an denen wir die Welt zu messen haben, und daß wir wissen, worin das Wesen des Menschen besteht oder was der "wahre" Mensch ìm Unterschied zum empirischen Menschen wäre. Ihm geht es darum, alle jene als "Positivisten" hinzustellen, die eine bestehende Gesellschaftsordnung unterstützen, um danach entgegen dem Augenschein zu verkünden, daß alle Empiristen, das heißt alle, die eine Kontrolle der Theorie anhand von Tatsachen fordern, dadurch schon Konservative seien. In der Tat liefert der Positivismus keine Mittel, mit deren Hilfe sich Normen des "wahren" Menschen oder der "wahren" Gesellschaft bestimmen lassen. Aber es ist auch nicht wahr, daß die Regel des Empirismus logisch zu der Folgerung führt, daß vorgefundene "Tatsachen" oder vorgefundene gesellschaftliche Institutionen deshalb unterstützenswert seien, weil sie existieren. Der Zusammenhang zwischen dem Positivismus und totalitären Tendenzen in der Politik stellt sich genau anders herum dar. Locke und seine Nachfolger und eben nicht Hegel begründeten und verbreiteten den (auf die Grundlagen des Empirismus gestützten) Glauben an die Gleichheit der Menschen und an den Wert der Freiheit des Individuums innerhalb der Grenzen des Rechts. Die Positivisten und Empiristen des 20. Jahrhunderts hatten nicht nur nichts mit faschistischen Tendenzen gemein, sondern sprachen sich ausnahmslos und unzweideutig gegen sie aus. Seine These, daß der Positivismus einen "Kult der Tatsachen" vertrete, daß er ergo konservativ und ergo totalitär sei, ist unbeweisbar und absurd.

Als nächstes wandte sich seine Kritik der Trieblehre Sigmund Freuds zu. Nach Freud besteht - wie bereits dargestellt - ein permanenter und unvermeidlicher Konflikt zwischen den Werten der Zivilisation und den Forderungen des menschlichen Triebes. Erst die Unterdrückung der Triebe setze den Energievorrat frei, der für den anstrengenden Kampf mit der Natur gebraucht werde. Das sichere, meinte Marcuse nun, der Gesellchaft zwar das Überleben, gebe ihrer Kultur aber einen grundsätzlich repressiven Charakter. Triebe würden für Aufgaben eingespannt, die ihnen "von Natur aus" fremd seien, das "Lustprinzip" bleibe dabei auf der Strecke. Nach Marcuse sei die Triebunterdrückung zwar eine Tatsache, aber keineswegs ein biologisches oder historisches Gesetz. Sobald die Technik ein Niveau erreicht habe, das die Befriedigung der Bedürfnisse ohne Unterdrückung möglich mache, werde die Unterdrückung zu einem irrationalen Anachronismus und dieser Zustand sei nun erreicht. Triebenergien würden nicht mehr für die Arbeit gebraucht, sondern könnten sich in Gestalt des Eros in libidinösen Beziehungen verallgemeinern und eine libidinöse Zivilisation entwickeln. Das Lustprinzip und der eigenständige Wert der Lust komme zu ihrem Recht, die entfremdete Arbeit verschwinde.

Wie diese libidinöse Zivilisation allerdings aussehen könne, bleibt offen. Womöglich glaubt Marcuse im Gegensatz zu Freud, daß der Mensch von Natur aus gut und von Natur aus geneigt sei, harmonisch mit anderen zu leben, und die Aggression nur eine zufällige historische Verirrung darstelle, die zusammen mit der entfremdeten Arbeit verschwinden werde. Auch bleibt unklar, wie die Menscheit "im Prinzip" bereits alles im Überfluß besitze und die Befriedigung der materiellen Bedürfnisse grundsätzlich keine Probleme mehr aufwerfe. Wenn daher der Ideologe der amerikanischen Hippie-Szene, Gery Rubin, in seinem Buch meint, daß nunmehr Maschinen für die Menschen arbeiten werden und die Menschen, wann und wo es ihnen gefällt, kopulieren sollten, so vermittelt er mit seiner infantilen und primitiven Formel gleichwohl den grundlegenden Inhalt der Utopie Marcuses. "Für eine völlige Umkehrung Freuds durch Marcuse", schreibt Kolakowski, "gibt es nur eine verständliche Deutung: Rückkehr zu einem vorgesellschaftlichen Dasein."

Die dritte und politisch weitaus gefährlichste Stoßrichtung Marcuses ist der Kampf gegen das bürgerliche Verständnis der Freiheit. Sein Ansatzpunkt ist die Kritik an der Wissenschaft und der auf sie gestützten Technologie, die eine Welt geschaffen hätten, in der die Herrschaft über die Natur gleichzeitig zur gesellschaftlichen Unfreiheit geworden sei. Die Wissenschaft habe aufgrund ihrer eigenen Methode ein Universum entworfen und gefördert, ... worin die Naturbeherrschung mit der Beherrschung des Menschen verbunden bleibe. Nun gehe es darum, eine neue Wissenschaft zu schaffen, die qualitativ und normativ zu wesentlich anderen Begriffen der Natur gelangen und wesentlich andere Tatsachen feststellen könne. Der philosophische Ausdruck dieser deformierten, der Unfreiheit dienenden Wissenschaft sei der Positivismus und damit schließt sich der Kreis zu Horkheimer. Die positivistische Philosophie verkünde eine Toleranz gegenüber einer Welt der Werte. Damit aber enthülle sich besonders deutlich ihr reaktionärer Charakter, weil dem ganzen Bereich der gesellschaftlichen Urteile und der gesellschaftlichen Praxis keine Einschränkung auferlegt werde. Eine Gesellschaft, in der jenes rein funktionale Verhältnis zum Denken dominiere, sei ihrem Wesen nach eine Gesellschaft von *eindimensionalen* Menschen. Sie sei das Opfer eines falschen Bewußtseins. Diese Gesellschaft vermöge eine Unzahl menschlicher Bedürfnisse zu befriedigen, doch der springende Punkt sei, daß diese Bedürfnisse falsch seien. Falsche Bedürfnisse seien solche, die dem Individuum durch die Interessen der Ausbeuter aufgezwungen würden und die Ungerechtigkeit, Elend und Aggression perpetuierten. Die Kultur der Zukunft müsse eine zweite Dimension des Empfindens und Denkens schaffen, den Geist der Negation aufrecht erhalten und zur Universalisierung des Eros zurückkehren (an dieser Stelle führt Marcuse das einzige empirische Beispiel an, aus dem hervorgeht, was er meint, wenn er von einer libidinösen Zivilisation spricht: er bemerkt nämlich, daß es sehr viel angenehmer sei, auf einer Wiese zu kopulieren als in einem Auto in Manhattan). Diese Kultur müsse sich radikal gegen die bestehende Form der Freiheit richten, denn "insofern, als die größere Freiheit eher eine Kontraktion als eine Erweiterung und Entwicklung der Triebbedürfnisse mit sich bringt, arbeitet sie eher für als gegen den Status quo allgemeiner Repression". Man müsse die bestehende Gesellschaft völlig "transzendieren", nach einer "qualitativen Veränderung" streben. Man müsse den Menschen die Möglichkeit einer freien Entfaltung ihrer Bedürfnisse geben. Man müsse eine neue Technologie entwickeln und nicht einfach die bestehende anders anwenden. Man müsse zur Einheit von Wissenschaft und Kunst, von Wissenschaft und Ethik zurückkehren, man müsse die Befreiung der Menschheit zum Gegenstand der Wissenschaft machen, man müsse die Phantasie befreien.

Und wenn der Beobachter nun fragt, wer denn diese Veränderungen bewirken soll, so stellt sich heraus, daß Marcuse in erster Linie das Lumpenproletariat der rassischen Minderheiten der Vereinigten Staaten dazu für berufen hält, der Menschheit zu der verloren gegangenen Einheit von Eros und Logos zu verhelfen, eine neue qualitative Wissenschaft und Technik zu schaffen und die Menschen von der Tyrannei der formalen Logik, des Positivismus und des Empirismus zu befreien. Das Lumpenproletariat der rassischen Minderheiten in den Vereinigten Staaten und, wie sich aus anderen Abhandlungen ergibt, die Studenten und die Völker der wirtschaftlich und technisch rückständigen Länder. Ein Bündnis dieser drei Kräfte erweise sich als die größte Hoffnung für die Befreiung der Menschheit. Und was die Studentenbewegung angehe, so betont Marcuse, sei genau sie "der entscheidende Faktor der Veränderung."

Diese revolutionären Kräfte hätten sich der Gewalt zu bedienen, weil sie sich auf höhere Gründe berufen könnten, und weil schließlich auch das bestehende System eine Institutionalisierung der Gewalt sei. Eine wichtige und tröstliche Erscheinung dabei sei, daß der politische Aufstand der Studenten sich mit dem Streben nach sexueller Befreiung verbinde. Gewalt sei im übrigen deshalb nicht zu vermeiden, weil die Mehrheit der Menschen in dem bestehenden System zu einem falschen Bewußtsein verurteilt sei und nur eine Minderheit sich von ihm befreien könne. Das führe zu dem Schluß, daß die Befreiung, welche die Inhaber des wahren und nicht mystifizierten Bewußtseins anstrebten, eine Befreiung von den *demokratischen Freiheiten* und der *Toleranz* sein müsse. Damit ist Marcuse bei seiner Theorie der "repressiven Toleranz" angekommen.

Toleranz sei, so erklärt Marcuse, eine Tyrannei der Mehrheit gegenüber den Ideen der Befreiung und bedeutete darüber hinaus eine Tolerierung von Ideen und Bewegungen, die nicht toleriert werden dürften. Sie sei eine Toleranz gegenüber dem Bösen und Falschen. Die wahre Toleranz könne falsche Worte und unrechte

Taten nicht schützen. Die Freiheit des Wortes sei ungerechtfertigt, wenn sich herausstelle, daß sie der Verewigung der Unwahrheit diene. Wenn es gelte, die Kräfte der Befreiung zu entfalten und die Indoktrination zu bekämpfen, dann müsse das mit *"offenkundig undemokratischen Mitteln"* geschehen. "Dazu würde gehören, daß Gruppen und Bewegungen die Rede- und Versammlungsfreiheit entzogen wird, die eine aggressive Politik, Aufrüstung, Chauvinismus und Diskriminierung aus rassischen und religiösen Gründen befürworten oder sich der Ausweitung öffentlicher Dienste, sozialer Sicherheit, medizinischer Fürsorge usw. widersetzen. Darüber hinaus kann die Wiederherstellung der Denkfreiheit neue und strenge Beschränkungen der Lehren und Praktiken in den pädagogischen Institutionen erfordern." ("Repressive Toleranz" S. 111f): "Befreiende Toleranz würde mithin Intoleranz gegenüber Bewegungen von rechts bedeuten und Duldung von Bewegungen von links" ("Repressive Toleranz" S. 120). In seiner Sicht gibt es einen Terror, der durch Terror, und einen Terror, der durch Demokratie, Pluralismus und und Toleranz ausgeübt werde. Alles in allem sei aber der Terror, der auf die Befreiung der Menschen abziele, immer besser, da er seine eigene künftige Aufhebung beinhalte, während der mit Hilfe der Freiheit ausgeübte Terror sich selbst verewige.

Der einzige positive Schluß aus allen diesen Gedankengängen ist der, *daß alles, was zur Zerstörung der bestehenden Kultur beiträgt, lobenswert ist*, und daß es keinen Grund gibt zu meinen, daß das Anzünden von Bibliotheken (wie es in verschiedenen amerikanischen Universitäts-Zentren vorkam) nicht ein guter Anfang des revolutionären Prozesses, des Transzendierens der verfaulten kapitalistischen Welt im Namen der höheren platonisch-hegelianischen Vernunft gewesen wäre. Marcuses Einheit von Eros und Logos kann sich nur als eine durch Gewalt errichtete und durch Gewalt regierte totalitäre Gesellschaft verwirklichen. Die von Marcuse empfohlene Freiheit ist gleichbedeutend mit der Abwesenheit von Freiheit und die Toleranz des Bürgertums ist verderblich, weil sie toleriert, was falsch ist. (Das wiederum bedeutet, daß die "wahre Toleranz" eine repressive Toleranz ist!)

Marcuse identifiziert sich nicht mit dem Kommunismus, sondern rechnet sich zu der "neuen Linken". Dabei geht er bedeutend weiter als es die Ideologen und Praktiker des totalitären Kommunismus sowjetischer Version irgendwann getan haben. Marcuses Programm zielt auf die Zerstörung der demokratischen Institutionen und der Toleranz im Namen eines totalitären Mythos. Er fordert eine Unterwerfung von Wissenschaft und Technik unter eine verschwommene Wesensschau, die sich nur jenen Philosophen erschließt, die den Positivismus und den Empirismus ablehnen. Es gäbe - meint Kolakowski - in unserer Zeit keinen Philosophen, von dem sich mit gleicher Sicherheit sagen liesse, daß er ein Ideologe des Obskurantismus sei.

Wie unglaublich seine Überlegungen aber auch immer sein mögen, bei der im Aufstand befindlichen Generation der 68er gewannen sie den Charakter einer Heilslehre, die sich in vielfacher Weise praktisch umsetzen ließ, - von der Einrichtung libidinöser Kommunen, über die anti-autoritäre Erziehung, der Auflösung der Sozialisations-Zentren der bürgerlichen Gesellschaft bis zu ihrem Anspruch, Gegenmacht zur Macht des Staates zu sein und der ideologischen Begründung der RAF für ihre Morde. Einer Heilslehre, deren Wirkungen in einer Art zweiter Welle bis heute mehr denn je wieder zu spüren sind und die uns nicht vergessen lassen darf, *daß sie, wie Hitlers "Mein Kampf", eine Kampfanweisung gegen die Demokratie darstellt.*

Die Strategie des Generationsaufstandes

Ein Programm, wie gesagt, hatten die 68er nicht. Sie wollten auch nicht alle dasselbe. Was sie dagegen einte, waren vier auf verschiedenen Ebenen der Qualität liegende Bindeglieder: ihr Haß auf die Väter, ihr an die jüngste Geschichte gebundener Pazifismus, ihr Neomarxismus, den sie aus der "Kritischen Theorie" bezogen, und - damit verbunden - die magische Faszination einer Utopie: der "Systemüberwindung". Diese höchst unterschiedlichen Ziele bestimmten ihre politische Einheitlichkeit mehr als eine Einigung über die Ordnungsvorstellungen eines neuen, nach gelungener Systemüberwindung einzusetzenden Systems. "In diesem Sinne", schreibt Professor Helmut Schelsky als Zeitkritiker, "reicht die strategische Einheit 'linker Radikalismus' von der deutschen kommunistischen Partei und ihrer universitären Unterorganisation 'Spartakus' über die verschiedensten anarchistischen Gruppen bis hin zur Führung der Jungsozialisten und gewichtigen Teilen der Jungdemokraten, denen große Teile der westdeutschen Journalisten und der jüngeren Theologen beider Konfessionen, die meisten Studenten- und Assistentensprecher der Hochschulen, sowie wesentliche Gruppen der jüngeren Lehrerschaft hinzuzurechnen sind". Was früher das Proletariat war, waren nun die Studenten. Und auch die Strategie dieser Streitmacht entsprach einer völlig neuen Art von Revolution. Mit der "Besetzung des Präsidentenpalastes" nach südamerikanischem Muster war es nicht mehr getan, die Revolution der Zukunft operierte von innen. Der Gegner war nicht mehr eine soziologisch definierbare Gruppe, sondern das "Establishment". "Weniger ideologische Mühe, den Feind oder Gegner mit einem diffamierend polemischen Begriff zu kennzeichnen", schreibt Schelsky, "hat sich kaum je ein revolutionärer Aufstand gegeben". Diese universale Gruppenkennzeichnung machte es aber möglich, die revolutionären Strategien als eine kollektive Generationsablösung zu entwickeln, die dem einzelnen den langsamen und leistungsbelasteten Weg des Aufstiegs durch eine Integration in das

"System" ersparte. Eben das verlieh dieser Strategie dann bedeutsame psychologische Schubkraft. Die aggressive Generationsmentalität und die totale Inhaltsleere jeder genaueren "Feind"-Bestimmung verhüllten insbesondere den Mitläufern, daß nach dem Sieg über das "Establishment" nur eine ausgewechselte Generation von wieder "Herrschenden" stehen konnte. Der Aufstand der Generation der 68er suchte nicht mehr, wie die Marxisten, die bessere Welt, sondern nur noch die Macht und für sich die besseren Posten. Und wenn man die Erfolge betrachtet, die sie in den letzten 25 Jahren erzielten, wird man sagen müssen, daß sie zwar nicht "an die Macht" gekommen sind, ihnen aber die Auflösung der Normen der Gesellschaft von gestern gründlicher gelungen ist, als ihre Gegner befürchtet und sie selbst gehofft haben.

Um das "Establishment" zu überwinden, folgten sie drei strategischen Zielen: der Machtübernahme in den bestehenden Sozialisations- und Kommunikationssystemen, der Negation der Staatsmacht und schließlich der Überziehung der Sozialansprüche.

Machtübernahme zunächst also in allen Einrichtungen der Erziehung und Ausbildung - vom Kindergarten über die Schulen bis zu den Universitäten. Und die Universitäten waren es, die im Mittelpunkt standen. Die 68er konnten sich dabei zunächst auf Georg Picht und seine zu Recht geäußerte Kritik berufen, daß das deutsche Bildungssystem an ein Klassensystem gebunden sei und deshalb die Begabungsreserven der Gesellschaft nicht ausschöpfe. Die Politik suchte die Universitäten zu öffnen. Ein richtiger Entschluß. Nur traf er leider vor Ort unglücklicherweise auf jene Revolutionäre, die gerade dabei waren, alle akademischen Ordnungsmuster aufzulösen. "Die nun in die Universität strömenden Massen wurden nicht mehr akademisch sozialisiert", schreibt Professor Dietrich Schwanitz, "stattdesen vermassten die Universitäten". Und die Revolutionäre ergriffen ihre Chancen. In den Jahren von 1972 bis 1982 nahm die Zahl der auf ihre Qualität hin viel zu oft unüberprüften Professoren auf deutschen Universitäten von 14 060 auf 21 508 zu. Und so gut wie alle neuen Stellen gingen in den Besitz von 68ern über, - in den Besitz von "discount-Hochschullehrern", die überhaupt nicht mehr ausbilden als vielmehr den Studenten eine "kritische" Erziehung vermitteln.wollten. Damit wurde gleich dreierlei erreicht, einmal besetzten unqualifizierte Professoren auf Jahrzehnte entsprechende Stellen und ersetzten Lehre durch Indoktrination. Zweitens sorgten sie dafür, daß entsprechend der Ideologie der anti-autoritären Erziehung, die jede Belastung von vornherein verpönt und als Deformation des Charakters ansieht, die angestrebte bessere Ausschöpfung der Bildungsreserven in der Gesellschaft gerade nicht erreicht wurde. Nur durch Eigenverantwortung der Studenten, nur durch Fleiß und Leistungswillen wäre das möglich gewesen. Aber wer hätte sie dazu anhalten wollen. 60 Prozent der Mitte der 90er Jahre Studierenden erwiesen sich für ein Studium als ungeeignet. Aber 75 Prozent sind drop-outs. Um diese 15 Prozent aufgebender Studierfähiger wäre es, um die tatsächliche Begabungsreserven auszuschöpfen, gegangen.

Und drittens: da Studenten ihr Versagen nicht mehr auf die Klassengesellschaft abschieben konnten, entwickelte die Generation der 68er neue Entlastungstechniken und fand dann auch schnell einen Sündenbock: das sogenannte mit allen Mittel zu bekämpfende "Schweinesystem", das ihr Versagen bewirkte. So ist es in Deutschland Dank der 68er nicht gelungen, einen sinnvollen Ausgleich zwischen dem Bedarf an Eliten und einer akademisch sozialisierten Universität zu schaffen. Der Erfolg ist umwerfend: Eliten, die den Anschluß an die Globalisierung unserer Zeit sichern könnten, gibt es bei uns nicht, die Universität ist zerstört (Schwanitz) und die Studenten versinken in rabenschwarze Frustration. Standort Deutschland!

Bei den Universitäten machte der Generationsaufstand indessen nicht halt. Als nächstes kamen die Schulen und die Erwachsenenbildung und dann vor allem die Einrichtungen der Information, Meinungsbildung und Unterhaltung, - von der Presse, dem Rundfunk, dem Fernsehen, dem Theater oder dem Kino bis zu den

Museen, Kunst- und Literaturvereinen. Emil Obermann, der bis 1984 Fernsehchef des Süddeutschen Rundfunks und bis 1983 Mitglied der SPD war, beschreibt die Entwicklung in den elektronischen Medien von damals so: "Nun wurde eine Welle an 'Engagement', an Parteilichkeit und manchmal ganz selbstverständlicher Einseitigkeit ... im Gefolge der APO-Bewegung an den Universitäten in die Funkhäuser geschwemmt. Ende der 60er, Anfang der 70er Jahre begann sich die Binnenstruktur vieler Redaktionen manchmal in Richtung studentischer Seminarpraktiken zu verändern. Die Tendenz zu 'reinrassigen' Redaktionen nahm zu. Schnell zeigte sich, daß diese Demokratisierung weniger Pluralität und mehr Einseitigkeit nach sich zog, denn autonome Redaktionen rekrutierten sich, wenn das Prinzip Zuwahl gilt, nach Sympathie und Gesinnung. Undenkbar, daß in solchen Redaktionen ein 'anders Gepolter' Einzug halten oder gar Einfluß auf die Grundlinien des Redaktionsprogramms erlangen könnte." Der größte Teil der elektronischen Medien und ein guter Teil selbst der Presse ging in die Hände der APO über - und ist es weitgehend bis heute geblieben.

Als besonders verhängnisvoll erwies sich bei dem Prozeß der Durchdringung der Gesellschaft mit dem "Gedankengut" der "Kritischen Theorie", daß auch die evangelische Kirche von ihr nicht verschont blieb. Zeigte sich hier paradigmatisch die vermutete enge geistige Beziehung zwischen der jüdischen kulturellen Tradition und dem protestantischen Pietismus?

Die protestantische Kirche war seit je ideologisch leicht beeinflußbar. Der Monarchie schenkte sie das Gottesgnadentum, den Nationalsozialisten die Deutschen Christen und der SED unzählige IM's. Auf der Piste der Zeitgeist-Surfer bemühte sie sich immer, gute Leistungen zu bringen - und verlor dabei ihre religiöse Aufgabe mehr und mehr aus den Augen. In der DDR wurde sie nach dem Kriege sozialistisch, in der BRD sozialdemokratisch. 1993 war das Amt des Kirchentagspräsidenten in der Hand von Erhard Eppler (SPD), das Amt des Präses der EKD-Synode in der Hand von Jürgen Schmude (SPD) (die beide das "Humanum" des Kommunismus verteidigten), das Amt des künftigen Bischofs von Berlin-Brandenburg in der Hand von Wolfgang Huber (SPD), das des Präses der rheinischen Landeskirche in der von Peter Beier (SPD) und in Hamburg regierte die Bischöfin Maria Jepsen. Manche gingen inzwischen, andere kamen. Aber auf der EKD-Synode im November 1996 in Borkum war die "ständige Sozialdemokratisierung vieler Kirchengremien" erneut Anlaß zu bitterer Kritik. Vom "Götzen Ehe und Familie" war die Rede. Unbeirrt empfahl der linke TV-Pfarrer Jürgen Fliege seinen Kollegen, endlich ein genussvolles erotisches Leben zu führen und mahnte die Gläubigen, aus der Kirche auszutreten, da die auf den Glauben ausgerichtete Volkskirche des (konservativen) Ratsvorsitzenden und badischen Landesbischofs, Klaus Engelhardt, keine fünf Mark mehr Wert sei. Das veranlaßte den Oberkirchenrat i. R. Hermann Kalinna seinen Kollegen einen Brandbrief zu schreiben: Flieges Einlassungen seien ein "unvermeidliches Ergebnis einer jahrelang praktizierten Personalpolitik", die nur ein Kriterium der Berufung kenne: "hauptsächlich links vernetzt". Ein Wort, so tapfer wie wirkungslos.

Die Synode, die eine Art von Neubeginn im Glauben hätte sein sollen, ließ diesen links liegen und faßte ausschließlich politische Beschlüsse: zur Arbeitsbeschaffung, zu Tschechien und forderte den Bundestag offiziell auf, die Deserteure der deutschen Wehrmacht im Zweiten Weltkrieg unterschiedslos zu rehabilitieren. Damit knüpfte die protestantische Kirche zeitgemäß wieder an den hessen-nassauischen Kirchenpräsidenten Martin Niemöller an, der bereits 1959 die Ausbildung zum Soldaten als eine hohe Schule für Berufsverbrecher bezeichnet und auf dem Erfurter Kirchentag 1958 die Bundeswehr eine "Armee von Massenmördern" genannt hatte.

Wichtiger und gefährlicher noch war der Beschluß der nordelbischen Synode von Anfang Februar 1997, eheähnliche Partnerschaften von Lesben und Homosexuellen anzuerkennen und Segnungen auch im Gottesdienst möglich zu machen. Damit begann die Kirche an einer zentralen Grundlage ihrer Bedeutung für die Gesellschaft zu rütteln, nämlich ihrer Aufgabe, die Familie als das wichtigste Sozialisierungszentrum der Gesellschaft bedingungslos zu stützen. Die Bischöfe Karl Ludwig Kohlwage (Lübeck) und Hans Christian Knuth (Schleswig) legten ihr Veto ein. Der Rat der evangelischen Kirche in Deutschland distanzierte sich von den Beschlüssen. Die Bischofskonferenz der Vereinigten Evangelisch-Lutherischen Kirche bedauerte sie. "Dringend" wurde eine neue Diskussion erbeten. Aber eine Bresche gegen die Familie war nun einmal geschlagen. Die Kirche hatte vor den 68ern zu kapitulieren begonnen. Sie war auf der skid-row, der Rutschbahn zur Unverbindlichkeit angekommen. Und wer sollte schon ihre Fahrt bremsen? Die 68er unter den Synodalen?

Dem historischen Kampf der radikalen Linken gegen Familie und Ehe stellte sich prinzipiell nichts mehr entgegen. Als Startrampe auf diesem Weg diente den 68ern die Forderung nach der Befreiung der Sexualität. Sie hatten "Die sexuelle Revolution" (1945) von Wilhelm Reich gelesen, einem Altmarxisten, der meinte, daß die bestehende Sexualmoral, vor allem der Heiratszwang und das Familiensystem, eben jene unterwürfige Gesellschaft schüfe, die der Kapitalismus, um herrschen zu können, brauche. Wer also die Menschheit im Sinne des Kommunismus befreien wolle, müsse zuallererst einmal die Sexualität befreien. Das alles war noch ein bißchen zu unbeholfen. Aber dann kam der elegante Herbert Marcuse und nun gab es für die - wie üblich sexhungrige - Jugend, der die Wissenschaft auch noch gerade die "Pille" zur Verfügung gestellt hatte, kein Halten mehr. Mit der Pille war der wichtigste Hemmungsfaktor gegen jene "freie Liebe", die schon von der kommunistischen Revolution in Rußland zunächst begeistert propagiert worden war, entfallen und so begann nun in Deutschland eine Entwicklung, die vielleicht zu den nachhaltigsten Wirkungen des Generationsaufstandes gehört: die konzertierte Bemühung, die Familie durch die Beliebigkeit flüchtiger Partnerbeziehungen zu ersetzen.

Man bildete Wohngemeinschaften, entfernte, um auch noch die intimsten Vorgänge öffentlich zu machen, in der "Kommune 1" in Berlin die Türen von den Schlafzimmern und den Toiletten, hielt sich an das Gebot: "wer zweimal mit derselben pennt, gehört schon zum Establishment" (wenn auch der Chef der "K 1", Rainer Langhans, streng darauf achtete, daß seine Partnerin Uschi Obermeier ganz allein ihm gehörte!) und rauchte Hasch. "Hatt'u Haschisch inn'e Taschen - hatt'u immer was zu naschen". An die Stelle der Familie trat die Beziehungskiste, an die Stelle von Müttern und Vätern Bezugspersonen und an die Stelle des Sozialisations-Zentrums Familie die Kinderläden. Und noch etwas: wie die Protokolle der Kommune 2 so eindrucksvoll zeigen, wurde auch die Hemmschwelle zum sexuellen Mißbrauch von Kindern gesenkt.

Im Oktober 1996 regte sich die ganze Welt über den belgischen Kinderschänder Marc Dutroux auf und die deutschen Medien quollen von Beiträgen zu diesem Problem über. Von Marcuse und Reich war in den Berichten nie etwas zu lesen, zu hören oder zu sehen, und von der im September 1986 von den Grünen in ihrem Programm geforderten "Gewaltfreien Sexualität zwischen Kindern und Erwachsenen" auch nicht, ganz zu schweigen von der "K 2" und den 68ern. Zu viele der Redakteure kamen halt selber da her. Sicher ist jedenfalls, daß die drei-gefächerte Strategie der 68er im Hinblick auf die Auflösung des Sozialisationszentrums Ehe und Familie am erfolgreichsten war. Im Oktober 1996 jubelte der von seinem 68er Chefredakteur Stefan Aust angeführte SPIEGEL wieviel nun doch schon auf diesem Feld erreicht sei: statt Ehe-Last - Ehe-Light.

Die Institutionen der Sozialisation und der Kommunikation waren das erste Feld, das die 68er mit ihrer Überwindung des Systems zu durchdringen suchten. Das zweite Feld, auf das sich ihre Strategie richtete, galt den Einrichtungen, welche die klassischen Aufgaben des Staates wahrnahmen: die Verteidigung, die Justiz, die Innere Sicherheit und die Verwaltung.

Zunächst ging es der um 1965 entstehenden APO nur um die reine Verunsicherung der Autorität: "Unter den Talaren, der Muff von 1000 Jahren"; Pudding-Attentate, Justiz-Happenings, Dauer-Karneval, Teufel und Kunzelmann als Kommune-Clowns: "Die Polizei braucht eine Muse, wir dachten an Beate Uhse". Aber dahinter stand das politische Engagement gegen die Notstandsgesetze, den Schah von Persien, die Springer-Presse, die angebliche oder tatsächliche Verkrustung der Universitätsstruktur. Das antiautoritäre Bewußtsein bestand aus einem ebenso kunterbunten wie brisanten Gemisch von Ideen, die sie sowohl der alten Ideenwelt des Anarchismus, wie der philosophischen Schule der "Kritischen Theorie", der gesellschafts-kritisch gewendeten Psychoanalyse, wie schließlich der vorschnellen Rationalisierung von psychischen Erfahrungen entstammten. (Kurt Sontheimer).

Rudi Dutschke und der Sozialistische Deutsche Studentenbund (SDS) brachten nun einige Ordnung in dieses Chaos. Nach ermüdenden Machtkämpfen in den späten 50er und frühen 60er Jahren kam dort die Ossi (Oswald)- Hüller-Fraktion an die Macht, die aus Anarchisten und sozialistischen Klassenkämpfern bestand und in ihrer Radikalität den Haß auf ihre Väter wieder aufleben ließ. In diesem SDS sang man dann zusammen mit dem Vorsitzenden Ossi Lieder wie

> "Hoch die Generäle,
> hoch die Generäle,
> hoch die Generäle
> von der Bundeswehr.
> An die Laternenpfähle
> an die Laternenpfähle,
> an die Laternenpfähle
> von der DDR.

... und dachte dabei in romantischer Verklärung an das Lied der Französischen Revolution: A la lanterne".

Das Ziel ihrer Strategie war indessen keineswegs die unmittelbare Übernahme von Staatsfunktionen, sondern vielmehr allein ihre Verunsicherung durch Diffamierung. "Der Staat selbst muß infrage gestellt, zum Spielball partikulärer und ideologischer Ansprüche gemacht werden.", schrieb Schelsky damals, "Das probateste Mittel, dies zu erreichen, ist die exzessive Beanspruchung der individuellen Freiheits- und Grundrechte der Person, die (in der Geschichte) einmal (mühsam) gegen die Obrigkeits- und Staatsmacht durchgesetzt worden sind. Das Verteidigungs- und Freiheitsrecht des Individuums wird (nun) zu einem Angriffsinstrument auf die legitime Aufgabe des Staates selbst 'umfunktioniert'... Es ist begreiflich, daß die Justiz, insbesondere die Verfassungs- und Verwaltungsgerichtsbarkeit, aber auch die Polizei und Verwaltung, die auf den Schutz des Individuums gegenüber einer mißbräuchlichen Staatsmacht eingeschworen sind, dieser strategischen Umkehrung ihrer politischen Aufgabenstellung nicht gewachsen sind, sondern vielfach zu unfreiwilligen Helfern der revolutionären Strategie werden müssen." Gewalt hatte in dieser Strategie nur bestimmte Funktionen: als wohldosierte und scheinbar bagatellhafte Bedrohung und Verletzung der persönlichen Sicherheit einzelner Gegner (Psychoterror) und "als Provokation mit begrenzten, gewalthaften Rechtsbrüchen zu scheinbar übermäßig obrigkeitlichen und ordnungshaften Gegenmaßnahmen der staatlichen und rechtswahrenden Organe." (Schelsky). Und diese Provokation drückte sich dann so aus:

als Diffamierung und Verunsicherung der militärischen Verteidigungskraft durch exzessive Inanspruchnahme des Grundrechts der Wehrdienstverweigerung aus Gewissensgründen;

als systematische Diffamierung ("Bullen") und Verunsicherung der Polizei, deren Gewalt zur Bekämpfung der Kriminalität Maßstäben der "Wahrung der Persönlichkeitsrechte der Kriminellen" unterworfen wird;

als planmäßige Diffamierungssoziologie der Juristen,

und schließlich als die exzessive Wahrnehmung der Demonstrationsfreiheit, eines im modernen Informations- und Öffentlichkeitssystem ohnehin fragwürdig gewordenen individuellen Grundrechts, da Demonstrationen heute nur noch in den seltensten Fällen der öffentlichen Bekundung von Volks- und Minderheitenmeinungen gegenüber dem legitimen Adressaten (Gesetzgeber/ Regierung) dienen als vielmehr an das Fernsehen und die Publizistik gerichtet sind.

"Mit dieser Strategie", schreibt Schelsky, "wird in einer paradoxen Verkehrung der Fronten die intellektuelle Entmachtung der Verfassung des Staates wiederholt, die bereits der Weimarer Republik ihr Ende bereitet hat."

Die Lage eskaliert. Im Juni 1967 wird Benno Ohnesorge erschossen. Andreas Baader und Gudrun Ensslin zünden im April 1968 in Frankfurt ein Kaufhaus an. Baader wird verhaftet, darf aber in dem berühmten "Institut für Sozialforschung" von Max Horkheimer und Theodor Adorno "wissenschaftlich" arbeiten, wird dort von Ulrike Meinhof befreit, ein Wärter wird schwer verletzt. Die RAF ist entstanden. Der Kern der Bande wird 1972 verhaftet. Zu diesem Zeitpunkt hat er sich 6 Morde und 94 Mordversuche zuschulden kommen lassen. 1996 war die Zahl der Morde auf 12 gestiegen.

Dutschke und der SDS gehen diesen Weg nicht mit. Der SDS löst sich 1969 selbst auf: statt des "Marsches auf Rom" des italienischen Duce, Dutschkes deutscher "Marsch durch die Institutionen". Was ihnen allen, die ihn nun auf vielen verschiedenen Routen gehen, als Verbindung bis in ihr Alter bleiben wird, ist die Erinnerung an eine geglaubte Freiheit, an den Rausch von Gift und Sexualität, das Gefühl der Kameradschaft bei ihren Demos und dem Kampf gegen die Bullen, ihre Begeisterung für die Kulturrevolution der roten Garden Maos, der Tupamaros in Südamerika, der Vietkong, der Stadt-Guerilla und die Verehrung ihres Heiligen: Ché Guevara.

Und an noch etwas gilt es, sich in diesem Zusammenhang zu erinnern: die enge Bindung des Generationsaufstandes an die Drahtzieher im Osten. Dabei bewies der SDS selbst noch nach der Trennung von der SPD mehr Widerstandskraft als der Sozialdemokratische Hochschulverband (SHB). Zwar versuchte der Kreis um die Zeitschrift KONKRET den SDS Pankow-hörig zu machen, doch die Mehrheit widersetzte sich dieser Manipulation. Dagegen stimmte der SHB auf Tagungen des Studentischen Dachverbandes VDS immer häufiger mit dem DKP-nahen MSB-Spartakus gegen die SPD-Linie, so daß die SPD dem SHB 1973 per Gerichtsbeschluß untersagte, sich weiter "sozialdemokratisch" zu nennen.

Die dritte Teilstrategie zur Überwindung des Systems ist die Überziehung der Sozialansprüche ohne Rücksicht auf die Funktions- und Leistungsfähigkeit der Wirtschaft. "Die Gefährlichkeit dieser Strategie", schreibt Schelsky, "liegt in zweierlei: erstens wird damit jeder 'Vertreter einer konkreten Utopie', jeder etwas weltfremde Humanist, der 'mehr soziale Gerechtigkeit' fordert, ohne sich die Verantwortung für die Realisierung aufzubürden, zum potentiellen Helfer dieser revolutionären Strategie, die auch in diesem Falle das Ideal des Systems zum Kampfmittel für seine Beseitigung umwendet. Zweitens wird damit jeder berechtigte Interessenkonflikt und seine Austragung im bestehenden sozialen Wirtschaftssystem sofort in eine Ebene der Auseinandersetzung übertragbar, die eben dieses 'System' selbst gefährdet: die Folge dieser 'Umfunktionierung' legitimer Sozialkonflikte liegt in der verständlichen, wenn auch falschen Reaktion der Verteidiger des bestehenden Wirtschafts- und Sozialsystems, harmonistische und konfliktfreie Sozialverhältnisse über Gebühr zu betonen. "

Um im Sinne der Überziehung von Ansprüchen den Weg zu vernünftigen Tarifkompromissen zu erschweren, bedurfte es nun einerseits der Schwächung der Unternehmerposition, und anderseits der Anstiftung der bis lange in die 60er Jahre verantwortungsvollen Gewerkschaften, sich ökonomischer Vernunft zu versperren. Eine Durchdringung der Arbeitgeberschaft im Sinne dieser Strategie indessen war ausgeschlossen. Eine entsprechende Durchdringung der Gewerkschaften, zumal diese sich ohnehin immer mehr akademisierten, indessen nicht. Ende der 80er Jahre war das dann auch gelungen. Die Forderung der IG-Metall nach der 35-Stunden-Woche bei vollem Lohnausgleich entsprach genau jenen wirtschaftlichen Unsinnigkeiten, welche die 68er in ihrer Strategie forderten, und Franz Steinkühler, der Chef der IG-Metall, der diesen Unfug durchsetzte, war einer von ihnen. 1997 folgte ihm der IG-Metall-Chef Klaus Zwickel mit der Forderung einer 32-Stunden-Woche. Aber inzwischen wächst der Zweifel an den wirtschaftspolitischen Gedankenblasen der Gewerkschaften.

Die Starrheit der sozio-ökonomischen Strukturen unseres Landes und seine politisch aufgezwungene Fortschrittsfeindlichkeit, die den Standort Deutschland heute konkurrenzunfähig machen und uns über 4 Millionen Arbeitslose beschert haben, sind Schuld einer Regierung, welche um ihres Harmoniebedürfnisses willen, die Zukunft den Tarifpartnern überließ, sind Schuld der Arbeitgeber, die um des lieben Arbeitsfriedens willen immer wieder willfährig dem Druck der Gewerkschaften nachgaben und schließlich Schuld von allen, die diesen Druck in den verschiedenen Rängen der Gesellschaft verursachten, Schuld der 68er, die im Sinne ihrer Strategie ganz bewußt, wo immer sie konnten, die Belastbarkeit der Wirtschaft überzogen.

"Die hier geschilderte Strategie der 'Systemüberwindung' ist der Versuch einer generationshaft bestimmten Intellektuellengruppe zur Übernahme der Herrschaftsposition in unserer Gesellschaft". - schreibt Schelsky - "Da die tragenden Werte des 'Systems' zum Angriff auf sich selbst umfunktioniert werden, greifen dessen systemimmanente Abwehrmechanismen nicht mehr, weder die idealistisch-werthaften, noch die institutionellen (wie zum Beispiel: Verfassungsgerichte), denn diese Strategen handeln 'legal'". Allerdings entspricht ihre Loyalität der Demokratie gegenüber der "Loyalität" Hitlers vor der Machtergreifung 1933. *Die 68er waren keine Demokraten.* Viele sind es bis heute nicht.

Die Durchdringung der Gesellschaft

Die gesellschaftliche Struktur Deutschlands, für deren politische Einseitigkeit es in der westlichen Welt kaum ein Beispiel gibt, hängt mit den Voraussetzungen für die Wiedergesundung unseres Landes nach dem Zweiten Weltkrieg zusammen. Sie vollzog sich lange unter der strengen Aufsicht der Siegermächte, die verständlicher- und vernünftigerweise dafür sorgten, daß der Aufbau sich allein auf Bürger stützte, denen es gelungen war, sich vom Nationalsozialismus fernzuhalten, ihn vom Ausland her bekämpft hatten oder als Mitläufer nur wenig belastet erschienen. Mitläufer waren die meisten und sie richteten sich natürlich, wenn man sie beim Wiederaufbau des Landes nun schon wieder zuließ, nach den verbliebenen Gegnern des Nationalsozialismus aus. Die politische Erziehung der Alliierten tat ihr übriges. Deutschland, im Westen wie im Osten, begann seinen Start nach dem Kriege politisch mit einer linken Hypothek. Die CDU stützte sich auf linke Katholiken und verehrte, bis dann Adenauer kam, ihren Ministerpräsidenten Karl Arnold in Düsseldorf; die FDP verstand sich als sozialliberal und die einzige Partei, die unmittelbar an ihre Vergangenheit anknüpfen konnte, die SPD, war schon von Geburt her links. Dabei stellte es sich heraus, daß gerade sie es war, die sich lange dem zunehmenden Linkstrend der Zeit widersetzte. Dem Drängen der Kommunisten in ihren Reihen, sich mit den Kommunisten im Osten Deutschlands zu vereinigen, setzte Kurt Schumacher sein entschiedenes "Nein" entgegen.

Die Lebensdauer von Splitterparteien, die damals aus spezifischen Interessenlagen heraus konservative Forderungen stellten, war gering. Sie verschwanden schnell von der Bildfläche und wurden von den drei großen Parteien der Bundesrepublik aufgesogen. Allein die Bayern in der CSU bewahrten sich bis heute einen gewissen landsmannschaftlichen Konservatismus. Dieser Zustand gab dem neuen Teilstaat Stabilität, aber vererbte ihm eben auch einen Geburtsfehler: die Einseitigkeit. Bis heute gibt es keine politische Kraft, in der sich demokratischer Konservatismus oder demokratischer Nationalliberalismus außerhalb des ungenauen Spektrums der Volksparteien CDU und SPD ausdrücken könnte.

Natürlich gab es in der Politik, in der Richterschaft, in der Verwaltung damals auch "Rechte", auch einstige Nationalsozialisten und Erz-Konservative, aber sie hatten nicht viel oder überhaupt nichts zu sagen, schon weil sie unter der scharfen Kontrolle der Medien standen, die, wie damals alle Intelligenzberufe, noch weit eindeutiger als heute links orientiert waren. Irgendeine Balance oder auch nur einen gewissen Ausgleich zwischen linken und konservativen Kräften gab es nirgendwo. Vielmehr begannen sich im Westen die Konservativen und Liberalen - soweit sie Nazis gewesen waren, die Vergangenheit im wesentlichen verdrängend - in der Wirtschaft zu versammeln und schufen das Wirtschaftswunder, während die Linken als alleinige Träger der Intelligenzschicht den Ruf der Bundesrepublik, als für die Demokratie lernfähig, im Ausland vermehrten. In gewisser Weise war damit gegenüber den Siegermächten eine ganz geschickte Ausgangsposition erreicht. Die Linke sorgte für die Achtung im Ausland, die Konservativen für das Geld, das den Gegnern von gestern für allerlei Zwecke, auch die Wiedergutmachung, zur Verfügung gestellt werden konnte.

In diese Lage stieß nun der Generationsaufstand der 68er. Die Voraussetzung für den im Grunde unglaublich schnellen Wiederaufbau der Bundesrepublik war, daß die Einzelnen, soweit sie nicht fanatische Nationalsozialisten gewesen waren, an den für das Funktionieren einer Gesellschaft unabdingbaren Werten und gesellschaftlichen Einrichtungen festgehalten hatten und es war nicht zuletzt die katholische Kirche, die damals den Deutschen half, sich wiederzufinden. Aber dieser Prozeß ging zugleich auch mit einer Verdrängung der Vergangenheit Hand in Hand, die dann für die nächste Generation zur Provokation für ihren Aufstand wurde.

Nimmt man die letzten 50 Jahre, so haben die Deutschen im Westen in der Regel bürgerlich gewählt, etwa der 50 zu 50-Linie folgend, die auch der Linie zwischen Protestanten (1997: 27.9 Millionen) und Katholiken (1997: 27.7 Millionen) entspricht. Insoweit kann von einer Linkslastigkeit der Gesellschaft nicht die Rede sein. Was sie linkslastig macht, ist die Kontrolle der Linken in so gut wie allen Intelligenzberufen. Das begann mit den Voraussetzungen des Aufbaus nach der Niederlage und bekam mit dem Aufstand der 68er dann den Schub, den unsere Gesellschaft bis heute nicht verarbeitet hat.

Wieviele der 68er sich wirklich mit der "Kritischen Theorie" befaßt haben, mag offen bleiben. Aber daß es um die sexuelle Befreiung, um Hasch und "Selbstverwirklichung" ging, wußten alle. Und noch eins erinnerten sie mehr noch als alles andere: den Aufruf zur Abwertung aller Wertvorstellungen der Gesellschaft, die "negative Dialektik" Adornos und Marcuses "repressive Toleranz". Die alte Nahtstelle zwischen dem positivistischen Westen und dem romantisch mystifizierenden Osten war wieder aufgebrochen.

Am deutlichsten ist die Durchdringung unserer Gesellschaft durch die am Ende des Tunnels angekommene 68er-Intelligenz in der Politik. Von den 16 Ministerpräsidenten, die 1994 in Deutschland herrschten, gehörten zehn der SPD an, sieben waren eindeutig von der 68er Kulturrevolution geprägt, zwei könnten im klassischen Sinne als soziale Demokraten eingeordnet werden, der letzte kommt als früherer IM Sekretär aus der Welt der Kommunisten in der DDR. Im Parteivorstand der SPD versammelten sich 1986 unter den sieben Vorstandsmitgliedern fünf 68er, ein Sozialdemokrat und ein aus der FDP übergelaufener roter Grüner.

Aus den Arbeiterführern von gestern wurde die Toscana-Fraktion, die sich der "Selbstverwirklichung" widmete. Der Ministerpräsident des Saarlandes, Oscar Lafontaine, wollte Tugenden wie Fleiß, Ordnung, Tüchtigkeit und Zuverlässigkeit, alles Bindeglieder, ohne die eine Gesellschaft ihre Funktionsfähigkeit verliert, nur sekundäre Bedeutung zubilligen und beharrte, von allen Skandalen der Vorteilsannahme und Rotlicht-Affairen ungerührt, nach den Bezugswerten seines Lebens befragt, auf "Saufen, Fressen, Vögeln."

Wieviele von ihnen hatten seinerzeit wohl auf den großen Demos ihres Lebens "Ho, ho, ho - Ho Tschi Minh" skandiert und das Lied von den Generalen der Bundeswehr gesungen, die an die Laternenpfähle der DDR gehörten?

Zum entscheidenden Instrument der Durchsetzung von Weltanschauungselementen der 68er wurde in den 70er und 80er Jahren das Fernsehen und eine Reihe von Presseerzeugnissen. Auch diese Instrumente politischer Beeinflussung hatten die für das Nachkriegsdeutschland typische Vorgeschichte. Die gesamte Medienwelt der Bundesrepublik geht auf Lizenzen zurück, welche die Siegermächte nach 1945 zur Veröffentlichung von Zeitungen und Zeitschriften und für den Betrieb von Rundfunkanstalten erteilten. Eine Lizenz konnte verständlicherweise nur bekommen, wer jeder Verbindung zum Nationalsozialismus unverdächtig war. Das aber bedeutete unvermeidlich Linkslastigkeit. Unter dem Druck des Marktes löste sie sich im Bereich der Presse allmählich etwas auf, so daß eine gewisse Vielfalt entstand. Anders bei den von den Gebühren lebenden Landesrundfunkanstalten der ARD. Hier bürgerte sich nach einem rein linken Start immer deutlicher ein Verfahren ein, nach dem die politische Richtung des Senders der politischen Farbenlehre der Landesregierung zu entsprechen habe: cuius regio eius radio. Damit ergab sich, daß manche Sender im Laufe der Zeit ein wenig ihre Farbe wechselten, aber rot oder rötlich blieben sie alle, selbst der Bayerische Rundfunk, wie seine Reaktionen zu den Protesten gegen die Heer-Ausstellung im Februar 1997 beweisen. Hunderte von linken Redakteuren, die im Rahmen der Auflösung der APO-Bewegung der 70er Jahre mit ihrem Engagement an Parteilichkeit in die Redaktionen geschwemmt wurden, bestimmen bis heute weitgehend, wer im Fernsehen ständig auftreten darf und wer nicht, welche Themen auf den Tisch kommen und welche nicht. Und wenn es in Gorleben zu bürgerkriegsähnlichen Aufständen kommt, sind 80 Prozent der Medien gegen den Staat.

Dieser Meinungsterror hatte Ende der 70er und in den 80er Jahren seinen Höhepunkt erreicht, weil die 68er als unmittelbare Programm-Macher in den Redaktionen saßen. Heute sind sie die Chefs und müssen vorsichtiger sein. Dazu kommt, daß mit dem Auftreten des kommerziellen Fernsehens sich die Ausgangslage entscheidend verändert hat. Wohl sind auch heute noch die politischen Sendesparten, selbst in den kommerziellen Sendern, überwiegend von 68ern besetzt, aber sie spielen in der entstandenen Programmflut nicht mehr die Rolle von früher. Noch können sie den Zugang kontrollieren, indoktrinieren können sie nur noch selten. Dem steht die Einschaltquote entgegen.

Wenn auch die Einflüsse des Marktes in der Presse eine größere parteipolitische Differenzierung bewirkten, so gibt es aber selbst hier noch eine gewisse unübersehbare Linkslastigkeit. So findet sich im Pressebereich mit dem SPIEGEL, der ZEIT, der TAZ, der FRANKFURTER RUNDSCHAU und der SÜDDEUTSCHEN ZEITUNG eine hinreichende Anzahl von Plattformen, die geeignet sind, nicht nur wertvolles Gedankengut der "Kritischen Theorie" zu pflegen und weiterzutragen, sondern auch den Kampf der "roten Zelle" des MGFA und die Propagandabemühungen des Hamburger Instituts für Sozialforschung gegen die Wehrmacht tatkräftig zu unterstützen.

In besonderer Weise hat sich hier der SPIEGEL hervorgetan. Wie schon immer begriff er sich auch in diesem Falle nicht als politisches "Nachrichtenmagazin", sondern als Kampfmaschine, die, wenn sie schon durch Enthüllungen gerade niemanden stürzen konnte, wenigstens nützlich empfundenen Initiativen brachiale Hilfe angedeihen ließ. Genau zu dem Zeitpunkt, da Jan Philipp Reemtsma in München, Frankfurt, Bremen und Bonn zum Sturm auf die Ebene der Offizialität ansetzte, begann der SPIEGEL seine Unterstützungsfeuer. Volles Rohr: 4-Seiten-Artikel am 3. März

1997, 9-Seiten-Artikel eine Woche später. Zweimal das Bild einer Exekution in Pancevo, das kein Kriegsverbrechen, sondern den Vollzug eines Gerichtsverfahrens darstellt, aber von Hannes Heer als Werbung benutzt wurde. Einmal dieses Bild sogar als Titel, was es im SPIEGEL noch nie gegeben hat. Nun hatten bestimmt ein paar hunderttausend Menschen es gesehen und sich von ihm verständlicherweise beeindrucken, aber eben auch manipulieren lassen. Der Lizenzträger des SPIEGEL von damals und die 68er seiner Redaktion hatten sich um die Linkslastigkeit unseres Landes erneut verdient gemacht. Was aber, wenn die letzte Klammer unserer Parteienlandschaft, wenn Helmut Kohl einmal geht, wenn sich der linke Flügel der CDU mit den Grünen und der linke Flügel der Grünen mit der PDS zusammentun, wenn ein Teil der CDU und vor allem die wachsende Zahl der Nichtwähler zu den Rechtsradikalen abwandert, weil es zwischen der eigenen Partei und den Rechtsradikalen keine demokratische Mitte gibt, was wenn dem Rest der sozialen Demokraten zusammen mit den Rest-Liberalen keine andere Rolle mehr bleibt, als die der Staatspartei in Weimar. Auf die Dauer trägt 50 Jahre nach dem Ende des Zweiten Weltkrieges die Linkslastigkeit des politischen Panoramas zur Stabilität unserer Gesellschaft nichts mehr bei, sondern wird zur Gefahr. Natürlich schreckt der Untergang des Vielparteiensystems der Weimarer Republik. Aber ideologisch fundierte rechts- oder linksradikale Bewegungen, eine NSDAP oder KPD von morgen, sind nicht in Sicht und das Gegenstück ist die Zweiparteien-Gesellschaft wie in England, die auf einer Rationalität aufgebaut ist, die den Deutschen abgeht, oder sich wie in den USA auf Geld stützt, das wir nicht haben.

Hier ist der Ort, an dem nun auch über die Rolle gesprochen werden muß, welche die Wochenzeitschrift ZEIT in dem Krieg gegen die Wehrmacht gespielt hat und spielt.
Enge Beziehungen zwischen der "roten Zelle" des MGFA und einer Gruppe von Redakteuren in der ZEIT hatte es schon seit Mitte der 80er Jahre gegeben, da Karl-Heinz Janßen als Redakteur der ZEIT Messerschmidt gegen den damaligen Amtschef des MGFA, Oberst

Dr. Günter Roth, bei der Durchsetzung von Wolfram Wettes unsäglicher Noske-Biographie unterstützt hatte. Janßen war aus gemeinsamen Studienzeiten mit Messerschmidt und Deist, dem anderen bösen Geist des MGFA, freundschaftlich verbunden und sorgte dann schon im Juli 1988 dafür, daß Wette als Autor in der ZEIT auftauchte. Damals ging es darum, ob der Rußland-Feldzug Hitlers ein Angriffs- oder ein Präventivkrieg gewesen sei, eine Frage, die in den damals gerade aufkommenden "Historikerstreit" paßte.

Damit begann die immer enger werdende Verbindung zwischen dem MGFA, dem Hamburger Institut für Sozialgeschichte und der "roten Zelle" in der ZEIT, für die dann aus den "Verbrechen *in* der Wehrmacht", angelehnt an das Institut Reemtsmas die "Verbrechen *der* Wehrmacht", dann die *"verbrecherische Wehrmacht"* und schließlich die *"Verbrecherorganisation Wehrmacht"* wurde

In der ZEIT bildete auf dem Weg zu diesem Ziel am 31. Januar 1992 eine Glosse von Benedikt Erenz den Start, die sich an dem damals schwärenden Streit, wie deutsche Geschichte in neu geplanten historischen Museen dargestellt werden dürfe, orientierte und zugleich auf die Eröffnung einer kleinen ständigen Ausstellung in der am Großen Wannsee gelegenen Villa einging, in der am 20. Januar 1942 die sogenannte Konferenz zur Endlösung der Judenfrage stattgefunden hatte. "Mit dem Haus am Wannsee gibt es jetzt", schrieb Erenz "drei große Einrichtungen, in denen gezeigt wird, wie der Vernichtungsstaat funktioniert: die Gedenkstätte Deutscher Widerstand (mit der Außenstelle Plötzensee), die ständige Ausstellung 'Topographie des Terrors' und eben die Wannsee-Villa". Und dann fuhr Erenz mit der für ihn so typisch psychopathisch wirkenden Rigidität fort: "Was bald 50 Jahre nach Kriegsende immer noch fehlt, ist eine öffentliche Darstellung *der größten Mord- und Terror-Organisation der deutschen Geschichte: der deutschen Wehrmacht.*"

Die ZEIT oder zumindest ihr radikaler Flügel hatten das Thema gefunden. Am 2. Oktober 1992 veröffentlichte Friedrich Andrae unter dem Titel "Auch gegen Frauen und Kinder" einen Artikel über Greueltaten der deutschen Wehrmacht in Italien nach der Kapitulation am 8. September 1943, die an Einseitigkeit kaum mehr zu übertreffen war. Andrae war von 1967 bis 1990 Direktor der Hamburger Öffentlichen Bücherhallen und hatte sich schon seit den 60er Jahren als Autor bei Tageszeitungen und bei der ZEIT betätigt. Der erweiterte ZEIT-Beitrag erschien dann im Piper-Verlag als Buch, das dadurch auffiel, daß sich in ihm der Autor immer wieder auf Messerschmidt und Wette berief.

Aber um mit der Frage der Wehrmacht die Lawine eines neuen Historikerstreits loszutreten, bedurfte es einer größeren Provokation. Am 29. Januar 1993 erschien in der ZEIT ein langes Interview mit Manfred Messerschmidt, geführt von Benedikt Erenz.

> ZEIT: "Sie bezeichneten den Rußlandfeldzug als ein 'kriminelles Ereignis' ..."
> Messerschmidt: "Anders kann man das wohl kaum nennen ... Dieser Krieg war ein Verbrechen, alle diese soldatischen Leistungen sollten zu dem Gelingen dieses Verbrechens beitragen"...
> ZEIT: "Die Bundeswehr war ein Kind der Wehrmacht. Selbstverständlich hat die Bundeswehrführung sich immer wieder bemüht, diesen Geburtsmakel abzustreifen. Ist das gclungen?"
> Messerschmidt: "Es ist nicht gelungen.(!)"

Erneut war für den Stigmatisierungsfeldzug gegen die Wehrmacht das Stichwort gegeben. (Und sicherheitshalber hatte man auch schon die Bundeswehr ins Visier genommen.)

Wann genau die Idee einer Ausstellung als Kampfmittel gegen die Wehrmacht in dem Hamburger Institut für Sozialforschung geboren wurde, wissen wir nicht. Aber die Idee lag, nicht zuletzt durch das

Engagement der ZEIT, in der Luft. Das Institut brauchte einen Durchbruch in die Öffentlichkeit und das Basismaterial hatte die "rote Zelle" im MGFA ja bereits vorbereitet. Schon Mitte 1992 hatten Messerschmidt und der MGFA-Wissenschaftler Dr. Jürgen Förster, an einer von Hannes Heer und Thomas Neumann vom Hamburger Institut für Sozialforschung geleiteten Diskussion mitgewirkt, die dann in der Ausgabe 3/94 in der Zeitschrift des Instituts "Mittelweg 36" abgedruckt wurde und in der es um das spontane Einverständnis der Wehrmachtsoldaten mit dem Judenmord ging. Vielleicht ist das die Geburtsstunde jener Kampagne, die dann wiederum von der ZEIT in einer breit angelegten Diskussion am 3. März 1995 aufgenommen wurde.

Benedikt Erenz gab das Thema der Diskussion vor: "Die Mörderorganisation Wehrmacht."
Teilnehmer: Hannes Heer, Dr. Wolfram Wette, Dr. Karl Heinz Janßen, Benedikt Erenz als die über Jahre mit der speziellen Materie wohl vertrauten Linksradikalen, dazu Klaus von Bismarck, der frühere Intendant des WDR, Heinrich Graf von Moltke, früherer Referent im Bundespresseamt und Dr. Jürgen Schreiber, Präsident des Ringes Deutscher Soldatenverbände. Letztere alles Herren, die dem Spezialwissen ihrer Gegner gegenüber so gut wie hilflos waren. Dazu schließlich die Herausgeber der ZEIT, Dr. Marion Gräfin Dönhoff, Altbundeskanzler Helmut Schmidt und Dr. Theo Sommer. Dr. Sommer beschränkte sich auf das Geben von Stichworten, Gräfin Dönhoff sagte gar nichts und Altbundeskanzler Schmidt, der sich noch am ehesten den Verallgemeinerungen der Linken widersetzte, meinte dann aber doch, daß er mit dem Vorwurf, die 19 Millionen Soldaten der Wehrmacht seien eine verbrecherische Organisation gewesen, leben könne.

Zwei Tage später, am 5. März 1995, wurde die Ausstellung "Vernichtungskrieg - Kriegsverbrechen der Wehrmacht von 1941 - 1944" eröffnet und alle, alle kamen: Klaus von Bismarck als Ritterkreuzträger, Wolfram Wette und Dr. Jürgen Förster, die der Ausstellung zu dem Gütesiegel des MGFA verhalfen, die Presse, der

Rundfunk und das Fernsehen, deren Reporter in der Mehrzahl überhaupt keine Ahnung hatten, was sich hinter dieser Ausstellung an Zündstoff verbarg.

Und wie in jedem besseren Theaterstück gab es auch in diesem ein Satyrspiel oder genauer gesagt, sogar zwei.

Kaum hatte sich Klaus von Bismarck als Aushängeschild für Heers Ausstellung benutzen lassen, tarockte er in der ZEIT nach: "Wahr ist, was Gerlach schreibt, daß bei uns einmal ein Befehl von hinten eintraf, wir sollten keine Gefangenen machen. Ebenso wahr ist, daß wir beim Regimentsstab über diese quasi-Mordbefehle empört waren (und) ihn an die Bataillone nicht weitergaben ... In unserem Regimentsstab wußten wir schon damals, je länger der Krieg dauerte, daß es Führer und Einheiten der Wehrmacht gab, die sich an barbarischen Gewalttaten gegen wehrlose Menschen beteiligten ... Nicht weniger notwendig ist (aber auch) die Einsicht, daß wir unterscheiden müssen: es waren ja gerade Erfahrungen mit dem Unrecht z.B. unter den Offizieren meines Regimentes, die Einsicht von der Notwendigkeit des Widerstandes reifen liessen. Jedes Pauschalurteil über die Soldaten im Zweiten Weltkrieg würde den Prozeß im Keime ersticken, um den es doch gerade auch den Nachfahren der Kriegsgeneration gehen mußte." Ja, ja, aber warum ließ er sich dann für die infamen Pauschalisierungen der Heer-Ausstellung mißbrauchen?

Schlimmer noch das Nachspiel von Marion Gräfin Dönhoff. Sie hatte inzwischen offenbar einen der in dem Begleitbuch zu der Ausstellung erschienen Beitrag gelesen, den Beitrag von Christian Gerlach: "Männer des 20. Juli und der Krieg in der Sowjetunion", in dem Henning von Tresckow, Erster Generalstabsoffizier (Ia) und Rudolf-Christoph von Gersdorff, Abwehroffizier (Ic) bei der Heeresgruppe Mitte, vorgeworfen wurde, an den Judenmorden der Einsatzgruppen des SD beteiligt gewesen zu sein. Das war nun selbst der ständig zwischen aristokratischer Haltung und linker Neigung schwankenden Gräfin zu viel. "Gerlach ist offenbar nicht

Historiker", schrieb sie am 8. März 1995 in der ZEIT, und beim Neujahrsempfang des Bremer Senats am 17. Januar 1997 ging sie in ihrer Rede auf den Fall von Henning von Tresckow erneut ein und wies darauf hin, daß nach dem 20. Juli 1944 21 Generale, 22 Obersten und 2 Oberstleutnants hingerichtet worden seien. Dann kam sie auf die Ausstellung zu sprechen : "Alles, was (in ihr) dargestellt wird, beruht auf Wahrheit. Es war tatsächlich ein Vernichtungskrieg: Juden wurden zu Partisanen gestempelt, Zigeuner zu Kriminellen, Kinder zu angeblichen Kundschaftern, sie alle waren Freiwild und wurden liquidiert, nicht nur von SS-Kommandos, sondern auch von der Wehrmacht. *Aber die geschilderte Wahrheit ist eine Teilwahrheit.* Es sind diese Pauschalurteile, die den Prozeß des Erkennens und der Reue verhindern. Dabei geht es den Veranstaltern doch gerade darum, Einsicht und Scham bei dem Beschauer zu erzeugen. Aber Übertreibungen und das Weglassen alles dessen, was in die zu beweisende Theorie nicht hineinpaßt, müssen skeptisch stimmen und verhindern die ursprüngliche Absicht in ihr Gegenteil". Aber was sie da so dachte, interessierte ihre eigene Zeitschrift nicht. So viel hatte sie als Herausgeberin dort nicht mehr zu sagen.

Bereits 1995 war, von Theo Sommer herausgegeben, der Sonderdruck Nr. 3 der ZEITPUNKTE erschienen, in dem den Redakteuren der ZEIT, Benedikt Erenz und Dr. Karl Heinz Janßen, noch einmal Gelegenheit gegeben wurde, ihren gesamten Freundeskreis aus der "roten Zelle" des MGFA (Wolfram Wette, Manfred Messerschmidt, Rolf-Dieter Müller) und den vom Hamburger Institut für Sozialforschung (Walter Manoschek) nebst ein paar anderen Spezies, wie Friedrich Andrae, um sich zu versammeln, um im Kampf gegen die Wehrmacht die rote Fahne der Altlinken und 68er im ideologischen Winde flattern zu lassen. Was Theo Sommer in diesem Kreis sollte, blieb und bleibt ein Rätsel. Als Chefredakteur hatte er jahrelang die ZEIT auf einem gemäßigt links-liberalen Kurs gehalten, der viele Leser der middle of the road-Intelligenz anzog. Selbst in den Zeitpunkten schrieb er ein ausgesprochen respektables Vorwort. Um einen gewissen Ausgleich herzustellen, ließ er sogar General Gerd Schmückle und den Generalinspekteur Klaus Naumann zu Wort kommen, - wenn auch erst auf den letzten Seiten und nachdem die Gilde der Ideologen ihre Litaneien losgeworden waren. Zu alledem schmückte er auch noch die letzte Umschlagseite mit den 10 Geboten für die Kriegführung der deutschen Soldaten, die knapper und eindrucksvoller als viele Artikel bewiesen, mit welchen ethischen Maßstäben die Wehrmacht in den Krieg gezogen war. (Was Verbrechen Einzelner oder ganzer Einheiten in den späteren Kriegsjahren nicht ausschließt.) Warum also die ZEITPUNKTE Theo Sommers?

Sicher ist nur, daß sich seit 1986 das Profil der ZEIT radikal geändert hatte. Damals hatte Theo Sommer als Chefredakteur den aus einer pietistischen Unternehmerfamilie stammenden liberalen Leitartikler der SÜDDEUTSCHEN ZEITUNG, Robert Leicht, als stellvertretenden Chefredakteur in das Haus geholt. Der Wechsel kostete Christoph Bertram, einem bewährten Träger der alten "ZEIT-Idee", die Leitung seines Ressorts. 1992 wurde Theo Sommer zum 3. Herausgeber befördert und verlor damit jeden direkten Einfluß auf das Blatt. Der 68er Robert Leicht avancierte zum Chefredakteur. Im April 1995 feuerte dieser dann in geradezu skandalöser Form die stellvertretenden Chefredakteure und letzten Stützen der Sommer-Aera: Nina Grunenberg und Haug von Kuehnheim, ernannte den 68er Bonner Korrespondenten des Blattes, Dr. Werner A. Perger, und den Pariser Korrespondenten des BADISCHEN TAGEBLATTES, Joachim Fritz Vannahme, zu stellvertretenden Chefredakteuren, besetzte die Bonner Redaktion mit dem 68er Dr. Gunter Hofmann und wandelte damit die alt-liberale ZEIT zu einem Sprachrohr der 68er um.

"Lange Zeit galt die ZEIT", schreibt die NEUE ZÜRICHER ZEITUNG: "nicht bloß als Chronist der Ereignisse, sondern als authentischer Ausdruck des Selbstverständnisses maßgeblicher Teile der Republik ... Spätestens mit der großen europäischen Wende aber kann (sie) nicht mehr als Interpret des Zeitgeistes gelten". Der Auflagenrückgang des Jahres 1996 darf den liberalen

Lesern angelastet werden. Der RHEINISCHE MERKUR weiß, daß es heute die 68er Generation ist, die einen großen Teil der Leserschaft bildet und die TAZ nennt die ZEIT noch deutlicher "das Blatt der 68er Generation".

Das letzte Urteil darüber, was die ZEIT heute ist und morgen sein will, mag schließlich der neue Eigentümer der Wochenzeitung, der eher konservative Verleger Dieter von Holtzbrink fällen, der nach dem Tode des von allen Seiten hochverehrten Gründers des Blattes, Gerd Bucerius, 1996 die ZEIT kaufte. Und es sieht ganz danach aus, als habe er sich bereits ein Urteil gebildet. Schon vor Gerd Bucerius' Tod ging in der ZEIT das Gerücht um, daß sich ein Aufstand gegen Robert Leicht zusammenbraue und mit dem Ex-Kronprinzen des Blattes, dem Schweizer Roger de Weck, als neuem Chefredakteur verhandelt werde. Anfang Mai 1997 war es dann soweit. Leicht geht, de Weck kommt - zum September 1997. Vieles spricht dafür, daß das Ende der "roten Zelle" auch in der ZEIT damit eingeläutet ist.

Die große Zeit der "roten Zelle" in der ZEIT könnte damit, wie die der inzwischen in Potsdam dahinwelkenden "roten Zelle" des MGFA vorbei sein.

Doch manchmal löckt man noch einmal wider den Stachel. So etwa bei dem von der ZEIT, dem Hamburger Institut für Sozialforschung und dem Siedler-Verlag in den Hamburger Kammerspielen am 4. September 1996 veranstalteten Diskussionsabend, an dem unter der Diskussionsleitung von Robert Leicht, Hannes Heer, der Geschichtsprofessor und Direktor der Gedenkstätte "Topographie des Terrors", Reiner Rürup und Götz Aly, Autor eines Buches über die Endlösung der Judenfrage, mit Daniel Jonah Goldhagen diskutieren durften. Symphonie in rot. Aber selbst Aly fand Goldhagen nicht differenziert genug. Dann zog die Karawane weiter durch die Lande: Berlin, Frankfurt, München. Ein teurer Spaß. Jan Philipp Reemtsma hat bis auf ein paar peanuts alles bezahlt.

Was der Multimillionär mit solchen Veranstaltungen in erster Linie erreichen will, ist, Aufmerksamkeit für sein Institut zu erregen. Und das gelingt ihm natürlich auch. Wo immer er mit Goldhagen auftauchte, widmete das Fernsehen ihm seine volle Aufmerksamkeit, zum Teil ganz legitim des Neuigkeitswertes der Veranstaltung wegen, zum Teil aufgrund der Solidarität der 68er. Und die jeweiligen "roten Zellen" immer dabei, - mit ihrer Kraut- und Rübenargumentation, nach der sich die Unüberprüfbarkeit der Wahrheit des Gesagten am besten durch die Zahl der erwähnten Schandtaten der Wehrmacht pro Minute steigern läßt. Als Messerschmidt seinen 70sten Geburtstag feierte, standen Deutschlands Medien auf wie ein Mann, um ihm zu gratulieren. Das MGFA hatte inzwischen vorgezogen, ihm nicht am Standort des Amtes, das heißt in Potsdam, einen Empfang zu geben, sondern ließ ihn in Freiburg feiern.

In gewisser Weise kann Heers Ausstellung als Mess-Sonde für die Durchdringung der Gesellschaft mit dem Gedankengut der 68er angesehen werden. In den Kommunen waren es in der Regel die Kultur-Dezernenten, die halfen und dann wieder ihre Beziehungen zu den Universitäten, den Museen oder linken Kulturzentren nutzten. Sozialdemokratische Bürgermeister hielten sich dagegen öfter zurück. Zu der Finanzierung der Desinformationsausstellung trugen manchmal sogar die Länder, so gut wie immer die Kommunen oder die *Zentralen für politische Bildung* bei. Auch die Gewerkschaften leisteten bereitwillig Hilfe. In Erfurt und Regensburg tat sich die evangelische Kirche als Sympathisantin hervor. In wie wirksamer Weise linke Strömungen in unserer Gesellschaft miteinander verbunden sind oder verbunden werden können, läßt sich an keinem anderen Beispiel so überzeugend darstellen, wie an dem Beispiel der Stadt Freiburg.

Als im Januar 1995 die Heer-Ausstellung in die Stadt einzog, wußte sich der Oberbürgermeister der Stadt, Dr. Rolf Böhme, ein aufrechter sozialer Demokrat, der Eröffnung zwar zu entziehen und der der CDU angehörende Erste Bürgermeister, Sven von Ungern-

Sternberg, erteilte der Ausstellung eine Absage, aber damit war der linken Clique der Weg auch freigegeben. Die Eröffnung nahm nun der Kultur-Bürgermeister, Thomas Landsberg, wahr, ein 68er des linksaußen-Flügels, und als Hauptredner trat Gernot Erler auf, MdB des linksradikalen Flügels der SPD, ein als arrogant geltender verkrachter Slawist, der sich, nachdem er mit einem linken Verlag gescheitert war, entschloß, Politiker zu werden, und nun auf der Landesliste der SPD gleich hinter dem amtierenden Bürgermeister steht. Im Bundestag gehört er dem Verteidigungsausschuß an. In Freiburg präsidiert er die "West-Ost-Gesellschaft Südbaden", die bis 1989/90 der Freiburger Zweig der "Gesellschaft für deutsch-sowjetische Freundschaft" war.

Die Vorträge auf der Ausstellung in Freiburg wurden von Hannes Heer, Wolfram Wette, Bernd Boll, der ein einseitiges Buch über Stalingrad geschrieben hat, und Christian Streit gehalten, dem Verfasser des linken Kultbuches "Keine Kameraden". An der Podiumsdiskussion nahm Ludwig Baumann teil, der am 30. Juni 1942 wegen "Fahnenflucht im Felde" zum Tode verurteilt worden war, dann aber in einem sogenannten Bewährungsbataillon den Krieg überlebte. Das von seinen Eltern ererbte Vermögen vertrank er, zeugte sechs Kinder, löste sich wieder vom Alkohol, gründete 1989 die "Bundesvereinigung Opfer der NS-Militärjustiz" und bemüht sich seitdem um die Aufhebung der angeblichen Unrechtsurteile gegen Deserteure. Selbstverständlich nahmen an der Podiumsdiskussion auch Hannes Heer und Manfred Messerschmidt teil. Träger der Ausstellung und des Begleitprogramms waren das Kulturamt der Stadt, das "Colloquium" der Universität und die "West-Ost Gesellschaft". Das Kulturamt sorgte dafür, daß auf Kosten der Steuerzahler 96500 Exemplare der kommunalen "Städtischen Nachrichten" an alle Haushaltungen der Stadt verteilt wurden, und als dann Anfang Oktober 1996 Messerschmidts 70. Geburtstag herangenaht war, raffte sich das "Historische Seminar, Neue und Neueste Geschichte" in Zusammenarbeit mit dem Rektor der Universität Freiburg im Breisgau, Professor Wolfgang Jäger, von den dumpfen Trommeln der BADISCHEN ZEITUNG begleitet, zu einer Vorlesungsreihe auf, die unter dem Thema "Die Ermordung der europäischen Juden: neue Forschungen und Kontroversen" in nicht weniger als 12 Veranstaltungen alles versammelte, was sich im Umfeld der "roten Zelle" des MGFA und des Hamburger Instituts für Sozialforschung verschworen hatte, die Wehrmacht als das zu entlarven, was sie in ihren Augen war: eine Verbrecherorganisation.

Anmerkungen zur Indoktrination der Bundeswehr

Es gibt zwei regelmäßige Veröffentlichungen, welche die Bundeswehr über das, was in der Welt um sie herum vorgeht, auf dem laufenden halten soll: die Zeitschrift TRUPPENPRAXIS/WEHR-AUSBILDUNG und die IFDT/INFOMATION FÜR DIE TRUPPE, und wenn es dann ab und zu einmal um die politische Unterrichtung der Bundeswehr geht, geht das schon immer wieder einmal schief - in der IFDT seltener, in der TRUPPENPRAXIS öfter. Nur wenn man nach dem Schuldigen sucht, stellt sich heraus, daß es keinen gibt. Die ministerialbürokratischen Verflechtungen haben auf dem Felde der Bundeswehrmedien eine Dichte, die jeden Durchblick verhindert, und die dafür sorgt, daß allen, die es darauf anlegen, die Freiheit verschafft wird, zu machen, was sie wollen. An der Spitze des Ministeriums ist der Staatssekretär Dr. Peter Wichert letzten Endes politisch verantwortlich, nach ihm der Stellvertreter des Generalinspekteurs der Bundeswehr, Vizeadmiral Hans Frank, als die militärisch höchste Instanz für Information; unter ihm leitet Brigadegeneral Dieter Henninger die auch für Publikationen zuständige Stabsabteilung Fü SI, der als zuständiges Referat Fü SI4 untersteht und damit bis 1997 deren Referatsleiter, der Oberst i.G., Friedhelm Klein M.A. Im Herbst dieses Jahres wird er als Amtschef zum MGFA wechseln.

Da er, Klein, den Pannen, sofern es sie gibt, hierarchisch am nächsten steht, könnte man meinen, daß vielleicht er das Karnickel war, das für die ab und zu für Aufregung sorgenden massiven Linksausrutscher der Bundeswehr-Zeitschriften verantwortlich zeichnete. Tatsächlich ist die Vermutung eher falsch. Klein, selbst Historiker, der übrigens schon früher einige Zeit im MGFA gearbeitet hatte, gilt als ein konservativer Liberaler, der allerdings in den vielen Jahren, die er seine Tätigkeit im Ministerium ausübte, auch gelernt haben mag, daß es bequemer ist, trouble zu vermeiden, als trouble zu machen.

Wer also dann? Die Zeitschrift TRUPPENPRAXIS erscheint in Zusammenarbeit zwischen Fü SI4 mit dem Verlag OFFENE WORTE. An ihrer Spitze steht als Chefredakteur Werner Baach, der in der Öffentlichkeit bisher nicht besonders in Erscheinung getreten ist. Den IFDT, die direkt von Fü SI4 herausgegeben werden, steht Dieter Buchholz vor, der nach einem abgebrochenen Studium längere Zeit beim BONNER GENERALANZEIGER gearbeitet hat und, obwohl der Generation der 68er angehörend, als liberaler Mann gilt.

Schaut man noch etwas genauer hin, ergeben sich plötzlich neue Beziehungen. Chefredakteur Baach sitzt im Ministerium auf der Hardthöhe. Die Redaktion arbeitet zusammen mit dem Verlag unten in Bonn und dort schaltet und waltet der Redakteur Dirk Sommer. Die Redaktion der IFDT arbeitet in St. Augustin bei Bonn und untersteht dem Streitkräfteamt der Bundeswehr in Bad Godesberg. Dessen stellvertretender Amtschef war der im Dezember 1996 pensionierte Brigadegeneral Winfried Vogel. Und er ist der Autor des im März 1990 in der TRUPPENPRAXIS veröffentlichten Artikels, der mit einem Paukenschlag die Kampagne der Bundeswehrzeitschriften gegen die Wehrmacht eröffnete. Titel seines Beitrages: "Wie hältst Du's mit der Wehrmacht?" Auf der Titelseite garniert mit einem Zitat "Ihre Ausrottung ist ein Gebot der Selbsterhaltung".

Das Zitat bezieht sich auf einen Befehl zum Judenmord des Generalobersten Hermann Hoth vom 17. November 1941, den Vogels Artikel neben zwei weiteren, in der Tat unglaublichen Befehlen aus jener Zeit aufführt, den Befehl von Generalfeldmarschall Walter von Reichenau vom 10. Oktober 1941 und den von Generalfeldmarschall Erich von Manstein vom 20. November 1941. Diese Offiziere der Wehrmacht haben mit solchen Befehlen untilgbare Schuld auf sich geladen (obwohl ausgerechnet die Engländer das im Falle von Fritz Erich Lewinski, genannt von Manstein, anders sehen. Manstein war 1944 von Hitler abgelöst worden, von den

Engländern nach dem Kriege zu 18 Jahren Haft verurteilt, 1952 auf Ehrenwort und 1953 endgültig entlassen worden).

Es sind auch nicht nur diese drei führenden Offiziere, die das Ansehen der Wehrmacht gründlich beschädigten. Das haben der Nürnberger Prozeß und seine Nachfolger-Prozesse gezeigt. Natürlich hat es dann auch in den unteren Rängen des Heeres, je ideologisch aufgeheizter dieser Krieg auf beiden Seiten geführt wurde, Verbrechen gegeben. Nur darf man bei diesen Überlegungen nicht dort enden, wo Vogel endet: bei der Verallgemeinerung. Als ob die Fronttruppen nichts anderes zu tun gehabt hätten, als Juden umzubringen; als ob es nicht einen grundsätzlichen Unterschied zwischen der Waffen-SS, den Totenkopf-Verbänden, den verschiedenen Polizeieinheiten, dem NS-Parteiapparat und den Soldaten der Wehrmacht im Hinterland gegeben hätte; als ob nicht eine große Mehrheit der Soldaten sich an die ethischen Vorgaben gehalten hätten, die ihnen als Faltblatt in ihre Soldbücher gelegt worden waren. Wieviele etwas von den Verbrechen der Nationalsozialisten gewußt haben und was, wer oder wann, ist völlig unklar. Einiges einige sicher, das meiste viele nicht. Das läßt das eng verstrickte Geheimhaltungssystem einer Diktatur nicht zu, und was hätte wer schon tun sollen, wenn er etwas wußte? Die Desertion ist für einen Soldaten keine Lösung. Sie bleibt der Weg für politische Ausnahmen und für Feiglinge. Die Wehrmacht hatte nichts mit Fremd- und Ostarbeitern in der Rüstungsindustrie zu tun, wie Vogel meint, und daß die Wehrmacht Soldaten, die sich weigerten, in Erschiessungs-Peletons mit zu schießen, *nicht* bestrafte, zeigt doch eben, wie stark bis zum Ende des Krieges ethische Maßstäbe in der Wehrmacht Gültigkeit hatten.

Das aber alles zählt für Brigadegeneral Winfried Vogel nicht. Die Wehrmacht hat sich schuldig gemacht, heißt es in seinem Aufsatz: *die Wehrmacht.* Sie aber wurde im Nürnberger Prozeß und seinen Nachfolgeprozessen nicht einmal auch nur angeklagt. Und wenn sein Freund aus der ZEIT, Karl-Heinz Janßen, heute in einer öffentlichen Veranstaltung behauptet, hätte man in Nürnberg nur so viel über die Wehrmacht gewußt wie heute, dann wäre es ihr schlecht ergangen, so darf man ihm, wie es in diesem Falle Professor Michael Wolffsohn tat, entgegenhalten, daß alles, was den Messerschmidts und ihren Konsorten in den 60er Jahren durch die von den Alliierten freigegebenen Quellen allmählich bekannt wurde, eben im wesentlichen genau das war, was die Richter und erst recht die Ankläger in Nürnberg schon wußten, - und *sie* waren es dann doch, die nicht einmal in Erwägung gezogen hatten, die Wehrmacht als verbrecherische Organisation auf die Anklagebank zu setzen. Was Vogel schrieb, ist genau der Mißbrauch der Geschichte deutscher Soldaten zu politischen Zwecken, wie ihn Messerschmidt und seine "rote Zelle" im MGFA seit Beginn der 70er Jahre pflegte, und stützt sich, wie Vogels Literaturverzeichnis deutlich beweist, auf genau jenes Umfeld um die "rote Zelle" des MGFA, das mit dem Münchner Institut für Zeitgeschichte unter Professor Dr. Martin Broszat über Helmut Krausnick bis zu dem Hamburger Institut für Sozialforschung des Hobby-Historikers, Jan Philipp Reemtsma, reicht.

Der Fairneß wegen sei hinzugefügt, daß selbst der Zeitschrift TRUPPENPRAXIS unter Herrn Baach die Polemik Vogels zu viel wurde und er nach dessen Artikel zwei kurze Episoden, geschrieben von Walter Loch, einem ehemaligen Ministerialrat im Verteidigungsministerium, abdruckte, in dem dieser berichtete, wie ihm sein Kommandeur im September 1943 deutlich die Ablehnung des Dritten Reiches hatte erkennen lassen und wie er zwei Jahre zuvor erlebt hatte, auf welche Weise seine damalige Einheit den Kommissarbefehl unterlief.

Brigadegeneral Winfried Vogel, Jahrgang 1937, und insofern eine Art Spät-68er, gehört der SPD an und unterstützte die Politik des Doppelbeschlusses von Helmut Schmidt, machte (deshalb?) eine schnelle Karriere und galt allgemein als ein Mann der Zukunft, bis er sich 1990 mit seinem Artikel in der TRUPPENPRAXIS in das so ungemein schwierige Thema der Traditionsproblematik der deutschen Streitkräfte einließ und sich dann plötzlich überraschend auf der Seite eben jener Radikalen wiederfand, die bis heute nur noch die verbrecherische Wehrmacht kennen. 1995 unterstützte er Heers Ausstellung "Verbrechen der Wehrmacht" durch einen spektakulären Auftritt in Mönchengladbach, sprach vor der Ausstellung in Nürnberg und schrieb zu Jakob Knabs eher grobschlächtigem Buch "Falsche Glorie. Das Traditionsverständnis der Bundeswehr" in der IFDT ein Nachwort: "Nun sag' wie hältst Du's mit der Tradition ..?"

Das Nachwort ist klüger als das Buch. Die Geschichte der in der Traditionsfrage miteinander streitenden Fraktionen ist fair dargestellt. Die Analyse der Lösungsmöglichkeiten entsprechen den Ansätzen, die in einem folgenden Kapitel dieser Schrift ebenfalls vorgetragen werden. Vogels Fehler ist nur, daß er in seinen Schlüssen nicht auf den Ausgleich einer politischen Mitte zielt, sondern immer wieder auf linke Extreme.

Wie groß Vogels Einfluß auf die Publikation der Bundeswehr war, ist schwer zu beurteilen, aber es hat ihn sicherlich gegeben. Allein seine enge Verbindung zu der Freiburger "roten Zelle" des MGFA spricht dafür; darüber hinaus aber auch die geographische Nähe zu den Zentren der Bundeswehr-Publikationen und die Generationsverbundenheit mit einer anderen Figur auf dem Schachbrett der Indoktrination der Bundeswehr: dem Oberstleutnant der Bundeswehr a. D. Dirk Sommer.

Dirk Sommer wird im Impressum der TRUPPENPRAXIS als Redakteur geführt. In der Tat war seine gesamte militärische Laufbahn von seiner Arbeit in Medien geprägt. Bis heute schreibt er in vielen verschiedenen Publikationen. Das Taschenbuch des Öffentlichen Lebens oder der "Who is who?" kennt ihn allerdings bis heute noch nicht. So bleibt seine bisher wohl hervorragendste publizistische Tat sein acht Seiten langer Artikel in der TRUPPENPRAXIS vom Juni 1995, in dem er der seit März durch Deutschland geisternden Wanderausstellung des Hamburger Instituts für Sozialforschung über den Vernichtungskrieg der Wehrmacht eine bislang noch nicht dagewesene hommage lieferte.

Gleich zu Anfang stellt Dirk Sommer fest, um was es ihm geht: "Und so ist denn *die Wehrmacht* ... in dreifacher Weise schuldig geworden: sie hat durch ihren Eroberungsfeldzug die territorialen Voraussetzungen für die beispiellosen Vernichtungsaktionen der Deutschen im 'Ostraum' geschaffen, hat die Einsatzgruppen des SD und die Verbände der SS beim millionenfachen Abschlachten von Juden, Kommunisten, Zigeunern, Partisanen oder solchen, die man kurzerhand dazu erklärte, *vorbehaltlos* unterstützt und hat die Ausrottung zigtausender 'unerwünschter' oder 'verdächtigter Elemente' *gleich selbst besorgt.*"

Vielleicht darf hier als Entschuldigung für den Vormarsch der Wehrmacht in der UdSSR wenigstens angeführt werden, daß Kriege, seien sie gerechtfertigt oder ungerechtfertigt, leider immer letzten Endes auf Geländegewinne abzielen. Das ist eben so ihre Art, wenn man zum Beispiel den Vormarsch der Sowjets 1945 nach Berlin oder den der westlichen Alliierten bis zur Elbe bedenkt. Aber das mag sich in den Redaktionsstuben, die Herr Sommer offensichtlich nie in seinem Leben verlassen hat, noch nicht herumgesprochen haben. Das Thema für Herrn Sommer war jedenfalls gegeben. Aber bevor er nun im Sinne von Hannes Heer und Jan Philipp Reemtsma loslegen konnte, bedurfte es wenigstens noch einer kleinen Absicherung. Er fand sie in der Einleitung zu dem Beitrag des klugen und abwägenden Historikers Oberst i.G. Dr. Roland G. Foerster in dem Sammelband des MGFA "Unternehmen Barbarossa": "Es kann aufgrund einer enormen Zahl von dokumentarischen Beweisen, die teilweise erst in den letzten Jahren durch Öffnung von Archiven in der russischen Föderation und vor allem in der früheren Tschechoslowakei gefunden wurden, keinen Zweifel daran geben, daß einzelne Angehörige, aber auch ganze Einheiten der Wehrmacht an Kriegsverbrechen beteiligt waren oder sie auch selbstverantwortlich begangen haben. Dies gilt auch angesichts der Tatsache, daß das Kriegsvölkerrecht einen sehr weiten Spielraum für Repressalien bot. Dieses schreckliche Faktum kann und darf nicht verschwiegen werden. Es ist Teil des historischen Gesamtprozesses und bedarf der eingehenden Untersuchung. Es besteht jedoch ebensowenig Zweifel daran, daß sich Millionen von deutschen Soldaten aller Dienstgrade keiner Verbrechen gegen die Menschenrechte und keines Verrates ihres christlich-abendländischen Ethos schuldig gemacht haben. *Die Tatsache, daß die Wehrmacht als Ganzes Instrument der Krieges war, den das Deutsche Reich gegen die Sowjetunion führte, reicht zu einer moralischen Verurteilung des einzelnen Soldaten nicht aus.* Schuld kann ethisch jeder für sich auf sich laden. Juristisch muß sie individuell nachgewiesen werden".

Aber schon wiegelte Dirk Sommer ab: "Bei allem Bemühen um Differenzierung, wenn es um das Verhalten des einzelnen Soldaten geht, muß hier doch eine generalisierende Bemerkung erlaubt sein: die Wehrmacht als Institution, repräsentiert durch ihre Führung, war auf schreckliche Weise in die Verbrechen Hitler-Deutschlands verstrickt." *Die Wehrmacht als Institution* und damit ist man genau wieder dort, wohin man will. Die Wehrmacht in Verbrechen verstrickt, die Verbrechen der Wehrmacht, die verbrecherische Wehrmacht. Der Rest von Sommers Artikel braucht nicht erörtert zu werden. Er entspricht den üblichen Pauschalisierungen der Hamburger Ausstellung und der wütenden Weigerung, Vorkommnisse im Zusammenhang zu untersuchen. Das Literaturverzeichnis, das der Publikation angefügt war, entsprach bis ins einzelne dem Veröffentlichungsprogramm des dem Hamburger Institut angeschlossenen Verlages. Und wieder taucht damit die bedrückende Frage auf: wie kann eine solche Publikation in eine Zeitschrift der Bundeswehr geraten, die über fünf Instanzen verfügt, die Herrn Sommer korrigieren oder hätten dafür sorgen können, daß eine so kluge und abgewogene Rezension der Ausstellung, wie sie dann ein Jahr später, im Juli 1996, von Professor Gerhard Kaiser in der IFDT veröffentlicht wurde, wenigstens mit Sommers Pamphlet der Öffentlichkeit *zusammen* vorgestellt worden wäre. Irgendetwas in dem System der Bundeswehr-Publikationen stimmt offensichtlich nicht.

Sommers Artikel hatte ein Nachspiel. Dr. Fritz Gürtner, der Justitiar der "Arbeitsgemeinschaft der Reservisten, Soldaten- und Traditionsverbände in Bayern" (ARST), schrieb am 27. Dezember 1995 an Sommer einen höflichen Brief, in dem er auf den oben bereits dargestellten dreifachen Schuldvorwurf der Wehrmacht gegenüber einging und dabei folgende Überlegungen anstellte: "Wenn die Mehrheit die Normen der Institution erfüllt, besteht eine Übereinstimmung zwischen dem Soll und dem Sein der Institution. Für die sittliche Qualifikation der Institution gibt es keine Vorrangstellung der Repräsentanten. Jeder hat an seinem Platz für seine Taten persönlich einzustehen, eine Vertretung in der Ethik gibt es nicht." Und insbesondere auf den berüchtigten Kriegsgerichtsbarkeits-Befehl vom 13. Mai 1941 eingehend, wies er auf den Paragraphen 47 des Militärstrafgesetzbuches hin, der unter Strafe stellt, wenn ein Untergebener den Befehl eines Vorgesetzten befolgt, der bürgerliches oder militärisches Verbrechen oder Vergehen bezweckt. Das deutsche Militärstrafgesetzbuch ließ Freiräume für Verbrechen nicht zu.

Das aber war für Sommer schon zu viel. Am 27. Februar 1996 schrieb er an "Herrn Dr. Fritz Gürtler" - nicht einmal zu dem richtigen Namen seines Kritikers konnte sich Sommer aufraffen - mit Schaum vor dem Mund einen Brief, der in eindrucksvoller Weise den Generationshaß der Deutschen sichtbar werden ließ: "Es ist diese unerträgliche Mischung von Ignoranz, Verstocktheit, Selbstgerechtigkeit, Unbußfertigkeit, Larmoyanz und Verfolgungswahn, die es mir so schwer macht, Ihnen und Ihresgleichen noch zuzuhören, geschweige denn, mich auf eine Diskussion mit Ihnen einzulassen. Kein Augenblick des Innehaltens, der Trauer, kein noch so leises Erschrecken über das, was da von der 'zweiten Säule des Nationalsozialismus' der Wehrmacht, in diesem ideologisch motivierten Raub- und Vernichtungskrieg gegen Kommunisten, Juden, Zigeuner und andere, deren Leben damals keinen Pfifferling wert war, an Fürchterlichem angerichtet worden ist." Nur bestreitet Dr. Gürtner alle diese Verbrechen nicht. Er wünscht nur Klarheit, wem sie kollektiv und individuell zuzurechnen sind. Er bestreitet nur das Recht auf Pauschalisierung.

Und dann geht Sommers Schimpfkanonade weiter. Thema: der Fall "Barbarossa". "Um wenige Tage nur ... sei man dem sowjetischen Diktator zuvorgekommen. Alles Quatsch, sehr geehrter Herr Dr. Gürtler, die seriösen Historiker hierzulande, und dazu zählt eben nicht Herr Dr. Dr. Gillessen von der FAZ, weigern sich beharrlich, der neu (und alt) deutschen Rechten auf ihrem Kreuzzug zur Entsorgung der jüngsten deutschen Geschichte zu folgen".

Natürlich kann man über den Beginn des Rußlandfeldzuges verschiedener Meinung sein. Aber wieso ist "alles Quatsch", was Sommers Meinung widerspricht? So unbedeutend sind die Auffassungen von Herrn Dr. Dr. Gillessen und einer wachsenden Anzahl von Historikern nun auch wieder nicht. Aber Sommers besonderes Verhältnis zur "Wahrheit" bleibt unerschütterlich: "Genau das ist es, sehr geehrter Herr Dr. Gürtler, was mich an Ihnen und Ihren Gesinnungsgenossen so gewaltig stört: großes Wehklagen immer dann, wenn Sie die Ehre der Wehrmacht in den Schmutz gezogen wähnen und trotziges Wegschauen oder geradezu abenteuerliches uminterpretieren, beschönigen, verniedlichen, verharmlosen der Fakten immer dann, wenn man Ihnen anhand mittlerweile abertausender Dokumente nachweist, daß es mit eben dieser Ehre so weit nicht hergewesen sein kann. Niemand, und das nehmen Sie bitte zur Kenntnis, betreibt die 'Kriminalisierung' Ihrer Generation und schon gar nicht geht es mir und anderen darum, die Jugend gegen die ältere Generation aufzuwiegeln'. Worum es mir aber ganz entschieden geht, ist die Wahrheit". Und diese ist fest im Besitz von Sommer und seiner Generation.

Über alles, was er schreibt, kann, nein, muß man natürlich diskutieren, aber dazu bedarf es anderer Vorstellungen als die der 68er, wie Wahrheit gefunden werden kann. Sommer provoziert und will provozieren. Wissenschaft will überzeugen - in der Akzeptanz der

Einsicht, daß womöglich beide Seiten ein Stück Recht auf ihrer Seite haben könnten.

Wie tief der von Jan Philipp Reemtsma in seinen letzten Äußerungen eher verharmloste Haß der 68er Generation auf ihre Väter heute noch wirksame Gegenwart ist, wurde in beispielhafter Weise im Zusammenhang mit einer anderen bemerkenswerten Veröffentlichung der Zeitschrift TRUPPENPRAXIS/WEHRAUSBILDUNG, nämlich dem Artikel des Regierungsdirektors an der Heeresfliegerschule in Bückeburg, Franz Fehler, vom Mai 1996 deutlich.

Fehler hatte ein weiteres Mal zur Diffamierung der Wehrmacht aufgerufen und unter anderem festgestellt, daß in der früheren deutschen Wehrmacht wegen psychischer Erschöpfungszustände nicht mehr kampffähige Soldaten kurzerhand wegen Feigheit vor dem Feind erschossen worden seien. An dieser eindeutig unbeweisbaren und damit rein diffamierenden Aussage nahm das geschäftsführende Vorstandsmitglied der "Arbeitsgemeinschaft für Kameradenwerke und Traditionsverbände e.V.", Generalmajor a.D. Eberhard Grumer, Anstoß. Er forderte Fehler auf, seine Quellen zu nennen und beschwerte sich über den Artikel bei dem Stabsabteilungsleiter Fü SI, Brigadegeneral Dieter Henninger. Diesem Protest schloß sich auch der Ehrenvorsitzende der CDU/CSU Bundestagsfraktion, Dr. Alfred Dregger, am 25. Juni 1996 in einem Brief an den Verteidigungsminister an. Inzwischen hatte Fehler an Generalmajor a. D. Grumer am 30. Mai 1996 eine windelweiche Antwort geschickt: "Die Veröffentlichung meines Beitrages zur Truppenpsychologie in der TRUPPENPRAXIS/WEHRAUSBILDUNG 5/96 war in der Form, wie es dann geschehen ist, nicht vorgesehen. Ursprünglich hatte ich den Auftrag von meinem Fachreferat (PII4), zusammen mit Kollegen Konzepte für ein Sammelreferat über den Stand der Truppenpsychologie zu liefern. Da der Termin sehr eng gesetzt war und ich entsprechend dem Auftrag von einer noch durchzuführenden Referats-internen Redaktionskonferenz ausgegangen war, habe ich auftragsgemäß auch nur ein Konzept abgeliefert, was daraus ersichtlich ist, daß keine Quellenangaben vorhanden sind und daß mein Beitrag reichlich abrupt endet. Zu meiner Überraschung erhielt ich dann von dem zuständigen Redakteur die Mitteilung, daß mein Beitrag angenommen und bereits im Druck sei. Auf meinen Hinweis, daß mein Beitrag nicht reif zur Veröffentlichung sei, wurde mir mitgeteilt, daß das Fachreferat der Veröffentlichung zugestimmt habe und es von daher keine Veranlassung gebe, von einer Veröffentlichung abzusehen. Auf meine Nachfrage teilte mir das Fachreferat mit, man habe meinen Beitrag vor Weiterleitung an die Redaktion überarbeitet. Damit war für mich unbekannt, was in dem unter meinem Namen veröffentlichten Artikel in welcher Form stehen würde".

Ein wenig weiter unten heißt es dann: "zu meiner Aussage wurde ich durch einen Artikel in Sommer, Theo (Hrsg.): 'Gehorsam bis zum Mord?', ZEITPUNKTE Nr. 3, Hamburg, 1995, Seite 64, veranlaßt. Dort wird von 35 000 Urteilen wegen Fahnenflucht gesprochen, von denen 22 750 Todesurteile waren, von denen wiederum 15 000 im Verlaufe des Krieges vollstreckt worden sind. Da der o.a. Sammelband unter Mitwirkung des Militärgeschichtlichen Forschungsamtes zustande gekommen ist, hatte ich keinen Grund an den Zahlen zu zweifeln." Dieser Absatz ist insoweit interessant, als sich Fehlers Zahlen auf Seite 64 auf einen Artikel des weit links stehenden ZEIT-Redakteurs Volker Ullrich beziehen, der seinerseits zu den genannten Zahlen sich auf die "Schätzungen der Historiker Manfred Messerschmidt und Fritz Wüllner, die 1987 die erste kritische Darstellung zur Wehrmachtjustiz im Dritten Reich vorlegten" verläßt. Eben dieses Buch ist eines der umstrìttensten Veröffentlichungen zu dem Thema, wurde von Manfred Messerschmidt und Fritz Wüllner außerhalb des MGFA, also auf privater Basis, veröffentlicht und reiht sich würdig in den Kreis der publizistischen Bemühungen der seinerzeitigen "roten Zelle" des MGFA, des Hamburger Instituts für Sozialforschung und des radikal linken Flügels der ZEIT ein. Die von Messerschmidt und Wüllner geschätzten Zahlen beziehen sich aussschließlich auf die

Kriegsgerichte der Wehrmacht und lassen irgendwelche Beziehungen im Sinne von Handlungen wie Fehler sie anspricht, nicht zu. Auch hatte an dem Zustandekommen des Sammelbandes der ZEIT das MGFA *nicht* mitgewirkt. Fehlers Brief endet dann mit den Worten: "Ich bedaure die mißverständlichen Formulierungen und die sinnentstellende Weglassung, aber mir war keine Möglichkeit gegeben, mein Konzept zu überarbeiten, als es ohne mein Wissen zu einem eigenständigen Artikel umfunktioniert wurde."

Damit sah Fehler die Sache wohl als erledigt an: ein Versehen der Redaktion eben. Aber Grumer war damit nicht zufrieden. Er verlangte Belege. Fehler fühlte sich inzwischen entlarvt und setzte zum Gegenangriff an: "Ich bedaure, daß Sie meine Aussagen im letzten Brief unbefriedigt lassen. Da mir inzwischen aus einer weiteren Zuschrift aus dem Mitgliederkreis Ihrer Organisation klar geworden ist, worauf sich dieses Unbefriedigtsein aller Wahrscheinlichkeit nach gründet (die Streitschrift Proske), halte ich es wirklich für das Beste, wenn Sie sich die gewünschten Informationen aus anderen Quellen verschaffen, die Ihnen zweifelsohne zugänglich und, wie ich vermute, längst bekannt sind, und vor allem, denen Ihr Vertrauen gehört. Von daher wäre es wahrscheinlich einfacher und zeitsparender gewesen, wenn Sie mich unter Hinweis auf Ihre Quellen in einem persönlichen Brief korrigiert hätten, der mich, triftige Argumente vorausgesetzt, in jedem Fall einsichtig gegenüber neuen Erkenntnissen gezeigt hätte. Diese Art des Vorgehens hätte sich auch deswegen empfohlen, da im Impressum der TRUPPENPRAXIS nachzulesen ist, daß die mit Namen versehenen Beiträge die persönliche Meinung des Verfassers wiedergeben. Sie entsprechen nicht unbedingt den Auffassungen der Redaktion, des Bundesverteidigungsministeriums oder des Verlages. Von daher kann ich Ihr Schreiben an den STAL Fü SI und an den GenHFlg nur als Einschüchterungsversuche auffassen, was mich wenig geneigt macht, in eine weiterführende Diskussion mit Ihnen einzutreten."

Das alte Lied also wieder: persönliche Meinung. Angreifen darf man in der Bundeswehr, was man will, beweisen muß man es nicht und die zuständigen Stellen, die für ein gewisses Maß von Ausgewogenheit zu sorgen hätten, schweigen.

Mit Fehlers Brief an Generalmajor a. D. Grumer war die Diskussion jedoch noch nicht beendet. Am 17. Juli 1996 beschwerte sich der Generaloberstabsarzt a. D. Professor Dr. med. Ernst Rebentisch bei dem Vorsitzenden des Verteidigungsausschusses des Deutschen Bundestages, Dr. Klaus Rose MdB, und wies darauf hin, daß ihm nicht ein einziger Fall von Erschiessungen im Sinne von Fehler je bekannt geworden sei. Am gleichen Tag stieß auch Grumer in einem Brief an Fehler nach: "Üblicherweise ist ein Autor für seine Behauptungen tatsächlicher Art beweispflichtig, insbesondere wenn er für diese den Rang der Wissenschaftlichkeit beansprucht. Entsprechende Quellenangaben wären der Publikation beizufügen. Beiden Forderungen entsprechen weder Ihr Artikel noch Ihre beiden Antworten an mich vom 30. Mai und 30. Juni 1996... Sie sind die Beweise für Ihre Behauptungen schuldig geblieben. Solange dies so ist, betrachte ich den diesbezüglichen Teil Ihres Artikels als unwissenschaftlich und gegen die Sorgfaltspflicht verstoßend."

Am 2. August 1996 nahm der Autor dieser Streitschrift den Fall seinerseits noch einmal auf und stellte zwei Fragen: was Herr Fehler denn über die redaktionelle Überarbeitung und "Umfunktionierung" seines Artikels durch irgendwelche Instanzen im Verteidigungsministerium wisse und wie er dazu käme zu behaupten, daß die von ihm genannten Zahlen von Todesurteilen aus dem Artikel von Volker Ullrich "unter Mitwirkung des Militärgeschichtlichen Forschungsamtes" zustande gekommen wären. Zugleich wurde ihm ein Exemplar der Streitschrift "Wider den Mißbrauch der Geschichte deutscher Soldaten zu politischen Zwecken" übersandt. Zunächst keine Antwort. Am 6. September erneute Rückfrage und dann kam aus Bückeburg der 7-seitige eng geschriebene Brief, der den Grund abgab, den Fall hier zu betrachten, nämlich als ein Beweis dafür, wie tief bis heute der Haß der 68er, zu denen Fehler zählt, auf ihre Väter noch lebendig ist. Da kommen dann zunächst alle Argumente, die man schon aus Hannes Heers Ausstellung "Verbrechen der Wehrmacht" kennt: daß eine Entpauschalisierung der Wehrmacht und damit die Behauptung, alle Soldaten seien schließlich in Hitlers Verbrechen verwickelt gewesen, nicht anzutasten sei, daß Stalins Partisanenkrieg keineswegs völkerrechtswidrig war, daß Hitler 1941 einen erbarmungslosen Angriffskrieg gegen die Sowjetunion geführt habe und von Kriegsvorbereitungen auf sowjetischer Seite keine Rede sein dürfe, daß an dieser Front, als der Krieg von einem Angriffskrieg zu einem Verteidigungskrieg überging, jede Verteidigung hätte unterbleiben müssen, weil sie hunderttausenden von Menschen das Leben gekostet habe. Immerhin hatte Fehler in der Bundeswehr an dem Einsatz in Somalia teilgenommen und hätte sich dort nichts zuschulden kommen lassen. Fronterfahrungen (mit Geschirrspülmaschinen) aus der historischen Froschperspektive.

Dann aber kommt er in seinem Brief zur Sache: "Ich bin es als 'Spätgeborener' einfach leid, überall wo ich in Europa hinkomme, auf die fatalen Spuren der Wehrmacht zu stoßen. Ich bin es leid, wenn ich nach Norwegen komme, dort in Oslo natürlich in ein Widerstandsmuseum geführt zu werden; ich bin es leid, auf einer Grachtenfahrt in Amsterdam nur von deutschen Untaten zu hören; ich bin es leid, in Finnland zu erfahren, daß dieses Land wohl das deutschfreundlichste war, das man sich überhaupt in Europa vorstellen konnte, bis die Wehrmacht dort auftauchte; ich bin es leid, auf Kreta, in herrlicher Umgebung wandernd, unverhofft auf ein zerstörtes Dorf zu stoßen und zu erfahren, daß das bei weitem nicht alles war, was sich die Wehrmacht auf Kreta hat zuschulden kommen lassen, ... ich bin es leid, mit alten Herren diskutieren zu müssen, die während des ganzen Krieges überall dabei waren, sich dabei an lächerliche Einzelheiten erinnern können, sonst aber natürlich nichts gehört und nichts gesehen haben ..., die sich in Detailfragen ereifern, aber natürlich keinerlei Verantwortung für irgendetwas und schon gar nicht für den Krieg tragen wollen, weil sie persönlich sich nichts haben zuschulden kommen lassen und stets ein soldatisches Vorbild waren; ich bin es leid, *als Spätgeborener ein Erbe antreten zu müssen, das ich nicht haben will*, das ich aber antreten muß. Es sei denn, ich würde aufhören, Deutscher zu sein."

Das ist genau die Mischung von Arroganz, Ignoranz und Unfehlbarkeitsbewußtsein, das die unverbesserlichen 68er bis heute auszeichnet. Wie lebendig der Haß auf die Väter doch noch ist! Die von ihm in seinem Brief an Generalmajor a. D. Grumer am 30. Mai 1996 zugesagte Korrektur seines Artikels ist in der TRUPPENPRAXIS übrigens nie erschienen.

Bisher gibt es keinen Fall, in dem jemandem, der die Wehrmacht massiv angegriffen hat, irgendein Leid zugefügt worden sei. Anders, wer aus einer Position der Mitte der Geschichte Gerechtigkeit widerfahren lassen will. In der Julinummer der Zeitschrift SOLDAT UND TECHNIK schrieb der Kapitän zur See Dieter Stockfisch einen Artikel: "Zur Gestalt des Soldaten in unserem Lande". In ihm arbeitet er vieles auf, was unter dem politischen Druck radikaler Pazifisten und der Propagandafachleute um Jan Philipp Reemtsma so ganz und gar in Vergessenheit gerät. Er führte die vielen lobenden Urteile der ehemaligen Gegner über die Wehrmacht an und wies unter anderem auf etwas hin, was offenbar heute niemand mehr wissen will: "Entscheidender Widerstand gegen die NS-Diktatur ging bereits seit 1938 mit dem Rücktritt des Generalstabschef Ludwig Beck *von der Wehrmacht* aus. Als Beck die letzte seiner drei Denkschriften 'Gegen den Krieg' verfaßt hatte, fügte er handschriftlich folgenden Satz hinzu: 'Um unsere Stellung den Historikern gegenüber in Zukunft darzustellen und den Ruf des Oberkommandos sauber zu halten, *wünsche ich als Chef des Generalstabes zu Protokoll zu geben, daß ich mich geweigert habe, irgendwelche nationalsozialistischen Abenteuer zu billigen.* Ein endgültiger deutscher Sieg ist eine Unmöglichkeit'. Becks Gesinnung und Haltung, wie der Widerstand gegen Hitler überhaupt, bleiben heute gerade für die Bundeswehr von exemplarischer Gültigkeit". Auch so kann man den Zusammenhang zwischen der Wehrmacht und der Bundeswehr sehen. Aber diese Sicht ist nicht genehm.

Der Plan Kapitän zur See Dieter Stockfisch, der sich durch seinen Artikel als ein ebenso abwägender wie an konservative Werte gebundener Offizier erwiesen hatte, auf einen Posten in der Schweiz zu entsenden, wurde fallengelassen. Ob er noch einmal die Stufe eines Admirals erringen kann, bleibt offen. Selbst in der Bundeswehr gilt, daß die Freiheit der persönlichen Meinung schließlich nicht jedermann zugestanden werden kann. Brigadegeneral Winfried Vogel und der Bundeswehrredakteur Oberstleutnant a. D. Dirk Sommer lassen grüßen.

Was sich in allen diesen Fällen widerspiegelt, ist die Unsicherheit, wie unsere Streitkräfte im Vergleich zu ihrer Stellung im Kaiserreich vor 1914 oder in der Weimarer Republik nun in die Bundesrepublik eingeordnet werden sollen. Im Kaisereich gehörten die Streitkräfte zu einem ausgeklügelten Klassensystem mit Offizieren in einer Eliterolle, die sich vornehmlich auf die Klasse des Adels und des mit ihm verbundenen agrarischen Besitzes bezog. Erfolgreiche Militärs wurden notfalls mit Adelsprädikaten versehen und mit Gütern versorgt (die ihnen allerdings auch Unabhängigkeit verschafften!). Sie verstanden sich in der Regel zugleich als Staatsdiener und Diener am Gemeinwohl. Erst seit 1848 gewann das Bürgertum schrittweise an Einfluß, erst ab 1919 auch die Arbeiterschaft. Damit mußten die Streitkräfte in der Gesellschaft neu positioniert werden. Sie wurden zur Reichswehr, die sich nun in der Demokratie offiziell jeder Politik enthielt (Soldaten durften nicht wählen), aber als Machtfaktor ständig in ihr mitmischten, ohne sich ihre Finger an den Schattenseiten des "Systems" schmutzig zu machen. Man liebte den Staat als Demokratie nicht, aber man hielt zur Demokratie, weil sie der Staat war. 1920 rettete General von Seeckt die Weimarer Republik, weil er dafür gesorgt hatte, daß die Befehle des putschenden Generallandschaftsdirektors Wolfgang Kapp einfach vergessen wurden und 1923 rettete er sie noch einmal, weil er in den Wirren der Zeit, obwohl im Besitz der ihm übertragenen vollziehenden Gewalt, nicht putschte.

Was schon das Kaiser-Heer und die Reichswehr auszeichnete, war ihr Korpsgeist. Vor 1914 verfestigte er eine Klassenstruktur, die liberale, fortschrittliche Entwicklungen hemmte und dem Staat einen militärischen Stempel aufdrückte. Anderseits war dieser Korpsgeist aber auch die Basis für jene ethischen Gebote einer Streitmacht, wie sie sich schließlich in der Begrenzung des Krieges durch die Regeln der Haager Landkriegsordnung und anderer Übereinkünfte niederschlugen.

In der Weimarer Republik wurde das Heer zu einer Kaste, in der sich der Korpsgeist als Selbstverständnis und Stolz auf das Anderssein nur noch verstärkte. Hier entstanden aber auch die strikten ethischen Normen, wie sie sich dann noch in der Wehrmacht in Form der 10 Gebote für die Soldaten und die 21 Gebote für die Offiziere manifestierten.

In der Demokratie ist es mit dem Korpsgeist nun so eine Sache. Auf der einen Seite hängt die Kampfkraft und die Durchhaltefähigkeit einer Streitmacht (wie jeder ihrer Untergliederungen) wesentlich von ihrem Korpsgeist ab. Es waren die Amerikaner, Richard A. Gabriel und Paul Savage, die in ihrem Buch "Crisis in Command" überzeugend nachweisen, daß es in erster Linie dieser Korpsgeist war, der die Wehrmacht, selbst unter härtsten Bedingungen des Ostfeldzuges, den amerikanischen Truppen in Vietnam so haushoch überlegen zeigte (eine Beobachtung, die übrigens durch israelische Studien bestätigt wird). Je ausgesprochener der Korpsgeist also, je tüchtiger die Armee.

Anderseits aber stehen sich Korpsgeist und Demokratie im Prinzip antagonistisch gegenüber. Die Demokratie steht für das Recht der Mehrheit und sucht zu überzeugen. Der militärische Bereich ordnet sich nach Befehl und Gehorsam. Und dieser Gegensatz läßt sich auch nicht dadurch überwinden, daß es, wie damals in der Wehrmacht, auch heute in der Bundeswehr dem Soldaten erlaubt ist, die Ausführung unsittlicher Befehle zu verweigern.

Damit aber sah sich die Bundesrepublik mit der Gründung der Bundeswehr vor eine ungewöhnlich schwierige Aufgabe gestellt. Einmal galt es, die Position der neuen Streitmacht im Hinblick auf die *Demokratie* zu bestimmen, anderseits ging es um die Anbindung ihres Korpsgeistes und das hieß, um die Bestimmung ihres Standortes in der *Geschichte* unseres Landes.

Im Osten ließ sich der Antagonismus zwischen Korpsgeist und Staat durch die Einbindung in die Einheitspartei ersetzen, die, wie früher die herrschende Schicht des Adels und des Grundbesitzes immer Recht hatte. Staat und Armee gehorchten denselben Prinzipien. Im Westen ging das nicht. Hier mußte ein neuer Weg gefunden werden. Der hieß zunächst "Staatsbürger in Uniform". Semantisch war damit das Problem gelöst. Die Wirklichkeit erwies sich als schwieriger.

So sehr sich General Graf Baudissin und viele andere auch darum bemühten, eine Anbindung der Bundeswehr an den Korpsgeist der Wehrmacht und zugleich an die Prinzipien der Demokratie zu finden, blieb vieles doch nur Stückwerk. Auch die Männer, die aus der Wehrmacht kamen, um die Bundeswehr aufzubauen, sahen sich gänzlich neuen Anforderungen gegenüber und der hemdsärmelige Pragmatismus Adenauers interessierte sich für ihre Probleme kaum. Erst mit Bundeskanzler Helmut Schmidt wurde ein entscheidender neuer Schritt getan. Er hieß: Akademisierung der Streitkräfte. In München und Hamburg wurden Bundeswehr-Universitäten gegründet, in der jeder Offizieranwärter zunächst einmal, bevor er Leutnant werden konnte, im Rahmen eines aufgefächerten Angebots eine akademische Ausbildung erhielt. Über die weitere Verwendung von Stabsoffizieren wurde in der Führungsakademie in Hamburg entschieden, auf der neben der militärischen Ausbildung für das Heer, die Marine und die Luftwaffe noch einmal Studiengänge in "Allgemeiner Führungslehre", "Sicherheitspolitik und Streitkräfte" und "Sozialwissenschaft" zu durchlaufen sind.

Dieser Weg hat den unbestrittenen Vorteil, durch eine intensive Wissensvermittlung gesellschaftliche Zusammenhänge deutlich zu machen und damit eine viel engere Verknüpfung der Offizierschicht der Streitkräfte mit den demokratischen Grundvoraussetzungen der Gesellschaft zu erreichen. Die Erfolge sind unübersehbar. Deutsche Offiziere gelten heute nicht als arrogant, sondern als gebildet. Sie verfügen über diplomatische Fähigkeiten, die in einer Phase der Geschichte, da militärische Internationalität eine bedeutende Rolle spielt, von hohem Wert ist und gelten allgemein als gute Demokraten.

Was Altbundeskanzler Helmut Schmidt damals mit der Akademisierung der Bundeswehr in die Wege geleitet hat, ist unter den gegebenen Umständen wahrscheinlich die beste und vernünftigste Lösung, Soldaten in die Demokratie einzubinden. Sie bringt aber auch Schwierigkeiten mit sich.

Dem Zustand unserer Gesellschaft entsprechend, ist natürlich auch die Professorenschaft der Bundeswehr-Universitäten durch eine gewisse Linkslastigkeit gekennzeichnet, in München ganz besonders. Dasselbe trifft zumindest auf den sozialwissenschaftlichen Bereich der Führungsakademie zu. Wer schließlich in der Bundesrepublik Offizier wird, ist von Anbeginn einer gewissen politischen Indoktrination unterworfen und lernt, daß er als Konservativer Zurückhaltung zu üben hat, während Linke ihrer persönlichen Meinung schon eher einmal Ausdruck verleihen dürfen. Wenn zum Beispiel der Oberst i.G. Herwig Pickert von der Führungsakademie in Hamburg die Thesen der Reemtsma-Ausstellung von der verbrecherischen Wehrmacht öffentlich voll unterstützt und sie durch das berüchtigte Schandurteil des Bundessozialgerichtes vom 11. September 1991 (siehe in einem späteren Kapitel) bewiesen sieht, zeigt das nur, wie weit politische Bildung die Bundeswehr in höchst kontroverse Auseinandersetzungen um ihren Ort in unserer Gesellschaft einbezieht.

Dieses Beispiel zeigt zugleich gewisse Grenzen dieser Lösung auf. Die ständige und womöglich einseitige Einbindung in die politische Diskussion, die Verantwortung, als Wähler (die Soldaten dürfen wählen) den politischen Auseinandersetzungen auch ständig folgen zu müssen, konsolidiert nicht ihr Eigenverständnis, sondern verunsichert es eher. Und das umso mehr, als der Soldat sich einer Gesellschaft gegenüber sieht, die ihn einerseits in die Demokratie einbinden will, die es anderseits aber, wie das Urteil des Bundesverfassungsgerichtes zeigt, zuläßt, Soldaten (allerdings mit der etwas lächerlichen Ausnahme der Bundeswehr) Mörder zu nennen. Mit dem Urteil des Verfassungsgerichts wird der Soldat in Deutschland als gleichberechtigtes Mitglied der Gesellschaft im Prinzip ausgegrenzt. Im Ausland, als Truppe der Ifor oder Sfor, arbeiten deutsche Soldaten mit Kameraden zusammen, die man bei ihnen zu Hause Mörder nennen darf, und die Demokratie, die ihr Schicksal ist, besteht mindestens zur Hälfte, wie die Parteienstruktur zeigt, aus engagierten Pazifisten, die ihre Väter als Verbrecher bezeichnen und Soldaten hassen. Sie sind aufgefordert, Demokraten in einer Demokratie zu sein, die sie mit Terror verfolgt und sie zwingt, ihre Vereidigungen oder Zapfenstreiche nur noch unter Polizeischutz abzuhalten. Schlechte Voraussetzungen dafür, daß sich in einer derart positionierten Armee auch noch so etwas wie ein Korpsgeist bilden könnte.

Natürlich kann man sagen - und das ist auch richtig -, daß es unter den gegebenen Umständen besser ist, den Korpsgeist und damit ein Stück des Selbstverständnisses der Armee einschließlich ihrer militärischen Qualität der gerade mal so eben in Deutschland entstandenen Demokratie zu opfern. Aber wir sollten uns nichts vormachen: weder ist es in Deutschland bislang gelungen, die Armee als selbstverständlichen Teil der Demokratie in der Öffentlichkeit durchzusetzen, noch gibt es auch nur Ansätze zu einem Korpsgeist, ohne den jede Armee auf die Dauer wertlos ist.

Die Einordnung der Bundeswehr in das gesellschaftliche Spektrum ist trotz vieler schöner Reden doch nur ansatzweise gelungen und sie wird nicht gelingen, solange die Gesellschaft ihr eine Position der Gleichwertigkeit *in unserer Geschichte* verweigert, solange nicht eine Brücke gefunden wird, welche die Anbindung an die Demokratie und ein aus der Geschichte erwachsenes Eigenverständnis (man kann es auch Korpsgeist nennen) überhöhend verbindet. Brücken dieser Art sind ein Teil der Geschichte Englands, Frankreichs oder der Vereinigten Staaten von Amerika: sie heißen nationale Identifikation, die mit Nationalismus nichts, dafür aber mit dem Internationalismus der Zukunft alles zu tun hat.

Die Bedeutung des Historikerstreits

Wer, wie diese zweite Streitschrift den Hintergründen des in Deutschland so gravierenden Hasses auf Soldaten, wie er sich in dem Soldaten-Mörder-Urteil, in der Wanderausstellung des Hamburger Instituts für Sozialforschung oder auch dadurch ausdrückt, daß die Präsidentin des Bundesverfassungsgerichts, Jutta Limbach, durch ihre Bereitschaft bei der Eröffnung dieser Ausstellung in Karlsruhe ein Einleitungsreferat zu halten, dem deutschen Radikalpazifismus den Segen und das Gütesiegel der dritten Macht im Staat, der Justiz, verleiht, - wer also nach dem Hintergrund zu dieser Haltung sucht, muß unvermeidlich darauf stoßen, daß wir 50 Jahre nach dem Kriege nicht auch nur stückweise unsere Geschichte bewältigt haben. Nichts hat diese Tatsache in der jüngeren Vergangenheit deutlicher gemacht als der 1986 plötzlich ausgebrochene sogenannte Historikerstreit, und keine intellektuelle Auseinandersetzung kann mehr zu dem Verständnis der in dieser zweiten Streitschrift erneut kritisierten Zustände beitragen als jener Versuch der Historiker, in den Dschungel von Voreingenommenheiten, Ängsten, Tabus und Verletzlichkeiten eine Schneise zu schlagen.

Um die Fronten der sich gegenüberstehenden Diskutanten einigermaßen zu verstehen, bedarf es allerdings zunächst eines kleinen Einführungslehrgangs in die einschlägige Semantik.

Die Wissenschaft von der Geschichte lebt davon, daß sie sich ständig weiterentwickelt, daß neue Quellen, neue Sichtweisen und neue Urteile das vorhandene Geschichtsbild "revidieren". Die Revision ist also für die Wissenschaft der Historie nicht nur etwas Typisches, sondern ihre Lebensgrundlage an sich. Erweist sich nun, wie das in unserer Zeit der Fall ist, das vorliegende Bild der Geschichte eher als links geprägt, wird die wissenschaftstypische Bemühung, es zu revidieren, mit Wörtern wie "Revisionismus" oder "Revisionist" belegt, die als Schimpfworte für unverbesserliche Konservative, wenn nicht gar Faschisten oder gar verkappte Nationalsozialisten gebraucht werden; die Revision links geprägter Geschichtsverständnisse gilt als Sakrileg und ist als Tabu verboten. Ist das Bild dagegen eher rechts geprägt, muß es so schnell wie möglich korrigiert werden, und wer sich in dieser Weise bemüht, gilt nicht als verachtungswürdiger Revisionist, sondern als hochgeehrtes Mitglied der "kritischen" Forschung. Kritik an rechten Denkmodellen ist moralisch gut. Kritik linker Geschichtsvorstellungen ist dem moralisch zu verachtenden Revisionismus zuzuordnen, ist pure Apologie und damit moralisch schlecht. So einfach ist die Welt der parteilich bestimmten bundesdeutschen Geschichtswissenschaft zu verstehen, namentlich auf einigen Feldern der neueren und neuesten deutschen Geschichte.

Der Streit der Historiker begann mit einem Artikel, den der Professor für Neuere Geschichte an der Freien Universität Berlin, Ernst Nolte, am 6. Juni 1986 in der Frankfurter Allgemeinen Zeitung veröffentlicht hatte und der die Kurzfassung eines im Rahmen der "Römerberg-Gespräche" vorgesehenen Vortrages darstellte. Die Einladung Noltes zu dieser Veranstaltung war damals rückgängig gemacht worden.

Ihm folgte am 11. Juli 1986 in der ZEIT ein außerordentlich unfairer Angriff mit einer Unzahl verfälschender Zitate und Zitatmanipulationen von Jürgen Habermas, Professor für Philosophie an der Universität Frankfurt, der sich schon zur Zeit des Generationsaufstandes der 68er als weit links orientiert profiliert hatte. An der sich nun entwickelnden Diskussion, in der FAZ und der ZEIT ausgetragen, nahmen nicht weniger als 27 Wissenschaftler und Publizisten teil, die insgesamt zu dem Streit 42 Beiträge lieferten. Auch Augstein war mit einem Essay dabei, das nach Meinung der Kritiker den schwächsten Teil der Diskussion darstellte. In seinem Beitrag hatte er Professor Hillgruber als "konstitutionellen Nazi" beschimpft, was diesen wiederum dazu veranlaßte, Augsteins Beitrag als einen bisher noch nicht erreichten Tiefpunkt im permanenten Abstieg eines Publizisten zu brandmarken. So erwies sich der Historikerstreit als die emotionalste Auseinandersetzung unter Intellektuellen, die es in unserem Lande je gegeben hat.

Auf der eher konservativen Seite standen vier Historiker höchst verschiedenen Zuschnitts, die nun auf der Suche nach neuen Einsichten das vorliegende, eher linke Geschichtsbild einer Revision unterwerfen wollten: Professor Ernst Nolte, Berlin, Professor Klaus Hildebrand, Bonn, Professor Michael Stürmer, Erlangen, und der Mitherausgeber der Frankfurter Allgemeinen Zeitung, Joachim Fest, im Verlauf des Streits als "Viererbande" gekennzeichnet. Auf der anderen Seite standen als eher linksorientierte Kollegen: Professor Jürgen Habermas, Frankfurt, Professor Eberhard Jäckel, Stuttgart, Professor Hans Mommsen, Bochum, und Professor Jürgen Kocka, Bielefeld, die das inzwischen entstandene, eher links orientierte Bild der jüngsten deutschen Geschichte verteidigen und damit in Wahrheit genau zu den "Apologeten" wurden, die sie als Linke zutiefst verachteten. Auseinandersetzungen also zwischen *linken Apologeten* und *konservativen Kritikern* - "Kritische" Wissenschaft einmal anders herum.

Damit soll aber nun dem semantischen Verwirrspiel ein Ende gesetzt sein. Keine Geisteswissenschaft kann sich davon freimachen, daß politische Überzeugungen in der Forschung eben doch einen gewissen Niederschlag finden. Die "Viererbande" wählte wahrscheinlich bürgerlich, ihre Gegner waren alle Mitglieder der SPD.

In der Tat hatte sich das Bild der jüngsten deutschen Geschichte in der historischen Forschung seit dem Ende des Zweiten Weltkrieges ohnehin bereits einige Male geändert.

Zunächst war nach dem Krieg die Totalitarismus-Theorie entstanden, die vornehmlich durch Professor Karl Dietrich Bracher, Bonn, vertreten wurde. In ihr werden im "Zeitalter der Tyrannen" die Verbrechen von Hitler und Stalin als Taten beschrieben, die sich um nichts nachstanden. Sie entsprach einerseits dem politischen Klima des Kalten Krieges und anderseits dem politischen Selbstverständnis des neudeutschen Staates seiner eigenen Vergangenheit gegenüber. Die Singularität der Judenmorde erkannte sie allerdings an. Der Linken war sie ein Dorn im Auge, weil sie sich als "antifaschistisch" darstellen konnte und gleichzeitig die linke Vorliebe für das kommunistische System blockierte, ja sogar kriminalisierte. Damit aber konnte sich die Linke auf Dauer nicht zufrieden geben und so begann sie, mit der sich anbahnenden politischen Wende zu Ende der 50er und mit den beginnenden 60er Jahren eine neue Theorie vorzulegen, die sich damit als die erste Revision der Nachkriegszeit profilierte.

Die neue Geschichtsauffassung wurde von Professor Hans Mommsen und Professor Martin Broszat, dem damaligen Direktor des Institutes für Zeitgeschichte, vertreten, den die Leser der ersten vom Autor vorgelegten Streitschrift im Zusammenhang mit dem Skandal um die Unterdrückung der Schriften des Oberstaatsanwaltes beim Generalbundesanwalt, Otto Peter Schweling, als Sympathisanten von Dr. Manfred Messerschmidt kennengelernt haben.

Mommsen bezeichnete Hitler als "schwachen Diktator" und relativierte dessen Stellung im NS-Herrschaftssystem. Er bestritt, daß Hitler und die NS-Führung in ihrem Terrorsystem planmäßig eine Konzeption realisiert hätten und beispielsweise für den Reichstagsbrand verantwortlich gewesen seien. Mommsen sieht die NS-Führung als Gefangene ihrer eigenen chaotischen Politik und anarchischen Herrschafts- und Kompetenzstrukturen, die zu kumulativer Radikalisierung und ständiger Steigerung dynamischer Aktivität geführt hätten. Broszat plädierte für eine Historisierung des Nationalsozialismus und beurteilte den Massenmord an den Juden nicht - wie die "klassische Interpretationsrichtung" - als stufenweise und planmäßige Realisierung eines mörderischen Antisemitismus, sondern als situationsbedingte, sich radikalisierende Reaktion auf Krisen der NS-Herrschaft im Zweiten Weltkrieg. "Strukturen" heißt der neue Zauberbegriff, und wenn Martin Broszat dazu aufforderte, die Geschichte der "braunen" Diktatur als Geschichte der "nationalsozialistischen Zeit" zu verstehen, so tut er zunächst einmal nichts anderes, als was Nolte und die Konservativen auch taten. Nur werden in den linken Analysen eben doch immer wieder "die erkenntnisleitenden linken Interessen" sichtbar, die Vergleichbarkeit der Systeme Hitlers und Stalins *abzubauen*. Und genau an dieser Stelle setzt sich die Entwicklung dann auch fort.

Es beginnt die Zeit der Faschismus-Diskussion. Ursprünglich angestoßen hatte sie der "rechte" Professor Ernst Nolte mit seinem 1963 erschienenen bahnbrechenden Werk "Der Faschismus und seine Epoche". Mit ihm machte er den Weg für eine geschichtswissenschaftliche Verwendung des Terminus "Faschismus" frei, die ihn nur auf eine Epoche begrenzte und im europäischen Kontext komparatistisch definierte. Faschismus und Nationalsozialismus waren für ihn die Antwort auf eine andere totalitäre Ideologie: die des Bolschewismus und seiner Revolution von 1917. Mit dieser Verknüpfung des Bolschewismus und des Faschismus auf der Basis gemeinsamer totalitärer Strukturen meinte Nolte, dem Gebrauch eines ihres Epochengehaltes entleerten inflationistischen Faschismus-Begriffes wissenschaftlich einen Riegel vorgeschoben zu haben.

Das Gegenteil war der Fall. Mit dem Generations-Aufstand der 68er übernahm in der Faschismus-Forschung die marxistische Dogmatik die Führung und stützte sich auf den Vergleich wirtschaftlicher Strukturen. Damit machte die neue Theorie - wieder im Sinne eines "erkenntnisleitenden Interesses" - es möglich, den angeblich "unleugbaren Unterschied" zwischen dem Nationalsozialismus und Stalinismus auf der Basis der Wirtschaftsformen herauszuarbeiten. Endlich war man den Stein, den die Totalitarismus-Theorie der Konservativen den Linken um den Hals gehängt hatte, indem sie den sowjetischen Kommunismus auch nicht besser fand als den Nationalsozialismus, ein für allemal los. Der Vorwurf, daß die neue "vergleichende Theorie des Faschismus" die Einmaligkeit des rassistischen Nationalsozialismus unter den Begriff des Faschismus subsumiere und damit den revolutionären Charakter des NS-Herrschaftssystems verharmlose, störte sie nicht. Vielmehr warfen sie anderseits der Totalitarismus-Theorie vor, nichts anderes als nur ein Mittel der psychologischen Selbstbehauptung zu sein.

Die auf den Gedanken der 68er aufgebaute "vergleichende Theorie des Faschismus", in der nicht mehr der Totalitarismus, sondern nur noch die wirtschaftlichen Strukturen zählten, löste aber nicht nur die den Linken so verhaßte Verknüpfung zwischen Stalin und Hitler auf, sondern ermöglichte es ihnen darüber hinaus, sich sozusagen neben sich selbst zu stellen. Als Linke hatten sie schon immer die faschistische Wirtschaft verabscheut. Also waren alle, die sich dem faschistischen Wirtschaftssystem gebeugt hatten (oder noch beugten!), Faschisten, die anderen - nämlich sie - waren keine. Die Gliederung der Welt in Faschisten und, wie sie sich empfanden, "Gutmenschen" begann.

"Wenn die 'Totalitarismus-These'", schreibt Professor Christian Meier, "die Einzigartigkeit der Verbrechen umging, indem sie das nazistische Deutschland mit der stalinistischen Sowjetunion in eins setzte, so tat es die Faschismus-These, indem sie es in der Reihe der anderen faschistischen oder gar kapitalistischen Systeme aufgehen ließ, um sich selbst auf die Gegenseite zu stellen." Eben: - auf die Gegenseite zu stellen. Man stellte sich nicht mehr den Verbrechen unserer Geschichte, die es aufzuarbeiten galt, sondern überließ das den anderen, verließ selbst das Theater und war an nichts mehr mitschuldig.

Genau an dieser Stelle beginnt die Skandalgeschichte des MGFA. 1969 hatte Dr. Manfred Messerschmidt sein Buch "Die Wehrmacht im NS-Staat" vorgelegt, in dem zum ersten Mal die Wehrmacht unter Gesichtspunkten, wie sie die 68er in ihrer vergleichenden Faschismus-Theorie entwickelt hatten, untersucht wurde. Und als dann Messerschmidt das Vorwort zum 4. Band der Prestigereihe des MGFA "Das Deutsche Reich und der Zweite Weltkrieg" schrieb, hieß es dort: "Die Mitarbeiter des Militärgeschichtlichen Forschungsamtes sind davon ausgegangen, daß sie ebenfalls mit Perspektiven arbeiten müssen, wenn der gewaltige Stoff strukturiert werden soll ... Diese Konzeptionen und Dispositionen gingen aus von einer Interpretation des Zweiten Weltkrieges als einer Auseinandersetzung *zwischen autoritären und totalitären Wirtschaftsordnungen mit regional begrenzten Zielen - Deutschland, Italien, Japan - einerseits und den universale Ordnungsideen vertretenden westlichen Demokratien und der Sowjetunion anderseits."* Die Welt gegliedert in Faschisten, die unangreifbaren westlichen Demokratien und die *universelle Ordnungsidee der Sowjetunion.* Viel genauer kann man sie marxistische Faschismus-Theorie kaum beschreiben.

Messerschmidt war bereits 1970 mit dem Titel "Direktor und Professor" als "Leitender Historiker" zu einer der führenden Figuren im MGFA aufgestiegen und hat seine Position 18 Jahre lang gehalten. In der Zwischenzeit war die Geschichte der Geschichts-Theorie weitergegangen. Für Messerschmidt ist sie bis heute stehen geblieben.

Im Bereich der Linken ist die nächste Entwicklung durch eine Inflation des Faschismus-Begriffes gekennzeichnet. "Der inflationäre Gebrauch des Faschismus-Begriffs, nicht nur in kommunistischer Propaganda, sondern verstärkt auch wieder in 'bürgerlicher' Publizistik und Wissenschaft", schreibt Professor Karl Dietrich Bracher, "bedeutet im Grunde eine Bagatellisierung totalitärer Diktatur, weil damit alles in einen Topf geworfen wird: ob es sich um Militär-Regime, Entwicklungs-Diktaturen, lateinamerikanische Oligarchien handelt, oder ob gar westliche Demokratien an ihren Krisenpunkten als faschistisch beschimpft werden." Und genau damit hat sich die Linke eine semantische Waffe geschaffen, die es ihr ermöglicht, jede Diktatur im Kampf gegen den "Faschismus" als moralischen Partner darzustellen und jede Demokratie, da ja im Kern faschistisch verrottet, als unmoralisch zu bekämpfen.

Das Wort "faschistisch" wurde das unreflektierte Standard-Adjektiv für alles, was die Linke haßte.

Mit alledem konnte sich die unabhängig denkende Geschichtswissenschaft natürlich nicht zufrieden geben und so begann dann auch als erster Professor Ernst Nolte an den von der damaligen "political correctness" auferlegten Fesseln zu zerren. 1980 hielt er vor der Carl-Friedrich-von-Siemens-Stiftung in München einen Vortrag, der dann gekürzt in der FAZ erschien: "Zwischen Geschichtslegende und Revisionismus? Das Dritte Reich im Blickwinkel des Jahres 1980". Revision also des Totalitarismus-Konzepts, der Strukturen-Theorie der Historiker und der vergleichenden Faschismus-Theorie der Marxisten. Aber als er dann die Quintessenz seiner Gedanken 1986 bei den "Römerberg-Gesprächen" in Frankfurt vorlegen sollte und, dort wieder ausgeladen, seine Gedanken schließlich in einem FAZ-Artikel darlegte, ging es wie ein Sturm durch die Bundesrepublik und in dessen Zentrum breitete sich der Vorwurf aus, Nolte sei nichts anderes als ein Apologet des Nationalsozialismus. Der linke 68er-Professor Peter Steinbach, von dem in dieser Schrift noch die Rede sein wird, meinte, Nolte bewege sich im Dunstkreis wohlbekannter rechtsextremistischer Schriften und werde für einen aufkommenden Rechtsextremismus mitverantwortlich sein. Damit war ein Punkt angesprochen, der in der gesamten Nachkriegszeit die offene intellektuelle Diskussion unterdrückt hatte.

Revision ist, wie gesagt, ein Lebenselixier der Geschichtsforschung. Insoweit nämlich als sie immer wieder die Komplexität der Geschichte von neuem erkennbar machen muß und die Zusammenhänge immer sichtbarer. Die Schwarz-weiß-Bilder der Vergangenheit müssen ständig überprüft und gegebenenfalls komplettiert werden. Wer das nicht tut, verrät die Geschichtswissenschaft. Wer es tut, wird allerdings in der Regel als Apologet beschimpft. Auf Dauer muß sich die Historie aber einfach dem juristischen Prinzip der Anklage und Verteidigung beugen, wenn sie ihren Anspruch, auf der Suche nach der Wahrheit zu sein, nicht aufgeben will - und das selbst dann, wenn damit die "kulturelle Hegemonie" verletzt wird.

Hier liegt eine der wesentlichen Sonderheiten der deutschen Nachkriegsgeschichte. Was die Alliierten 1945 in Deutschland vorfanden, war ein verstörtes Volk, das mit den Nazis schlechte Erfahrungen gemacht hatte, aber von Demokratie nichts verstand. Man mußte sie Demokratie erst lehren und jede Störung dieses Vorganges sollte so lange und so gut es ging, von dem Lernvolk ferngehalten werden. Ein selbst durch die alliierten Kriegsverbrecher-Prozesse nicht besonders genau überprüftes Geschichtsbild wurde also zum Bestand der kulturellen Hegemonie eines Staates, der Bundesrepublik Deutschland, die sich ja als Grundlage auf nichts anderes als eben auf dieses Stück festgenagelter Geschichte beziehen konnte. Es entstanden Tabus und das war sehr wohl zu verstehen, denn Störungen der mühsam gefundenen Übereinkünfte, was denn nun wahr und was nicht wahr sei, blieben für das Ergebnis der Umerziehung gefährlich. Und gerade weil die Umerziehung dann im wesentlichen sogar gelang, fand die pädagogische Einseitigkeit der intellektuellen Szene in unserem Lande sogar ihre Berechtigung. Wenigstens zunächst. Denn je gefestigter sich die Demokratie in der Bundesrepublik zeigte, je länger der Krieg zurücklag, umso stärker wuchs der Wunsch, sich Frageverboten zu entziehen und minderte sich zugleich die Gefahr, daß Antworten auf prekäre Fragen politischen Schaden anrichten könnten. Das Dritte Reich und seine Verbrechen wird niemand reinwaschen können, weil die Fakten einer solchen Mohrenwäsche den Weg versperren, aber, was geschah, kann gerechter beurteilt werden.

Schon das Thema der "Römerberg-Gespräche" von 1980 war provozierend: "Die Vergangenheit, die nicht vergehen will". Hieß das nicht: man solle vielleicht besser endlich einmal Schluß machen? Die Vergangenheit ruhen lassen? Schwamm drüber? Was Nolte damals vortrug, was alle seine späteren Verteidiger selbst auch immer wieder unterstrichen, meinte das nicht. Schon 1980 hatte er betont: "Die Gewalttaten des Dritten Reiches sind singulär..., die Vernichtung von mehreren Millionen europäischer Juden und auch vieler Slawen, Geisteskranker und Zigeuner ist nach Motivation und Ausführung ohne Beispiel und sie erregte insbesondere durch die kalte unmenschliche und technische Präzision der quasi industriellen Maschinerie der Gaskammern ein Entsetzen ohne gleichen". Aber schon danach hieß es auch, daß "im Nachhinein bloß die Stimmen der Opfer vernehmbar waren". 1986 wies er erneut daraufhin, daß es sehr wohl um eine Auseinandersetzung ginge, "die von einem Schlußstrich" ebenso weit entfernt ist wie von der immer wieder beschworenen "Bewältigung". Alle Helfer Noltes (wie auch der Autor dieser Schrift) gehen von der Singularität der von dem Dritten Reich verübten Judenmorde aus. Der Wissenschaft darf aber nicht verboten werden, nach vergleichbaren Vorgängen zu fragen (ohne daß das eine das andere entschuldigte), ihr darf nicht verboten werden, die Bestimmung der Singularität vorzunehmen. Das aber war es, was Nolte und seine Kollegen taten - und was dann den radikalen Widerspruch von Habermas hervorrief.

Dabei ging es Habermas damals womöglich gar nicht so sehr um die wissenschaftlichen Forschungsergebnisse Noltes, als vielmehr um die Befürchtung, daß mit ihnen der Versuch gemacht werden könne, im Zusammenhang mit den um diese Zeit von der Bundesregierung geplanten Museen, des Deutschen Historischen Museums in Berlin und des Hauses der Geschichte der Bundesrepublik in Bonn, eine sinnstiftende konservative Geschichte der Deutschen und so eine postkonventionelle Identität der Deutschen aufzubauen, die statt eines einzig möglichen "Verfassungspatriotismus" das konservative "Tam-Tam" der europäischen Mittellage Deutschlands wieder aufwärmen wollte. In dieser Streitschrift wird auf eben dieses Problem in dem Kapitel über die Tradition noch einmal ausführlich eingegangen werden.

Der Fettnäpfchen, in denen Nolte nun herumzuwandern begann, fanden sich viele: zwischen dem Archipel GULag und Auschwitz gäbe es einen kausalen *Nexus*, eine Verknüpfung: "War nicht der

'Archipel GULag' ursprünglicher als Auschwitz? War nicht der 'Klassenmord' der Bolschewiki das logische und faktische *Prius* des Rassenmordes der Nationalsozialisten?" Nicht mehr als eine Folge davon also? "Vollbrachten die Nationalsozialisten, vollbrachte Hitler seine 'asiatische' Tat vielleicht nur deshalb, weil sie sich und ihresgleichen als potentielle oder wirkliche Opfer einer 'asiatischen' Tat betrachteten?" Was Nolte forderte, war eine Befreiung von der Tyrannei des kollektivistischen Denkens, war die Forderung nach der entschiedenen Überwindung einer durchaus nur *angeblich* freiheitlichen Ordnung, "einer Ordnung, welche die Kritik zwar zuläßt und ermutigt, so weit sie sich auf Handlungen, Denkweisen und Tradition bezieht, also auch auf Regierungen und Organisationen aller Art, die aber die Kritik an Gegebenheit mit dem Stigma des Unzulässigen versehen muß, von denen die Individuen sich nicht oder nur unter größten Anstrengungen lösen können, also die Kritik an 'den Juden', 'den Russen', 'den Deutschen' oder 'den Kleinbürgern'. Sofern die Auseinandersetzung mit dem Nationalsozialismus gerade von diesem kollektivistischen Denken geprägt ist, sollte endlich ein Schlußtrich gezogen werden."

In den nun monatelang währenden wissenschaftlichen Auseinandersetzungen, die hier im einzelnen nicht behandelt werden können, kamen so gut wie alle Argumente für und wider die geschilderten historischen Leittheorien zur Sprache. Was den Historikerstreit in dieser Auseinandersetzung auszeichnet, war, daß zum ersten Mal in der Nachkriegsgeschichte eine ganze Anzahl von bisher ängstlich gehüteten Tabus offen angesprochen wurden. Vor allem waren es zwei Themen, welche die Diskussion beherrschten, die Singularität der nationalsozialistischen Rassenverbrechen und das Recht auf historische Vergleiche zwischen dem Dritten Reich und der zu dieser Zeit (1986) noch ungebrochenen UdSSR.

Unter denen, die alte Tabus unerschrocken aufzubrechen begannen, sticht wegen seiner Klarheit und schriftstellerischen Eleganz der Mitherausgeber der FRANKFURTER ALLGEMEINEN ZEITUNG, Joachim Fest, hervor, der sich als Autor der bisher umfassendsten Biographie Adolf Hitlers in der Geschichtswissenschaft einen guten Namen gemacht hat. Zunächst weist er die infame Unterstellung von Habermas zurück, Nolte leugne die "Singularität der Naziverbrechen dadurch, daß er sie als Antworten auf (heute fortdauernde) bolschewistische Vernichtungsdrohungen mindestens verständlich" mache und weist auf Noltes Forderung nach "Vergleichbarkeit" hin. Nolte hatte die Singularität der Judenmorde in gewissem Umfang an der "fabrikmäßigen Vernichtung" abgestützt. Fest läßt nun aber auch dieses Argument nicht mehr gelten und reiht die Verbrechen des Dritten Reiches an den Juden in die Geschichte ein.

In der Regel werden vier Argumente angeführt, aus welchen Gründen der Mord an den Juden den Charakter der Singularität trüge. Erstens habe die Unmenschlichkeit der Endlösung nicht nach Schuld oder Unschuld gefragt, sondern die rassische Zugehörigkeit zur ausschließlichen Ursache der Entscheidung über Leben und Tod gemacht. "Aber", schreibt nun Fest, "Ende 1918 erklärte einer der ersten Chefs der Tscheka, der Lette Martyn Latsis in einer Rede vor Kommissaren, daß im Zuge der bolschewistischen Revolution nicht mehr die Frage der Schuld, sondern die soziale Zugehörigkeit Strafe und Liquidation nach sich ziehe: 'Wir sind dabei, die Bourgeoisie als Klasse auszurotten. Sie brauchen nicht nachzuweisen, daß dieser oder jener gegen die Interessen der Sowjetunion gehandelt hat. Das erste, was sie einen Verhafteten zu fragen haben, ist: zu welcher Klasse gehört er, wo stammt er her, was für eine Erziehung hat er gehabt, was ist sein Beruf? Diese Fragen sollen das Schicksal des Angeklagten entscheiden. Das ist die Quintessenz des roten Terrors.' Und bei Alexander Solschenizyn kann man nachlesen, wie buchstäblich danach verfahren wurde. Stand aber, wenn es sich so verhält, die gleiche Auffassung nicht hinter den 'Schuldsprüchen' des Reichssicherheitshauptamtes, nur daß hier nicht soziales, sondern ein biologisches Sein als todeswürdig angesehen wurde? Im einen wie im anderen Falle gab es keine Möglichkeit der Rechtfertigung oder des Unschuldsbeweises, weil es um Schuld oder Unschuld gar nicht ging, sondern bloß um Zugehörigkeiten. Hier zu einer Klasse, dort zu einer Rasse."

Zweitens wurde zur Begründung der Singularität von Auschwitz und für die Morde, für die sie steht, die administrative und mechanische Form, in der Massenmorde vollzogen wurden, angeführt. Der Begriff des Schreibtischmörders hat etwas Erschreckendes, "aber", so Fest, "kann man glauben, daß das Ausrottungswerk Stalins auf wesentlich andere, weniger administrative Weise vollbracht wurde?... Kann man, sofern man es nicht aus den zugänglichen Quellen weiß, im Ernst annehmen, es habe dafür keine weitverzweigte Bürokratie mit Aktensichtvermerken und Schreibtischtätern gegeben? Gewiß bedeuten Gaskammern, mit deren Hilfe die Exekutoren der Judenvernichtung zu Werke gingen, eine besonders Abscheu erregende Form des Massenmordes und mit Recht sind sie zu einem Symbol für die technizistische Barbarei des Hitlerregimes geworden. Aber läßt sich wirklich sagen, daß jene Massenliquidierungen durch Genickschuß, wie sie während der roten Terrors über Jahre üblich waren, etwas qualitativ anderes sind?"

Als drittes Argument wird angeführt, daß die Rückfälle des Dritten Reiches in die Unmenschlichkeit sich in einem alten Kulturvolk ereignet hätten, in dem diese Unmenschlichkeiten eben nur umso schwerer wögen. "Aber", wieder Fest, "sollte es wirklich zulässig sein, damit vor alle Welt hinzutreten?... Denn streng genommen, setzt dieses Argument die alte Nazi-Unterscheidung fort, wonach es höhere Völker gibt und Völker auf primitiverer Stufe, die nicht einmal vom Tötungsverbot wissen. Wer empfindlicher ist, wird den Hochmut erkennen, der darin steckt, - die alte Herrenvolksgesinnung, wenn auch verborgen unter einer Demutsgeste."

Die Berichte über das Deportieren, Morden und Austilgen ganzer Bevölkerungsgruppen in der UdSSR mag übertrieben gewesen sein. Doch haben sie sicher einen zutreffenden Kern enthalten. Fest: "In aller Verzerrung gaben sie Hitlers Ausrottungskomplexen einen realen Hintergrund. Und daß unter denen, die der schon bald in

Chaos und Schrecken auslaufenden Münchner Räterepublik vorgestanden hatten, nicht wenige Juden gewesen waren, verschaffte überdies seinen antisemitischen Obsessionen eine scheinbare und jedenfalls agitatorisch nutzbare Bestätigung." So aus der Luft gegriffen, meint Fest, sei Noltes These, die Ereignisse in Rußland seien das "logische und faktische Prius" zu Auschwitz und zwischen beiden sei ein "kausaler Nexus" wahrscheinlich, eben auch wieder nicht.

Gegen diese Verknüpfung mit dem Kommunismus verweisen die linken Ideologen und verweisen auch die an dem Historikerstreit teilnehmenden Historiker immer wieder auf das "Humanum" hin. "Der Kommunismus", so wird behauptet oder stillschweigend vorausgesetzt, "reiche selbst in der sowjetrussischen Ausprägung, sofern man sich der Ursprünge erinnert, auf einen großen humanitären Ideenbestand zurück. Ein unverbrauchbarer Rest davon bleibt ihm immer erhalten. Weder die Leiden, die er verursacht, noch die ungezählten Toten, die er gefordert habe, löschten diese Herkunft aus. Dem gegenüber entstamme der Nationalsozialismus dem inferioren Gedankenmüll völkischer Sektierer, wie er um die Jahrhundertwende in Traktaten und Groschenheften unter die Leute kam". Nur lassen die Verteidiger des "Humanum" ständig außer Acht, daß Kommunisten unter dem Begriff "Vernichtung" nicht nur physische, sondern ganz offenbar auch die gesellschaftliche oder historische Ausschaltung des Gegners im Auge hatten. "Wenn Lenin verlangte, die russische Erde von den 'Hunden und Schweinen der sterbenden Bourgeoisie' freizumachen und Sinowjew ungerührt über die Auslöschung von 10 Millionen Menschen sprach, war das jedenfalls nicht mehr bloß metaphorische Radikalität, sondern schon die Konsequenz daraus. Schwerlich ist aber nachzuweisen, daß es sich bei dem Nationalsozialismus anders verhält und wer will entscheiden, ob er sich mit seinen Untaten nicht auch im Netz verbaler Exzesse verstrickte? Martin Broszat und Hans Mommsen jedenfalls haben in einem Diskussionsbeitrag zum Mord an den Juden eben diese Überlegung auf das NS-Regime angewendet und behauptet, dessen Führung habe nicht von vornherein zielgerichtet auf die sogenannte Endlösung hingewirkt. Vielmehr seien sie zu Gefangenen eines Prozesses geworden, den sie selber durch ihre Phraseologie, durch die Gesetzgebung und einen Komplex sich gegenseitig bedingender und verschärfender Aktivitäten erst in Gang gesetzt hätten..."

Das alles räumt den Hinweis auf die unterschiedliche Abkunft der Ideologien nicht aus. Aber gerade, wenn man diesen Hintergrund ernst nimmt, liegt die Frage nahe, warum von dem großen Geschichtsgedanken und der sozialen Vision des Kommunismus in der Wirklichkeit so gut wie nichts, aber auch gar nichts bewahrt blieb?

Am 20. November 1986 schrieb Professor Christian Meier, von 1980 bis 1988 Vorsitzender des Verbandes der Deutschen Historiker, und in seiner Bemühung um die Ausgewogenheit eines Urteils so besonders sympathische Gelehrte in der FAZ einen Artikel, den er mit dem Titel "Kein Schlußwort" überschrieb. In der Tat äußerten sich nach ihm noch einmal 15 Autoren in 18 Beiträgen, aber als eine Art Schlußwort waren Meiers Ausführungen doch gemeint. Er suchte eine Art Mitte. Aber kann es sie geben, solange nicht alle Tabus ausgelotet sind? Das Problem der Singularität, meinte er, sei nach Noltes letztem Artikel (DIE ZEIT, 31. Oktober 1986) nicht mehr strittig und Eberhard Jäckel habe es am klarsten formuliert: "Ich behaupte..., daß der nationalsozialistische Mord an den Juden deswegen einzigartig war, weil noch nie zuvor ein Staat mit der Autorität eines verantwortlichen Führers beschlossen und angekündigt hatte, eine bestimmte Menschengruppe einschließlich der Alten, der Frauen, der Kinder und der Säuglinge möglichst restlos zu töten und diesen Beschluß mit allen nur möglichen staatlichen Machtmitteln in die Tat umzusetzen." Aber was Jäckel hier formulierte, stimmte mit Noltes Auffassungen nach wie vor grundsätzlich nicht überein. Nolte verwahrte sich gegen die Unterstellung, daß nur die Nationalsozialisten Frauen und Kinder getötet hätten, und verwies darauf, daß die Bolschewisten mit dem Zaren zugleich die Zarin, die Kinder, den Leibarzt und die Kammerfrauen ermordeten und in Petersburg und Moskau nach einem Attentat auf Lenin "zur Vergeltung" Hunderte von Bourgeois und Offiziere erschossen. Genau damit aber habe die kollektivistische Schuldzuschreibung und die Entwicklung daraus resultierender Vernichtungsmaßnahmen begonnen. Seine Thesen von dem Prius des kommunistischen Terrorismus und dem Nexus zwischen GULag und Auschwitz erhielt er aufrecht, obwohl er sie im Laufe des Streits geringfügig modifizierte, es aber für unzulässig hielt, den Zusammenhang nicht wahrhaben zu wollen. Was die "industrielle Austilgung" anging, wies er darauf hin, daß die etablierte Literatur zwar die schändlichen Kommentare der völkischen Presse zur Ermordung Walter Rathenaus häufig zitiere, nicht aber die im Grund weit schlimmeren Äußerungen Kurt Tucholskys* aus dem Jahre 1927, mit denen er den Frauen und Kindern der deutschen Bildungsschicht in plastischen Wendungen den Gastod wünschte.

Meier hat recht, wenn er feststellt, daß in unserem Land das Bewußtsein von den verübten Untaten, so wie die Geschichte nach 1945 verlief, allzu tief in die Grundlagen der Bundesrepublik (und damit auch des Deutschlands nach 1989) eingebrannt seien, als daß man über sie hinweggehen könnte. "Noltes Hoffnung, durch Hinweis auf die anderen millionenfachen Morde, das Bedrängende an unserer NS-Vergangenheit abarbeiten zu können, wird gewiß nicht in Erfüllung gehen. Will man, wofür vieles spricht, die nationalsozialistische Vergangenheit daran hindern, negativer Mythos vom absoluten Bösen zu werden oder zu bleiben, so wird man andere Wege gehen müssen". Aber welche? Den negativen Mythos vom absoluten Bösen kann man der Geschichte keines Volkes auf Dauer zumuten.

---

*Fussnote: "Möge das Gas in die Spielstuben eurer Kinder schleichen. mögen sie langsam umsinken, die Püppchen. Ich wünsche der Frau des Kirchenrates und des Chefredakteurs und der Mutter des Bildhauers und der Schwester des Bankiers, dass sie einen bitteren qualvollen Tod finden, alle zusammen." (Tucholsky, Gesammelte Werke Band 2: 1925-1928)

Meier hat darauf keine Antwort und endet in Resignation: "Selbst wenn die deutschen Verbrechen nicht einzigartig gewesen wären, was wäre für uns und unsere Stellung in der Welt gewonnen?" Für unsere Stellung in der Welt gar nichts. Der Welt genügt unser Geld. Aber für unser Selbstverständnis, für den Frieden unseres Volkes mit sich selbst alles. Im Rahmen des Historikerstreits hat der hoch angesehene Historiker Professor Hagen Schulze auf die Frage, ob die nationalsozialistischen Verbrechen singulär seien, genau das gesagt, was es in dieser Frage zu sagen gibt: "Auf der Ebene der Geschichtswissenschaft beantwortet sich die Frage von selbst. Jede geschichtliche Erscheinung ist singulär oder muß uns jedenfalls so vorkommen, denn jeder einzelne historische Fall steht im Kreuzpunkt von unbestimmbar vielen Ursachenketten, die ihrerseits aus einer ungewissen Zahl anderer miteinander verknüpfter Fälle bestehen und in ihrer Gesamtheit weder beschreibbar, noch analysierbar sind. Das heißt aber nicht, daß ein beliebiger historischer Fall nicht vergleichbar wäre".

Warum können wir als Deutsche nicht die Schuld der Singularität der Judenmorde auf uns nehmen und uns zu ihnen bekennen, ohne dabei verdrängen zu müssen, daß es in der Geschichte viele Singularitäten gibt und die Deutschen in der Geschichte der Menschheit nicht als Einzige Schuld auf ihre Schultern geladen haben, sondern viele andere Völker auch. Das mit Zähnen und Klauen von so vielen verteidigte Bild der Welt, in der es nur Gute und einen einzigen Schlechten gibt, bedarf der Revision. Zumindest, wenn die historische Wissenschaft etwas von sich hält. Vergehen wird das Bild sowieso, und wenn nicht anders, dann durch die Erosion des Vergessens. Die Zeit geht über so viele Denkmäler hinweg, von denen niemand mehr weiß, was sie bedeuten.

Auf der Suche nach nationaler Identität

Während des Historikerstreits wußte Jürgen Habermas drei Gründe vorzutragen, warum die Suche nach einer nationalen Identität nichts anderes als ein reaktionärer Vorstoß der Revisionisten sei: es ginge ihnen um die Relativierung des Stellenwertes der negativ besetzten NS-Zeit; man wolle nur die guten und die bösen Eltern zu einem komplexen Bild derselben Person zusammensetzen, deren böse Züge damit verschwänden; und man suche den Zugang zur Wiedergewinnung alter belasteter Traditionen. In Wirklichkeit geht es um viel mehr und eben nicht um die Wiedergewinnung der Vergangenheit, sondern um eine tragfähige Perspektive für die Zukunft.

Angestossen hatte die Frage der nationalen Identität Michael Stürmer, als er am 25. April 1986 in der FAZ schrieb: "Die Suche nach der verlorenen Geschichte ist nicht abstraktes Bildungsstreben: sie ist moralisch legitim und politisch notwendig, denn es geht um die innere Kontinuität der deutschen Republik und ihre außenpolitische Berechenbarkeit. In einem Land ohne Erinnerung ist alles möglich."

Damit war der Streit in vollem Umfange entbrannt. Habermas warf Stürmer geopolitisches Tam-Tam um Deutschlands geographische Mittellage vor, beschwor als Gegenstück eine "postkonventionelle Identität", und plädierte dafür, nationale Identität durch einen "Verfassungspatriotismus" zu ersetzen, ohne dabei zu beachten, daß in der Präambel der Verfassung die Wiedervereinigung als Staatsziel festgeschrieben wurde, und daß er somit forderte, was er als Linker im gleichen Atemzug auf das Heftigste ablehnte. Hier wird zunächst einmal deutlich, daß damals die zwei deutschen Staaten noch nicht wieder vereinigt waren und die Diskussion damit vor einem besonderen Dilemma stand, nämlich, daß hier über die Identität in einem Nationalstaat gestritten wurde, den es nicht gab.

Die Frage einer nationalen Identität stand insoweit einfach noch nicht auf der Tagesordnung, aber für die Linke hieß das bereits, daß sich an diesem Zustand auch nichts mehr ändern würde und ändern dürfe. Daher das Ausweichen auf die Kunstfigur eines Verfassungspatriotismus, der sich in den Augen des linksliberalen Historikers Martin Broszat in der Kulturnation der Deutschen erst nach Auschwitz überhaupt hat bilden können, sich aber dann eben auch glücklicherweise gebildet habe: Beginn der deutschen Geschichte also im Jahre 1945 und Ersatz der Tradition durch Politik.

Es war der Professor für alte Geschichte, Christian Meier, der in seiner Eröffnungsrede zur 36. Versammlung deutscher Historiker in Trier am 8. Oktober 1986 zusammenfaßte, was die deutsche Geschichtswissenschaft zur Frage der nationalen Identität zu sagen hat. Da sei vor allem die Frage zu stellen, ob der Verfassungspatriotismus tatsächlich die einzige Form nationaler Identität sein könne, die uns bliebe. Michael Stürmer sehe das immerhin ganz anders und es liessen sich durchaus Gründe für seine abweichende Meinung vorbringen. Schließlich wäre auch die nächste Frage zu stellen, "ob nämlich eine an die ganze deutsche Geschichte anknüpfende nationale Identität", wie Habermas meint "nur die konventionelle, oder ob sie nicht vielmehr eine neue sein kann und muß. Sie mag dann an das Alte anknüpfen. Vielleicht in manchem so, wie auch andere Völker es an ihre vordemokratische Vergangenheit tun; in durchaus demokratischer, also zu kritischer Verarbeitung vieler Spannungen sich befähigender Identität. Denn die deutsche Geschichte kann ja nicht insgesamt sub specie des Nationalsozialismus betrachtet werden. *Vielleicht ist nationale Identität geradezu erforderlich, wenn wir uns unsere Geschichte als der eigenen voll aussetzen wollen, um es ganz mit ihr aufzunehmen".*

Inzwischen sind seitdem elf Jahre vergangen. An der Problematik der Frage hat sich wenig geändert. Die Linke verharrt, wie in so vielen anderen Fragen, in starrem Konservativismus und in der noch immer nicht vergangenen Verehrung des blütenreinen "Humanum" des Kommunismus. Sie bekämpft weiter jeden Versuch, in unserem Lande nationale Identität vorsichtig wachsen zu lassen. Der Beginn der Geschichte bleibt in den Medien und der linken intellektuellen Umwelt über die "political correctness" fest auf das Jahr 1945 festgelegt. Wer nicht links ist, ist Faschist, Deutsche sind geborene Antisemiten und Soldaten Mörder. Wanderausstellungen, welche die Wehrmacht als eine Mörderorganisation darstellen, treiben immer weitere Keile in unsere Gesellschaft und helfen nicht zu heilen, sondern walzen jeden Ansatz zur Gesundung nieder. Wie schreibt doch Michael Stürmer: "Orientierungsverlust und Identitätssuche sind Geschwister". Wer die Suche nach der Identität nach dem Selbstverständnis der eigenen Nation bekämpft, bewirkt Orientierungsverlust. Und Orientierungsverlust bedeutet den Verlust richtungsweisender Werte. Er hat bei uns einen bisher noch nie dagewesenen Umfang erreicht, aber vielleicht noch nicht einmal seinen Höhepunkt: "In einem Land ohne Erinnerung ist alles möglich."

Man mag Broszat mit seiner Forderung nach der notwendigen Filterfunktion des Dritten Reiches bei der Betrachtung unserer Geschichte ein Stück des Weges folgen. Aber wenn er Stürmer vorwirft, daß dieser neben der rationalen Bejahung des demokratischen Pluralismus und der universalistischen Prinzipien des westlichen Verfassungs- und Rechtsstaates nichts anderes im Sinne habe als die "mit priesterlicher Gebärde" betriebene Beschwörung vormoderner gemeinschaftsstiftender Eliten, Konventionen und Kulturen, erweist er sich in seiner Einseitigkeit als unerträglich, entlarvt sich als ideologischer Polemiker und disqualifiziert sich als Wissenschaftler.

Im Verständnis von Stürmer eröffnet allein die Geschichte den Weg zum Selbstverständnis einer Nation. Er behauptet, daß ein Gemeinwesen, das sich seiner Geschichte zu entziehen suche, im Bewußtsein seiner Bürger nicht zu überdauern vermöge, daß der Verlust der Geschichte und die Zerstörung des Verfassungskonsens unsere Gegenwart bedrohten und daß Deutschland sehr wohl den besten Teil seiner Geschichte hinter sich haben könne, wenn es uns nicht gelänge, uns auf einen elementaren Lehrplan der Kultur zu einigen und Maß und Mitte des Patriotismus wieder zu finden. In der Tat wissen schon viel zu viele unserer Mitbürger nicht mehr, wer sie sind und warum sie sind, und in ihrer Hilflosigkeit versuchen sie in Beliebigkeit, Eigennutz, Hedonismus, Verzweiflung, Drogen, Hass und Verbrechen Halt zu finden. Vielleicht sollte die Linke irgendwann einmal begreifen, daß ihr Haß auf die Geschichte die vernünftige Verarbeitung des Holocaust in unserem zur Geschichtslosigkeit erzogenen Volke eher erschwert, wenn nicht verhindert. Es geht bei nationaler Identität nicht um historischen Patriotismus, sondern um eine Selbstsicherheit, die auch Schuld und Sühne in den Strom einer nie endenden Gechichte einzuordnen weiß und sich nicht mit der gebetsmühlenartigen Wiederholung von interessierter Seite eingepaukter Betroffenheitsformeln begnügt.

Nationale Identität kennt die Nation, aber ist nicht nationalistisch. Identität meint nicht Politik, sondern ist auf das engste mit der Kultur eines Volkes verknüpft, mit seinen Domen, seiner Musik, seinen Denkern, seiner Literatur, seinen Sitten und zugleich mit seiner Geschichte und mit den in ihr aufgezeichneten Heldentaten und seinen Verbrechen. Das aber bedeutet auch, daß, wie Professor Dr. Karl-Christoph Schweitzer am 28. Dezember 1996 in der FAZ schrieb: "... wir Deutschen unsere heutige junge und jüngste Generation - und damit auch alle künftigen - 50 Jahre danach nicht mehr mit Appellen an eine moralisch gebotene Übernahme von gesamtnationaler Mitverantwortung für Geschehenes 'belasten' dürfen. ...

Würde man die jeweils junge Generation (immer) weiter belasten wollen, so müßten zwangsläufig alle Versuche zu einer auch in einem sich integrierenden Europa unerläßlichen Wiederfinden von nationaler Identität der Deutschen auf das schwerste beschädigt werden." Genau das ist der Punkt. Die Gnade der Wiedergewinnung einer nationalen Identität mag der Generation, die das Dritte Reich erlebt hat und dann fast 50 Jahre in dem Zerrbild zweier deutscher Staaten mit sich antagonistisch gegenüberstehenden Gesellschaftssystemen hat leben müssen, vielleicht nicht mehr zuteil werden. Aber ohne ihre Wiedergewinnung wird es weder ein Zusammenwachsen von Ost- und Westdeutschland geben, noch den Bestand einer deutschen Demokratie im Rahmen eines geeinten Europas. Wer Nation mit Nationalismus verwechselt, denkt an eine nie wieder zu belebende Vergangenheit. Wer die Nation anderseits als den umfassenden Begriff der in der spezifischen Ausprägung eines Volkes gegründeten kulturellen und der aus seiner Geschichte geformten Identität begreift, schafft für die Zukunft eines Vereinten Europas überhaupt erst die Voraussetzung. Das Europa von morgen kann nicht imperialistisch und damit auch nicht nationalistisch sein. Es kann aber auch nicht universalistisch sein, weil die nationalen Strukturen seiner Mitglieder, ob es da um England geht, um Frankreich, Spanien, Italien, Polen oder Ungarn viel zu tief in die Seele aller dieser Völker eingegraben sind, als daß sie sich schleifen liessen. Noch aber wird und kann und will dieses Europa der Zukunft multi-kulturell sein, und wenn nicht die Deutschen, so werden schon unsere europäischen Partner dafür sorgen, daß es das nicht wird. Europas Zukunft liegt in dem engen und immer enger werdenden politischen Verbund von europäischen Nationen als Träger einer jeweils typischen nationalen und kulturellen Identität. Dieses Ziel anzustreben, ist es, was die Einigung Europas zu dem Schlußstein einer 1500 Jahre währenden Geschichte und zum Jahrhundertereignis des kommenden Jahrtausends machen könnte.

Zurück zur Gegenwart. Die Bildung eines Traditionsverständnisses der Streitmacht in unserem Lande fällt in eine besonders schwierige Phase unserer Geschichte. Sie kann sich nicht auf eine nationale Identität stützen und hat zugleich eine vielschichtige Vergangenheit zu verarbeiten. Sie mußte die Verbrechen des Dritten Reiches, dem sie als Wehrmacht gedient hatte, in ihr Bild einordnen, aber auch das Phänomen des Widerstandes, wie des Attentats deutscher Offiziere auf Adolf Hitler am 20. Juli 1944. Und eben hier wurde plötzlich ein weiteres Stück unserer Geschichte sichtbar, das die ohnehin schon verwirrende Lage nur noch verwirrender machte.

Zum festen Bestand des Ehrenkodex der Armee in Deutschland gehörte es, *nicht zu putschen.* Im Kaiserreich stand der Putsch ohnehin kaum zur Debatte. In der Weimarer Demokratie dagegen schon eher. Aber die Reichswehr unter Hans von Seeckt putschte nicht. Sie verachtete die Demokratie, aber stand für den Staat. Und dabei blieb es. Als Hitler 1934 die Armee auf sich vereidigen ließ, war in perfider Weise sein Name in den Eid gesetzt, aber in ihrem Bewußtsein schworen die Soldaten der alten Reichswehr auf das Staatsoberhaupt nicht auf ein Individuum. Sie schworen auf den Staat. Und bei dieser Haltung dem Staat gegenüber blieb es. Die nächste Etappe kam 1938. "Damals traten der Kriegsminister (von Blomberg) und der Oberbefehlshaber des Heeres, von Fritsch", schreibt Golo Mann in seiner "Deutschen Geschichte", "von ihren Ämtern zurück; dieser aufgrund eines widerwärtigen, von der Geheimen Staatspolizei gegen ihn geführten Verleumdungsfeldzuges. Die Generäle kannten die Unschuld ihres Kameraden, aber liessen ihn gehen. Nicht ohne Zorn, nicht ohne drohendes Rumoren, so wie 1933 und wieder nach Schleichers Ermordung; der Stabschef des Heeres, Ludwig Beck, hätte damals einen Hauptschlag gegen die Verleumder, die Polizei- und Parteigewaltigen geführt, - wenn die Generäle ihm gefolgt wären. Sie folgten ihm nicht. "*Die Armee putscht nicht.*" Und dann trat anstelle des Kriegsministeriums ein "Oberkommando der Wehrmacht", welches der Diktator sich selber unterstellte: "Die Befehlsgewalt über die gesamte Wehrmacht übe ich von jetzt an unmittelbar persönlich aus". Die Verantwortung für alles, was in der Wehrmacht geschah, übernahm Hitler nun selbst. Zahlreiche hohe Offiziere wurden in den Ruhestand versetzt, auch ein Zeichen des Mißtrauens, das Hitler fortdauernd namentlich dem Heer gegenüber empfand. Beck wurde zum Zentrum des Widerstandes gegen den Diktator. *Aber die Armee putschte nicht.* Und als dann kurz vor Beginn des Ostfeldzuges am 30. März 1941 Hitler vor 250 hohen Offizieren seine Ziele erläuterte, ging wieder ein Rumoren durch das Korps der Generale. Aber die eiserne Fessel des Ehrenkodex des deutschen Offizierkorps ließ mehr als ein Rumoren nicht zu. *Die Armee putscht nicht.* Und nun, mit dem Aufbau der Bundeswehr, sollte das

Attentat des 20. Juli 1944 gegen Hitler - und das hieß für viele immer noch: der Putsch gegen den Staat - womöglich als Grundlage einer neuen Tradition dienen? Im Traditionserlaß des Bundesministers der Verteidigung, Kai-Uwe von Hassel, vom 1. Juli 1965 kam der 20. Juli nicht vor, aber es wurde immerhin angedeutet, daß soldatische Tradition sich nicht nur an Gestalten halten könne, denen Sieg vergönnt war. Es wurde betont, daß die Bundeswehr eine Streitmacht in einem deutschen demokratischen Staat und Widerstand geboten sei, wenn der Dienstherr seinen Eid bräche.

Und noch ein Problem hatte man einigermaßen elegant gelöst: die Anbindung der Bundeswehr an die Wehrmacht. "Zuletzt nur noch dem Gewissen verantwortlich, haben sich Soldaten im Widerstand gegen Unrecht und Verbrechen der nationalsozialistischen Gewaltherrschaft bis zur letzten Konsequenz bewährt". Dieser direkte Bezug zur Wehrmacht war eindeutig. Man ließ einen Teil unserer Geschichte Geschichte bleiben. Der 1958 im Führungsstab des Heeres umgehende Gedanke, die geplanten 36 Brigaden der Bundeswehr in ihrer Tradition mit den 36 Wehrmachtdivisionen des Jahres 1939 zu verbinden, wurde glücklicherweise fallen gelassen. Der Plan hätte Bindungen geschaffen, die zu endlosen Konflikten führen mußten. Aber man hatte auch vermieden, die deutsche Geschichte erst 1945 anfangen zu lassen.

Natürlich stellt der Traditionserlaß vom 1. Juli 1965 einen Kompromiß dar. Aber alles in allem doch wenigstens einen Schritt in die richtige Richtung. Hier hätte man geduldig weiter entwickeln müssen. Stattdessen traten nun die Ideologen auf den Plan.

Hatte der Traditionserlaß von 1965 noch verstanden, daß Tradition ein Ergebnis von Geschichte ist, und im übrigen versucht, mancherlei Widersprüchliches zu einer Einheit zusammen zu biegen, erwiesen sich die neuen, von Verteidigungsminister Hans Apel am 20. September 1982 herausgegebenen Traditionsrichtlinien der Bundeswehr (FÜ S I 3-Az 35-08-07) als Boten aus einer anderen Welt.

Die Zeit der 68er war angebrochen und mit ihr zugleich die große Zeit der links-liberalen Berater im Bundesministerium für Verteidigung, für Männer wie den geschäftigen Professor Hans-Adolf Jacobsen, für links wenn nicht weit links orientierte Historiker wie Martin Broszat, Helmut Krausnick, Klaus-Jürgen Müller, Eberhard Jäckel und vor allem für den bösen Geist des Militärgeschichtlichen Forschungsamtes, den "Leitenden Historiker" und Titularprofessor Dr. Manfred Messerschmidt. Sie waren es, die in der auslaufenden Amtszeit Helmut Schmidts, der sich gerade als gestandener "Rechter" gegen den entschlossenen Widerstand seiner Partei darum bemühte, durch den Nachrüstungsbeschluß der Westmächte die UdSSR militärisch in die Knie zu zwingen, den eher konservativen Verteidigungsminister, Hans Apel, dazu überredeten, dem gerade mühsam sich festigenden Selbstverständnis der Bundeswehr den Dolch in den Rücken zu stossen.

War noch in dem alten Traditionserlaß von der Verbundenheit mit der Geschichte die Rede, von geschichtlichen Vorbildern, der Geschichte menschlicher Ordnung, der Geschichte als Glück und Verdienst, so war in den neuen Richtlinien das Wort Geschichte nur noch einmal zu finden und zwar in dem kargen Zusammenhang, daß Traditionspflege halt aus der Geschichte stamme. Vom Vaterland keine Rede mehr, und wenn man die Richtlinien einmal im Sinne der semantischen Umdeutung von "Demokratie" und "Freiheit", wie sie in der DDR üblich war, liest, so braucht man an die Stelle von "Bundeswehr" nur noch "Nationale Volksarmee" zu setzen und schon wären die Richtlinien auch für die DDR anwendbar gewesen. Statt eines Bezugs auf das Deutschland in der westlichen Wertegemeinschaft eine Art Affentanz um den Verfassungspatriotismus - eines Patriotismus, der von jeder neuen Verfassungsversammlung (z. B. mit Hilfe der "Grünen" und der PDS) beliebig verändert werden kann, eines Patriotismus, der von einer "pluralistischen" Gesellschaft getragen wird, in der "historische Ereignisse und Gestalten nicht für alle Staatsbürger (mehr) die gleiche Bedeutung haben" und in der Tradition eine persönliche Entscheidung ist ohne die geringste Bindungskraft für die Gemeinschaft. Kein Festpunkt der Orientierung mehr, panta rei - alles fließt. Discount-Patriotismus aus dem SPAR-Laden.

In den Augen der linken Väter dieser Richtlinien sind die Streitkräfte nicht mehr als ein ungeliebtes, rechtloses Verfassungsorgan, deren Ehrenformation bei Besuchen ausländischer Staatsoberhäupter weniger mit Deutschland zu tun hat als etwa die Roten Funken des Karnevals, die deshalb zur protokollarischen Ehrung von hohen Gästen auch besser hinpaßten als unser Wachbataillon. Und noch eins sei angemerkt: die Bindung des alten Traditionserlasses an unsere Geschichte und unsere Nation wurde nicht zuletzt dadurch gesichert, daß eben die Rolle der Wehrmacht als ein Teil unserer Vergangenheit verstanden blieb. Nur so ist die Einbettung der Tradition in unsere Geschichte zu erreichen. "Ein Volk, das sich nicht mit sich selber identifiziert, mit seiner Sprache, seiner Schuld, seiner Größe, kurz mit seiner Tradition", hat der linke Feuilletonchef der ZEIT, Fritz K. Raddatz, einmal geschrieben "mag eine Ansammlung reinlicher Reihenhausabzahler sein, ein Volk ist es nicht".

Als fester Beziehungspunkt in den neuen Richtlinien war natürlich auch der Widerstand des 20. Juli 1944 im Gespräch. Auf Seiten der Soldaten hatte sich inzwischen die Einsicht durchgesetzt, daß der Widerstand gegen Hitler einen viel höheren ethischen Wert hatte als die traditionsgebundene Ablehnung des Putsches. Nun aber war es die Linke und unter ihnen vor allem wiederum Manfred Messerschmidt, die den Widerstand gegen Hitler zum "marginalen Ereignis" abwerteten und die historische Tat, um dem Verfassungspatriotismus nicht Konkurrenz zu machen, aus dem Papier sorgfältig fernhielt.

In die nun entstehende heftige Diskussion um die neuen Richtlinien schaltete sich 1990 Brigadegeneral Winfried Vogel mit dem bereits erwähnten Artikel in der TRUPPENPRAXIS 3/1990 ein und zeigte sich im Vorgriff als der Befürworter alles dessen, was sich die "roten Zellen" des MGFA und das Hamburger Institut für Sozialforschung von Reemtsma und Heer in Kürze so ausdenken würden: Wehrmacht gleich verbrecherische Organisation, gleich Ausrottungs- und Vernichtungskrieg, gleich Massenmord an Juden und alle hätten das natürlich auch gewußt. Mit dem Abklingen des Schleudertraumas, mit dem sie durch die Wiedervereinigung geschlagen worden waren, hatte die Linke endlich wieder ein Thema gefunden, das sich zur Destabilisierung der von ihr ungeliebten Gesellschaft eignete: das für Deutschland so besonders schwierige und vielschichtige Problem der Tradition seiner Soldaten.

Ausgangspunkt für die neue Kampagne waren: das 50-jährige Jubiläum des 20. Juli 1944 und das 50-jährige Jubiläum des Kriegsendes in Europa 1945. Um dem 20. Juli 1944 vorsorglich möglichst jede traditionsbildende Funktion zu rauben, begann man, den Begriff des Widerstandes gegen Hitles zu einem historischen Allerweltsgulasch zu verkochen. Zum anderen nutzte man die Unsicherheit des durch die Jubiläen immer mehr unter Druck geratenden Verteidigungsministeriums, um nun die Wehrmacht hemmungslos als Verbrecherorganisation zu diffamieren.

Die Aktionen der sich nun (ab 1992) allmählich vereinigenden "roten Zellen" Deutschlands begannen auf einem Nebenkriegsschauplatz. Den Trend der Zeitläufte immer schnell vorausahnend, trat als erster Ralph Giordano auf den Plan. Obwohl allein durch seine Mutter an das jüdische Kulturgut des Abendlandes gebunden, versteht er sich nach seinem großartigen Roman "Die Bertinis" und die nicht minder großartige Verfilmung dieses Stoffes für das Fernsehen nun als eine Art Bademeister, der in dem Jacuzzi unseres - wie man ja weiß - doch eher antisemitischen Staates für Ordnung zu sorgen habe. Am 14. Juli 1994 forderte er in einem in der ZEIT groß aufgemachten offenen Brief den Generalinspekteur Klaus Naumann auf, die nach Generaloberst Eduard Dietl und dem 1947 in Jugoslawien hingerichteten General der Gebirgstruppe, Ludwig Kübler, benannten Kasernen umzubenennen. Das Verteidigungsministerium kam der Aufforderung Giordanos - wie auch der Autor dieser Schrift meint: mit Recht - zur Umbennung der Kasernen nach. Am 14. Juni 1996 folgte ein weiterer offener Brief Giordanos, veröffentlicht in DIE WOCHE, in der er sich an den Oberbefehlshaber der Heeresgruppe B in Italien, Erwin Rommel, heranmachte. Nun aber hatte der eifrige Giordano sein Konto überzogen. Das Verteidigungsministerium winkte ab. Rommel war in der Verfolgung des Widerstandes gegen Hitler zum Selbstmord gezwungen worden.

In der Tat stellte die Benennung von Kasernen im Zusammenhang mit der Traditionsdiskussion ein Problem dar. Sie nach Persönlichkeiten zu benennen, deren Distanz zum Nationalsozialismus zu gering war, ist unangemessen. Der Rückzug der Bundeswehr auf Heimatnamen - aus Dietl wird Allgäu, aus Kübler wird Karwendel - aber auch. Ganz zu recht schreibt selbst Winfried Vogel in seinem Beitrag zu Knabs "Falscher Glorie": "Ein Bildersturm sollte vermieden werden. Was nötig ist, ist jedoch eine Bilanz von Traditionsnamen und Begriffen, eine Aufklärung der Truppe, worum es geht".

Aber was bedeutet das schon, wenn er die Wehrmacht zugleich für eine Verbrecherorganisation hält. Auch der Autor findet es gut, daß Verteidigungsminister Leber seinerzeit vorgeschlagen hatte, zwei Kasernen nach jüdischen Mitbürgern zu benennen, nämlich nach Ludwig Frank aus Mannheim, dem ersten Reichstagsabgeordneten, der sich 1914 als Kriegsfreiwilliger gemeldet hatte und bereits im September 1914 fiel, und nach Wilhelm Frankl, einem erfolgreichen deutschen Kampfflieger des Ersten Weltkrieges, Ritter des Ordens "pour le mérite". Übereinkunft gibt es auch, wenn Vogel schreibt: "Man darf sicher nicht nur an Widerstandskämpfer und Persönlichkeiten denken, die aus Gründen der Ehre und Moral Befehle verweigert haben. Es muß selbstverständlich auch soldatische Vorbilder geben, die sich im Krieg und in der Führung ihrer Verbände hervorgetan haben. Dabei sollte man vielleicht eine Verengung auf die jüngste deutsche Militärgeschichte vermeiden, übrigens ein Fehler, dem die Bundeswehr voll anheim gefallen ist. Andere Armeen haben ihre Vorbilder bis weit in das 16. Jahrhundert zurück ausgewählt, ein Beispiel, das man auch bei uns prüfen sollte". Einverstanden. Das Hambacher Fest 1832 gehörte dazu, die mißglückte Revolution 1848/49, auch der Bauernkrieg, wenn man sich dabei auf die zwölf Artikel bezieht, die Anfang 1525 in Memmingen Sebastian Lotzer als Feldschreiber der Baltringer Bauern verfaßt hatte und die am 1. März 1525 in ganz Deutschland verbreitet wurden. In der Tat liegt hier der früheste Anfang zur Entwicklung demokratischer Lebensformen in Deutschland. Aber genau an dieser Stelle würde wohl auch wieder der Dissens zu dem Brigadegeneral Winfried Vogel ausbrechen. So wie man ihn kennt, würde er wohl, wenn schon von Bauernaufständen die Rede sein sollte, wohl eher an eine Thomas Müntzer-Kaserne denken.

Warum werden wir nicht der Tatsache gerecht, daß die Bundeswehr schon heute mehr als jede andere Streitmacht unserer europäischen Verbündeten eine in Europa integrierte Truppe ist. Warum dann nicht auch der Bezug auf die Geschichte dieses Kontinents für den sie steht? Auf Karl Martell, der in der Schlacht von Tours und Poitiers 732 Europa vor den Arabern rettete; auf Kaiser Otto I., den Großen, der am 10. August 955 bei Augsburg Deutschland und Europa ein für allemal von der ständigen militärischen Bedrohung durch die Ungarn befreite; warum nicht auf den Staufer-Kaiser Friedrich II., der zwischen 1212 und 1250 das erste Mal den universalen Geist Europas beschwor; warum nicht auf Karl IV. aus der Linie der Luxemburger, der von Prag aus Deutschland regierte und die Goldene Bulle erließ, das erste Reichsgrundgesetz unseres Landes; warum nicht der Westfälische Frieden von 1648, der ein kluges Gleichgewicht zwischen Deutschland, Frankreich und Schweden schuf und damit den Weg nach Europa ebnete; warum nicht Kaiser Karl Leopold I., der zwischen 1683 und 1697 die Europa ständig bedrohenden Türken schlug und mit seinen Siegen die heutige Partnerschaft zu ihnen erst freimachte. Zu weit gegriffen ist das alles nicht. Der dritte große Weltkrieg, der das nächste Jahrhundert kennzeichnen könnte, ist als der Krieg der heute aufstrebenden Kulturen des Südens und fernen Ostens gegen den Westen denkbar und damit auch gegen das Abendland.

Unter dem wachsenden politischen Druck der Jubiläumsjahre auf alles Militärische, den die "rote Zelle" im Bundesverfassungsgericht mit ihrem Soldaten-Mörder-Urteil am 19. Juli 1994 noch verstärkt hatte, brauchte das Verteidigungsministerium eine Strategie, die ihm zunächst einmal Luft verschaffte.

Je deutlicher sich das Ministerium mit seiner Bundeswehr von der Wehrmacht und der mit ihr unvermeidlicherweise verbundenen Geschichte trennte, um so eher meinte sie, sich dem aufbrandenden Streit mit allen seinen linken Widerwärtig- und Widerlichkeiten entziehen zu können. Andererseits ließ sich nicht verleugnen, daß die Bundeswehr schließlich aus der Wehrmacht (und dem demokratischen Engagement von Hunderten von Ritterkreuzträgern) hervorgegangen war, und so kam es dann zu dem bemerkenswerten Versuch, eine politische Lösung in der Form eines Spagats zu finden. Im Juli 1995 veröffentlichte der Generalinspekteur der Bundeswehr, General Klaus Naumann, in der TRUPPENPRAXIS/WEHRAUSBILDUNG einen Artikel, in dem es nebeneinander hieß: eine Gleichsetzung von Bundeswehr und Wehrmacht dürfe es noch nicht einmal andeutungsweise geben, aber nur durch Differenzierung könne man der historischen Wahrheit näherkommen. Die Wehrmacht sei zwar Träger der deutschen Militärtradition, aber sie sei eben auch die Armee einer Diktatur. Ohne Wahrhaftigkeit gegenüber der Geschichte könne es keine in die Zukunft weisende Tradition geben. Aber der Wehrmacht pauschal Vernichtungsabsichten im Sinne des NS-Regimes zu unterstellen, schiene durch die historische Forschung nicht belegbar. Für die Bundeswehr sei die Werteordnung des Grundgesetzes mit ihren überlieferten europäischen Traditionen von Freiheit, Recht und Menschenwürde der zentrale Orientierungsrahmen für ihr Traditionsverständnis. Ein solches Verständnis liesse aber eben auch Spielraum, vorbildliche soldatische Haltung und militärische Leistung aus allen Epochen der deutschen Militärgeschichte in die Tradition der Bundeswehr zu übernehmen.

Ein hohes Lied diplomatischen Eiertanzes, das dem Ministerium die politische Freiheit verschaffte, die es zu brauchen meinte, der Linken aber zugleich den Freibrief ausstellte, die hemmungslose Jagd auf die Wehrmacht mit allen Mitteln der Propaganda, Diffamierung und Verleumdung landauf und landab und von Rathaus zu Rathaus bis in den Bundestag fortzusetzen.

Der Aufschrei der Betroffenen war nicht unbedeutend und so nahm der Bundesminister der Verteidigung, Volker Rühe, am 17. November 1995 auf der 35. Kommandeurtagung der Bundeswehr in München die Umbenennung der bereits erwähnten Kasernen zum Anlaß, nun dem Thema einen Schlußstrich hinzuzufügen: "Die Wehrmacht war als Organisation des Dritten Reiches in ihrer Spitze mit Truppenteilen und mit Soldaten in Verbrechen des Nationalsozialismus verstrickt. Als Institution kann sie deshalb keine Tradition begründen. Nicht die Wehrmacht, aber einzelne Soldaten können traditionsbildend sein. Wie die Offiziere des 20. Juli, aber auch wie viele Soldaten im Einsatz an der Front. Wir können diejenigen, die tapfer, aufopferungsvoll und persönlich ehrenhaft gehandelt haben, aus heutiger Sicht nicht pauschal verurteilen. Aber wir dürfen uns nicht auf rein militärische Handlungen und Leistungen beschränken. Entscheidend sind Gesamtpersönlichkeit und Gesamtverhalten. Nach intensiver Prüfung auf wissenschaftlicher Grundlage und unter Beteiligung der Truppe haben deshalb die beiden Kasernen in Füssen und Mittenwald, die bisher die Namen Dietl und Kübler getragen haben, neue Namen erhalten. Die Allgäu-Kaserne in Füssen und die Karwendel-Kaserne in Mittenwald".

Keinerlei Differenzierungen mehr, wie sie selbst Naumann noch im Auge hatte. Thema durch. Als geschickter Politiker hatte sich der Verteidigungsminister zunächst einmal Ruhe verschafft, aber andererseits auch nur dem Prinzip entsprochen, daß die einfachste

Lösung eines Problems dessen Abschaffung ist. Nur läßt sich das Traditionsproblem der Bundeswehr nicht abschaffen. Und so ging die Diskussion weiter. Der Nachfolger des Generalinspekteurs Naumann, der Anfang 1996 NATO-Verantwortung in Brüssel übernahm, General Hartmut Bagger, griff das Thema anläßlich der 14. Informationstagung für pensionierte Generale und Admirale am 30. September 1996 in Radebeul erneut auf: "Tradition bedeutet immer Auswahl von Überlieferungswerten und Vorbildern. Insofern hat auch die Bundeswehr aus der Geschichte Vorbilder ausgewählt und in ihr Traditionsverständnis aufgenommen. Ich nenne hier die preußischen Reformer Anfang des 19. Jahrhunderts und die Angehörigen des militärischen Widerstandes gegen Hitler und den Nationalsozialismus, insbesondere die Männer des 20. Juli 1944, die wesentliche Bezugspunkte für unser Traditionsverständnis bilden". Aber dann hieß es weiter: "Die Wehrmacht als Institution kann für die Bundeswehr keine Tradition begründen, da sie als Organisation in ihrer Spitze und mit einzelnen Truppenteilen in Verbrechen des Nationalsozialismus verstrickt war. Ich möchte aber deutlich betonen, daß wir allen Angehörigen der früheren Wehrmacht und der anderen früheren deutschen Streitkräfte, die persönlich ehrenhaft gehandelt und tapfer gekämpft haben, unseren ungeteilten Respekt und unsere Achtung schulden." Die folgende Diskussion war heftig. Sie endete mit dem Vorschlag zu einer Formulierung des Problems, der von General a.D. Ulrich de Maizière kam: "Der überwiegende Teil der Soldaten der Wehrmacht hat geglaubt, bona fide tapfer und ehrenhaft für gute Ziele Schutz und Verteidigung des Vaterlandes zu kämpfen. Sie konnten nicht erkennen und waren sich dessen nicht bewußt, für etwas gekämpft zu haben, was heute als schlechte Sache erkannt ist und bewertet werden muß." Viele der Anwesenden meinten damals, mit dieser Formulierung leben zu können.

Schon im März 1995 hatte Generalleutnant a. D. Werner von Scheven einen Vorschlag gemacht, wie in einem künftigen Traditionserlaß der entsprechende Absatz formuliert werden könnte:

"1.) die Wehrmacht des Dritten Reiches ist als *Institution* nicht traditionswürdig für die Bundeswehr. Die Traditionslinien der Bundeswehr lassen sich jedoch in die ganze Tiefe der historischen Erfahrung zurückverfolgen. Sie sind durch die wenigen Jahre mit der Wehrmacht entgegen dem erklärten Willen Hitlers nicht völlig abgerissen.

2.) Mißbrauch, Verstrickung und Verschulden deutscher Soldaten in der Zeit nationalsozialistischer Herrschaft lassen es nicht zu, mit der Traditionspflege der Bundeswehr vorbehaltlos an Ereignisse, Personen und Truppenteile jener Zeit anzuknüpfen. Jedoch sind Haltung und Leistung von Soldaten und Truppenteilen, die ihre Ehrenhaftigkeit und Unbescholtenheit widrigen Befehlen und Umständen zum Trotz bewahrt haben, für die Bundeswehr überlieferungswürdig."

Vielleicht ist das bisher noch das Beste, was zu dieser Frage gesagt wurde. Aber der erste Absatz ist immer noch überflüssig. Wieso von der Wehrmacht als "Institution" reden, da selbst die Richter in Nürnberg von ihr als Institution keine Notiz nahmen. Wir reden in den Traditionsrichtlinien ja auch nicht von der Reichswehr, den Armeen des Zweiten Kaiserreiches oder der Preußischen Armee. Die Tradition von Soldaten ist nicht an "Institutionen" gebunden.

Inzwischen gelten die Richtlinien zum Traditionsverständnis und zur Traditionspflege in der Bundeswehr vom 20. September 1982 weiter. Von den preußischen Reformern Anfang des 19. Jahrhunderts, den Männern des 20. Juli 1944 und den immer wieder zitierten tapferen Soldaten der Wehrmacht, die ehrenhaft gehandelt und gekämpft haben, ist in ihnen keine Rede. Nach wie vor sind deutsche Soldaten in ihrem Selbstverständnis auf die individuelle Auslegung eines schillernden Verfassungspatriotismus angewiesen.

Der Kampf um den "Widerstand"

Nichts kann eindringlicher aufzeigen, wie zerrissen unsere Gesellschaft ist, als der Kampf darum, was in unserem Lande als Widerstand gegen das Dritte Reich gewertet werden darf. Da war zunächst einmal, wie schon berichtet, die große Unsicherheit, was von dem Aufstand des 20. Juli 1944 gegen Hitler zu halten sei. Die Offiziere übten Zurückhaltung. Traditionell hatte es zu ihrer Ehre gehört, nicht zu putschen, und so fand der 20. Juli 1944 in dem ersten Erlaß "Bundeswehr und Tradition" vom 1. Juli 1965 zunächst einmal überhaupt nicht statt. Dann setzte sich im Offizierkorps die Erkenntnis durch, daß in einer Diktatur die Ethik nicht dem Gehorsam, sondern dem Gewissen, bis hin zum Widerstand gehört. Aber als es dann zu den "Neuen Traditionsrichtlinien der Bundeswehr" vom 20. September 1982 kam, hatte sich die Lage bereits wieder geändert. War bisher von der gemäßigten Linken der 20. Juli immer als ein Ansatzpunkt für eine akzeptable Tradition angesehen worden, zeigte sich nun, daß ihr die Meinungsführerschaft zugunsten einer radikalen Clique aus der Hand geglitten war. Links-liberale Professoren, wie Hans-Adolf Jacobsen und - um vieles wirksamer - die "rote Zelle" des MGFA um Manfred Messerschmidt, führten nun das Wort, - warfen den Männern des 20. Juli vor, auch keine lupenreine Demokratie angestrebt zu haben, und stellten fest, daß die Attentäter auf dem Feld der Geschichte bestenfalls ein Unternehmen von marginaler Bedeutung zustande gebracht hätten, verglichen mit den Verbrechen ... In dem neuen Papier kam der 20. Juli wiederum nicht vor. Den Anstoß zu der nächsten Stufe der Entwicklung gab dann ein Jahr später der sein Leben lang von der Vergangenheit seines Vaters gezeichnete damalige Bürgermeister von Berlin, Dr. Richard von Weizsäcker, mit seinem Plan, die "Gedenkstätte deutscher Widerstand" neu zu konzipieren, um dem damaligen Zeitgeist entsprechend, der gesamtdeutschen Entspannung zu dienen und in protestantischer Gefühlsseligkeit der DDR soweit wie möglich entgegenzukommen.

Zum wissenschaftlichen Leiter bestellte der Bürgermeister einen damals in Passau lehrenden Soziologen und Bilderbuch-68er: Professor Peter Steinbach. Sein Wissenschaftskonzept: integraler Widerstand. Der Küchendienst an dem, was die Wissenschaft später den Berliner Widerstandsgulasch nennen sollte, begann.

Aus Anlaß des 50. Jahrestages des Aufstandes vom 20. Juli 1944 schrieb Peter Steinbach in den INFORMATIONEN FÜR DIE TRUPPE einen für seine Verhältnisse erstaunlich objektiven Aufsatz, in dem er einmal alles aufführte, was im Sinne bürgerlicher Vorstellungen von Widerstand gegen das Nazi-Regime zusammengefaßt werden konnte: der Widerstand der Kommunisten der ersten Stunde, der Widerstand der SPD, der Bekennenden Kirche, der Katholiken unter Graf Galen, der Roten Kapelle, der Widerstand der Häftlinge in Buchenwald, der Jugendlichen in Jazz-Clubs, der Weißen Rose, der Wehrmacht mit Generaloberst Beck und den Männern des 20. Juli. Einmal zu zeigen, wie aufgefächert der Widerstand gegen Hitler während des Dritten Reiches in der Tat gewesen war, gehörte fraglos zu den wichtigen Bemühungen deutscher Geschichtsschreibung. Sie unterscheidet nicht zwischen Linken und Rechten, aber verlangt eines: die Akzeptanz des persönlichen Risikos. Der sittliche Wert des Widerstandes mißt sich an der Bereitschaft der Handelnden, für ihre Überzeugung das Leben hinzugeben. Die Bedeutung dieser Handlung wächst mit der Gefahr der akuten Lebensbedrohung. Insoweit hat das Ziel des Widerstandes zunächst einmal tatsächlich erst eine nachgeordnete Bedeutung. Aber insoweit hat auch nicht jede Art von Widerstand den gleichen Wert. Axel von dem Bussche hat einmal gesagt, in der Geschichte habe es drei hoffnungslos überladene Boote gegeben: die Arche Noah, die "Mayflower", zumindest wenn alle, die sich heute als Nachfolger dieser Schiffsbesatzung bezeichnen, die Wahrheit sagen, und schließlich der Dampfer "Deutscher Widerstand". Nun hatte sich unter dem Schutz von Dr. Richard von Weizsäcker Peter Steinbach daran gemacht, dieses Schiff endgültig zu überladen.

Für den Laien war, was nun zunächst geschah, schwer überschaubar. Im gleichen Jahr, da Steinbach seinen Auftrag erhielt, im Rahmen der Gedenkstätte "Deutscher Widerstand" eine integrierte Ausstellung über den deutschen Widerstand zu entwickeln, stellte das MGFA eine eigene Ausstellung: "Aufstand des Gewissens - der militärische Widerstand 1933 - 1945" vor, die, von der "roten Zelle" des Amtes nicht beeinflußt, ein objektives Bild des Themas entwarf. Die Ausstellung wurde 1984 von Rainer Barzel im Foyer des Deutschen Bundestages eröffnet und zog als Wanderausstellung bald über 900 000 Besucher an.

Inzwischen hatte nun aber auch Steinbach an seinem eigenen Projekt weitergebastelt, und was an seinem integrierten Wissenschaftsprojekt zunächst so attraktiv erschienen war, nämlich den Widerstand gegen Hitler unter einem ausgedehnteren Aspekt zu betrachten, der außer den Männern um den Grafen Stauffenberg auch den Widerstand von Christen und Sozialisten, Konservativen, Gewerkschaftern oder Kommunisten würdigte, erwies sich nun plötzlich als schrecklicher Pferdefuß. Steinbach war nämlich dazu übergegangen, auch das Nationalkomitee Freies Deutschland (NKFD) und den ebenso deutlich von Moskau gesteuerten Bund Deutscher Offiziere (BDO) in den Widerstand gegen Hitler einzureihen.

Solange es im Widerstand gegen Hitler um Leben und Tod ging, mochte, wie gesagt, die Zielsetzung, nämlich *wofür* Widerstand geleistet wurde, vor der ethischen Würdigung der Handlung zurücktreten, aber das Ergebnis eines ausgeklügelten Systems von Zuckerbrot und Peitsche, der totalen Nachrichtenkontrolle und der Dauerschulung, kurz das Ergebnis einer raffinierten Gehirnwäsche mit Widerstand gleichzusetzen, - dazu gehörte schon ein Kopf, der durch das Gift der 68er Philosophie total verwirrt worden war. In der Person des Professors Peter Steinbach hatten die deutschen Zeitläufte ihn gefunden.

Nun prangten in einer von unserem Staat bezahlten Ausstellung der "Gedenkstätte Deutscher Widerstand" die Bilder des Grafen Stauffenberg, Carl Goerdelers, Henning von Tresckows und Ludwig Becks neben den Größen der DDR-Diktatur Walter Ulbricht, Wilhelm Pieck und Johannes R. Becher, den Funktionären der kommunistisch gesteuerten Organisationen, wie dem weiland Vizepräsidenten des NKFD, Leutnant Heinrich Graf von Einsiedel. "Hauptsache gegen Hitler" war das Rezept, das "Widerstandsgulasch" das Ergebnis.

Die Geschichte des Nationalkomitees Freies Deutschland und des Bundes Deutscher Offiziere kann, wie Theodor Plivier schreibt, als der größte Propagandatrick bezeichnet werden, der den Russen im Zweiten Weltkrieg gelang. Sicher ist es das bisher in der Menschheitsgeschichte interessanteste Beispiel dafür, wie im Rahmen auch der Antifa-Schulung Hunderttausende von Menschen ihres selbständigen Denkens beraubt und zu einer Art Zombies gemacht wurden. Was wir heute in unserem Lande in der "Gedenkstätte Deutscher Widerstand" feiern, sind die Psychoverbrecher des stalinistischen Systems, die diesen Akt der Menschenschändung ingang setzten. Über die Männer, die stark genug waren, sich dem Terror in den Gefangenenlagern zu widersetzen, spricht niemand. Sie gelten als unverbesserliche Anti-Bolschewisten.

Was sich in ihnen damals abgespielt hat, sei hier in wenigen Strichen noch einmal nachgezeichnet.

Der Versuch der sowjetischen Führung, deutsche Kriegsgefangene "umzudrehen" und sie dann politisch zu nutzen, geht auf das Jahr 1941 zurück. Aber noch gab es in der UdSSR keine größeren Zahlen von Kriegsgefangenen. Immerhin hatte man schon im April 1942 in Oranki eine Antifa-Schule gegründet (die Anfang 1943 nach Krasnogorsk verlegt wurde). Die deutschen Kommunisten Walter Ulbricht, Erich Weinert, Wilhelm Pieck waren auf den Plan getreten, man fahndete in den Gefangenenlagern nach Kommunisten, wenigstens Gesinnungsgenossen, und veranstaltete erste

Konferenzen. Der endgültige Entschluß zugunsten der Bildung einer repräsentativen Organisation fiel aber erst nach der Schlacht um Stalingrad, am 27. Mai 1943. An die Stelle der dogmatisch gebundenen Propaganda im Antifa-Stil trat nun die "demokratisch-nationale Linie". In der künftigen "demokratischen Republik Deutschland" ging es in der Zusammenarbeit zwischen Bürgerlichen und Kommunìsten nur noch um das eine: die Rettung des Vaterlandes. In der nun beginnenden Werbekampagne wurden hochgebildete russische Professoren eingesetzt und dazu alles, was an Kultur-orientierten Emigranten zur Verfügung stand: Johannes R. Becher, Friedrich Wolf, Alfred Kurella. Und die Voraussetzungen für die nun beginnende Gehirnwäsche waren nicht schlecht, denn daß Stalingrad tatsächlich einen Wendepunkt des Krieges darstellte, brauchte man niemandem einzubleuen. Das sahen alle.

Am 12./13. Juli 1943 wurden schließlich 300 geeignete Personen in Krasnogorsk zusammengekarrt: deutsche Kriegsgefangene, Exil-Kommunisten und sowjetische Gäste, die dann das für den Kommunismus so typische, trefflich manipulierbare Durcheinander herstellten. Das Grundsatzreferat hielt der zweitklassige, aber redliche Literat Erich Weinert. Das Gründungsmanifest enthielt einen moralischen Aufruf an das individuelle Gewissen, den Schwur zur Abkehr von den Verbrechen des NS-Regimes und den Appell an das Gruppenethos: "Kein äußerer Feind hat uns Deutsche jemals so tief ins Unglück gestürzt wie Hitler... Aber Deutschland darf nicht sterben! Es geht um Sein oder Nichtsein unseres Vaterlandes." Appell schließlich auch an den Selbsterhaltungstrieb: die Tatsachen bewiesen doch, daß der Krieg verloren sei. Was übrig bliebe, sei allein die Bildung einer wahrhaft deutschen Regierung, einer starken demokratischen Staatsmacht, die nichts mehr gemein habe mit der Ohnmacht des Weimarer Regimes, und die Anknüpfung an historische Traditionen: "Wir haben in unserer Geschichte ein großes Vorbild. Vor 130 Jahren wandten sich, als noch deutsche Truppen als Feinde auf russischem Boden standen, die besten Deutschen: vom Stein, Arndt, Clausewitz, Yorck und andere von

Rußland aus über die Köpfe verräterischer Machthaber hinweg an das Gewissen des deutschen Volkes und riefen es auf zum Freiheitskampf."

Nach den Reden kam es zur Wahl der 38 Mitglieder des Nationalkomitees. Ein Drittel (13 Personen) bestand aus kommunistischen Emigranten (Walter Ulbricht, Wilhelm Pieck, Anton Ackermann, Wilhelm Florin, Hans Mahle, Edwin Hörnle, Martha Arendsee, Gustav Sobottka), dazu vier Schriftsteller (Erich Weinert, Friedrich Wolf, Johannes R. Becher, Willy Bredel) und schließlich der Regisseur Gustav Freiherr von Wangenheim. 12 Mitglieder des Komitees stammten aus dem Offizierkorps. Das letzte Drittel (13 Personen) waren Unteroffiziere und Mannschaften. Die meisten Offiziere und Soldaten des Komitees kamen aus der kommunistisch gelenkten Antifa.

Die Flagge des Nationalkomitees war die Fahne schwarz-weiß-rot. Zum Präsidenten wurde Erich Weinert gewählt. Seine Vizepräsidenten waren Major Karl Hetz und Leutnant Heinrich Graf von Einsiedel.

Die politischen Hintergründe zur Bildung des Nationalkomitees Freies Deutschland liegen auf der Hand. Noch gab es in Europa keine zweite Front der Westmächte. Mit den wenigen Überläufern, vermehrt um Emigranten und einige Prominenz aus dem Reservoir der demoralisierten, zutiefst erschütterten Gefangenen aus Stalingrad konnte Stalin seinen Verbündeten nun mit einem deutsch-sowjetischen Arrangement drohen. Würde es in Deutschland zu einem gelungenen Putsch kommen, gäbe das Nationalkomitee Stalin freie Hand zu einer Teilnahme an einer künftigen Regierung, scheiterten aber alle Umsturzpläne, blieb das Komitee für die Anwerbung von Überläufern an der Front und in den Gefangenenlagern ein elegantes Propaganda-Instrument. Und schließlich ließ sich das Komitee auch als Kern einer künftigen deutschen Nachkriegs-Regierung entwickeln. In der Tat wurde es dann mit einigen Abstrichen eine der Keimzellen der DDR.

Major Hetz war ein überzeugter Deutschnationaler, früher Mitglied des "Stahlhelm" und Anhänger Hugenbergs. Viele halten ihn für die treibende Kraft zu der bald einsetzenden Bemühung, einen eigenen Offizierbund zu gründen. Aber auch die Sowjets waren offenbar daran interessiert, in einem solchen Bund ihren Einfluß auch auf die Generäle ausdehnen zu können. In einem Gespräch unterbreitete der sowjetische Generalmajor Mel'nikov dem deutschen Generalmajor Dr. Korfes, Generalmajor Lattmann und dem General der Artillerie Walther von Seydlitz-Kurzbach, im Auftrag der Sowjetregierung folgendes Angebot: "Gelänge es einem Bund Deutscher Offiziere, die Wehrmachtsführung zu einer Aktion gegen Hitler zu bewegen, die den Krieg beende, so wolle sich die Sowjetregierung für ein Reich in den Grenzen von 1937 einsetzen". Mel'nikov lehnte die schriftliche Fixierung der Zusage ab, aber winkte bei einem Erfolg mit der strikten Einhaltung des Versprechens. Damit war der Weg zur Gründung eines Bundes Deutscher Offiziere (BDO) frei.

Das Präsidium des Nationalkomitees war inzwischen von Krasnogorsk nach Lunovo übergesiedelt. Hier fand am 11. und 12. September 1943 die Gründungsversammlung des Bundes Deutscher Offiziere statt. Zu seinem Präsidenten wurde Walther von Seydlitz-Kurzbach gewählt. Was sich dann abspielte, schildert Karl-Heinz Frieser in seinem Buch: "Krieg hinter Stacheldraht" folgendermassen: "General Lattmann hatte zu Beginn der Versammlung einen Antrag auf gleichzeitige Mitgliedschaft im NKFD und BDO gestellt, der jedoch abgelehnt wurde, weil viele Offiziere im BDO die Abgrenzung zum (kommunistisch bestimmten) Nationalkomitee als conditio sine qua non betrachteten. Am Abend, mitten in einer ausgelassenen Feier, äußerte Major Hetz als Vizepräsident des Nationalkomitees nun aber erneut den Wunsch, zusammen mit seinen Offizierkameraden aus dem NKFD in den BDO aufgenommen zu werden. Gleichzeitig schlug er vor, die führenden Mitglieder des BDO in das Nationalkomitee zu delegieren, und General von Seydlitz-Kurzbach vergaß in der Euphorie des Abends und *unter dem Einfluß des Alkohols...* mit einemmal sämtliche Vorbehalte und willigte ein. Die Proteste von Oberstleutnant Bredt und anderen Offizieren, die sich überrumpelt fühlten, gingen im Taumel der Verbrüderung unter... Bereits zwei Tage später, am 14. September 1943, erfolgte die Fusion der beiden Organisationen." Damit war der Versuch, mit Hilfe des BDO dem kommunistisch kontrollierten Nationalkomitee ein gewisses Gegengewicht entgegen zu setzen, von Anbeginn gescheitert. Zu retten war ohnehin nicht viel gewesen, aber was noch zu retten war, hatten die heute in unserem Lande als Widerstandskämpfer Gefeierten damals dem Wodka geopfert. Mit dem Scheitern des Aufstandes am 20. Juli 1944 wurde der rechte Flügel des Nationalkomitees nicht mehr gebraucht. Die "Rechten" wurden ausgesondert, wurden wie Seydlitz als "Kriegsverbrecher" verurteilt, verkamen in Arbeitslagern oder wurden auf Antifa-Schulen kommandiert; das Nationalkomitee geriet in eindeutig marxistisches Fahrwasser. Am 2. November 1945 löste es sich auf. Es begann die zweite Antifa-Periode mit der antifaschistischen Umerziehung und den qualvollen Jahren von Hunderttausenden von deutschen Kriegsgefangenen, die in der UdSSR zur Zwangsarbeit zurückgehalten wurden.

Die meisten Männer, die in dieser Tragödie des Psychoterrors in und um die Überläuferverbände der deutschen Kriegsgefangenen in der Sowjetunion eine bedeutendere Rolle gespielt haben, verloren sich inzwischen im Dunkel der Geschichte, - bis auf Heinrich Graf von Einsiedel, der am 13. August 1943 als Leutnant zum Vizepräsidenten des "Nationalkomitees Freies Deutschland" gewählt worden war und dessen Bild bis heute die Ausstellung des Professors Peter Steinbach in der "Gedenkstätte Deutscher Widerstand" schmückt. Vielleicht läßt sich an diesem einfachen Beispiel eindrucksvoller als durch viele wissenschaftliche Expertisen darstellen, wo wir die Maßstäbe für die Verehrung von Widerstandskämpfern gegen den Nationalsozialismus in unserer Zeit anlegen.

Heinrich Graf von Einsiedel wurde am 26. Juli 1921 in Potsdam geboren und ist über seine Mutter ein Urenkel Bismarcks. Unmittelbar nach dem Abitur nahm er 1939 am Polenfeldzug teil und wurde dann Jagdflieger. Im Sommer 1942 taucht er - inzwischen zum Offizier befördert - als Adjutant des Kommandeurs der III. Gruppe des Jagdgeschwaders Udet, des Ritterkreuzträgers Major Wolfgang Ewald, auf, der Einsiedel von seinem Vorgänger - dieser war am 14. Juli 1942 abgeschossen worden - übernommen hatte. Seinen Kameraden ist Einsiedel als ein durch und durch unpolitischer junger Mann in Erinnerung, der eifriger vielleicht noch als sie selbst, entschlossen war, sich ein Ritterkreuz zusammen zu schiessen (man benötigte dafür 35 bestätigte Abschüsse) und im übrigen den lieben Gott einen guten Mann sein zu lassen.

Am 25. August 1942 wird Einsiedel nun im Raum von Stalingrad abgeschossen. Wenige Tage später (4. September 1942) flattern die ersten Flugblätter von ihm über dem Flugplatz seines Geschwaders herab: "Liebe Kameraden im Jagdgeschwader Udet - ich bin jetzt schon 5 Tage in russischer Gefangenschaft und, obwohl die Russen wissen, daß ich früher in der Hitlerjugend war, und über drei von ihren Flugzeugen abgeschossen habe, geht es mir gut, denn ich werde gut behandelt und wie russische Soldaten verpflegt. Ich wurde nicht geschlagen oder gequält. Bitte teilt dies auch meinen Eltern mit und sagt ihnen, sie sollten sich keine Sorgen machen, da ich nach dem Kriege, mit dem Ihr am besten Schluß macht, gesund und munter in die Heimat zurückkehren werde."

Was damals geschehen war, hat Einsiedel nach seiner Flucht aus der sowjetisch besetzten Zone, in der er nach seiner Entlassung 1947 als ständiger Mitarbeiter der sowjetamtlichen "Täglichen Rundschau" zunächst einen Unterschlupf gefunden hatte, in einer Kneipe am Oberen Kurfürstendamm eines Tages einem DPA-Korrespondenten erzählt. In der Tat war der Oberst in dem Gefechtsstand, in den Einsiedel eingeliefert worden war, ein hochgebildeter Geschichtsprofessor von der Universität Leningrad namens Sergej Tulpanow, ein treuer Anhänger Stalins und später als Chef der politischen Kontrollkommission der Sowjetischen Militäradministration in Deutschland einer der mächtigsten Männer in der DDR.

Tulpanow, hoch intelligent und dialektisch geschickt argumentierend, konnte sich auf die neue Linie der Sowjetunion in ihrer Strategie den Kriegsgefangenen gegenüber stützen, die an die Stelle der stumpfen ideologischen Indoktrination nun die Elastizität der demokratischen und nationalen Linie anstrebte. Und in diese Voraussetzung paßte Einsiedel besser hinein als jeder andere Kriegsgefangene, den man sich hätte vorstellen können. Entsprechend groß waren die Perspektiven, die man ihm - damals, wie noch lange später, als "Bubi" und ein bißchen törichter Junge bekannt - eröffnen konnte: statt Lager, Not und Hunger - Kleidung, Essen, intellektueller Zeitvertreib, politische Ehren. So brauchte es wirklich nur Tage, um Einsiedel umzudrehen.

Am 14. Juli 1943 wurde Einsiedels ehemaliger Kommandeur, Major Wolfgang Ewald, selbst von der sowjetischen Flak abgeschossen. Was dann geschah, hat er am 10. April 1950, nach seiner Rückkehr aus sechseinhalb Jahre währender Kriegsgefangenschaft dem Roten Kreuz in München zu Protokoll gegeben.: "14. Juli 1943 abgeschossen bei Bjelgorod. Fallschirmabsprung und Landung in den sowjetischen Linien. Sofortige Ausplünderung. Erste Vernehmung im Bataillonsgefechtsstand. Von sowjetischem Major zusammengeschlagen. Anschließend sechsstündige Vernehmung beim Stab von General Watutin in Korotscha. Von zwei Obristen und zwei Oberstleutnants viermal bewußtlos geschlagen, da militärische Aussagen verweigert. Dabei Lendenwirbel- und Nasenbeinbruch.

15. Juli 1943: Vernehmung durch weiblichen Kapitän. Feldscherin verbindet Wunden. Verpflegung, bis auf ein Stück Brot am 14. Juli, keine.

18. Juli 1943. Zum Flugplatz Kursk-Ost. Flug nach Moskau. Mit Omnibus zur Ljubljanka in Einzelhaft gebracht. Nachts Vernehmung. Erschießungsdrohungen. Schließlich in den Keller von zwei Offizieren und MP-Schützen geführt und an die Wand gestellt.

Erschießungsprozedur bis auf den letzten Moment durchgespielt und dann abgebrochen.

Die Vernehmungen gingen weiter. Die Erschießungsprozedur wurde wiederholt. Ab Mitte September 1943 über mehrere Gefängnisse ins Lager 97 Jelabuga Block VI (Isolation)."

Es ist in diesem Lager, in dem Einsiedel als Funktionär ohnehin ein- und ausgeht, daß der Adjutant seinen ehemaligen Kommandeur sprechen will. Ewald lehnt ab. Aber er kann es nicht vermeiden, daß dann doch Einsiedel zusammen mit einer Ärztin erscheint. Und da stehen sie sich nun gegenüber. Der verhungerte, geschundene, zerlumpte, immer wieder in Todesangst versetzte Ritterkreuzträger und Gruppenkommandeur des Jagdgeschwaders Udet, und der stellvertretende Präsident des Nationalkomitees Freies Deutschland, wohl genährt, in einen Schafspelz gekleidet, vor jeder Angst verschont. Er spricht nicht deutsch und nutzt die Ärztin als Dolmetscherin. Und sie hat dem Major nur eine Frage zu stellen: ob Major Ewald seinen Adjutanten, den Grafen von Einsiedel, denn nach dessen Absturz nicht wenigstens doch noch zum Ritterkreuz eingereicht hätte.

Heinrich Graf von Einsiedel. Das ist der Mann, der bis heute als Held des Widerstandes gegen Hitler im Rahmen der "Gedenkstätte Deutscher Widerstand" von dessen wissenschaftlichem Leiter Professor Peter Steinbach gefeiert wird.

Einsiedels Geschichte ist schnell zu Ende erzählt. Nach Rückkehr aus der Gefangenschaft 1947 Redakteur in der kommunistischen TÄGLICHEN RUNDSCHAU. 1948 Seitenwechsel nach dem Westen. Unterschlupf bei seinem Freund Theodor Plivier. Abrechnung mit dem Nationalkomitee in seinem "Tagebuch der Versuchung". 1957 Eintritt in die SPD. Aber die Hoffnung, in der Partei Karriere machen zu können, erfüllt sich nicht. 1992 Austritt aus der SPD, zunächst parteiloser Kandidat für die PDS. Aber bereits im Oktober 1994 zieht er, auf Platz 1 der sächsischen

Landesliste gesetzt, als Kandidat für die PDS in den Bundestag ein. Einsiedel wird einmal mehr zum Medienhelden: Artikel über Artikel in den Zeitungen, Rundfunk- und Fernsehsendungen, Dauergast bei den Talk-Shows. Das Ritterkreuz hatte Major Ewald für ihn übrigens nicht beantragt, da zu viele der von ihm angegebenen Abschüsse nicht bestätigt werden konnten. In seinem Flugblatt hatte er ohnehin nur von drei gesprochen und in die PDS-Landschaft gepaßt hätte das Ganze ja nun auch nicht mehr.

Ursprünglich war vorgesehen, daß die Umgestaltung der "Ausstellung zum 20. Juli" 1986 fertiggestellt sein sollte. Tatsächlich lag das Ergebnis erst zwei Jahre später vor. Sicher zur größten Genugtuung von Professor Steinbach, dem dadurch für seine Kochkünste zunächst weitere zwei Jahre finanzielle Einnahmen in einer Höhe erhalten blieben, wie sie selbst in der mit dem Geld der Steuerzahler oft so lässig um sich werfenden politischen Klasse als ungewöhnlich bezeichnet werden dürfen. Durch die kleine Anfrage Nr. 4561 im Berliner Abgeordnetenhaus des Abgeordneten Ulrich Schürmann (SPD) vom 24. März 1988 und der Antwort des Berliner Senats vom 19. April 1988 wurde bestätigt, daß Professor Steinbach als wissenschaftlicher Leiter der Ausstellung auf folgende private Einnahmen zurückgreifen konnte: für seine Tätigkeit in Berlin in der Vorbereitungszeit 1983 zunächst auf ein monatliches Pauschalhonorar von DM 5.000, ab dem 1. Dezember 1983 auf DM 8.000 erhöht, das heißt in der Zeit bis zum März 1988 amtlich errechnet auf insgesamt 471.000 DM; dazu wurden ihm von der Universität Passau, in der er zuvor tätig war, sein volles Gehalt als Professor weitergezahlt; sein Vertrag sah ferner vor, daß er unbegrenzt weiteren Nebentätigkeiten nachgehen durfte; für seine in Passau anfallenden Selbstkosten erhielt er vom Senat Berlin monatlich eine weitere Pauschale in Höhe von 2.000 DM; anfallende Sachkosten auf Reisen durften gesondert abgerechnet werden; die Reisekosten selbst wurden nach Pauschalsätzen festgesetzt. Ein schönes Beispiel wie in unserem Staat ein 68er Soziologe für überwiegend historische Tätigkeiten in allen Ehren zum Millionär werden kann, solange man die personelle Vernetzung des Aufstandes von damals zu nutzen weiß und die evangelische Kirche hinter sich bringt.

Inzwischen gibt es über den wissenschaftlichen Wert der Ausstellung des hochdotierten Professors ein sogenanntes "Kanzlergutachten". Auf wessen Veranlassung wohl? Erstellt wurde es von einem, dem Verfasser dieser Schrift bekannten Professor der Historie, dessen Urteil von vielen seiner angesehenen Kollegen bestätigt wurde. Das Urteil war vernichtend. Geschehen ist gegen die in unserer Gesellschaft dominierenden Kräfte im Sinne einer dem Gutachten entsprechenden Korrektur der ständigen Ausstellung nichts.

In Berlin hatte sich die Weltkugel inzwischen weitergedreht. Im Oktober 1992 stellte die Volkswagenstiftung den Bemühungen Peter Steinbachs eine auf 5 Jahre bemessene Startfinanzierung zu einer von der Freien Universität und der "Gedenkstätte Deutscher Widerstand" getragenen "Forschungsstelle zur Widerstandsgeschichte" in Höhe von 1,3 Millionen D-Mark zur Verfügung, die der Durchleuchtung der Archive im Osten, in Moskau, Polen, Tschechien und der DDR unter dem Gesichtspunkt des integrierten Widerstandes gegen Hitler dienen sollte. Aber auch die Konservativen sollten etwas davon haben. So sei beabsichtigt, hieß es, mit Hilfe der neuen Finanzmittel Briefe und Vorträge des Widerstandskämpfers Oberst Albrecht Ritter Mertz von Quirnheim, einem engen Freund Stauffenbergs, zu bearbeiten und herauszugeben. Dazu allerdings kam es leider nicht, da Frau von Mertz sich weigerte, ihre Materialien den Gegnern des 20. Juli zu überlassen. Auch dieses Geld blieb links liegen.

Die Provokation Steinbachs, der NKFD und den BDO als Beispiele für den Widerstand neben dem 20. Juli 1944 in der Berliner Gedenkstätte zu zeigen, hatte zwar von Anbeginn für Unruhe gesorgt, aber nicht zu einem Aufstand geführt. Die "Stiftung Hilfswerk 20. Juli 1944" als der Zusammenfassung der von dem Aufstand direkt oder indirekt Betroffenen, die sich vor der Ära

Steinbach den Traditionsveranstaltungen zum 20. Juli angenommen hatten, war eher auf soziale und kulturelle Fragen ausgerichtet und stand politisch in der Nähe Weizsäckers. So simmerte Steinbachs Widerstandsgulasch still vor sich hin und ließ ihn noch 1994 stolz die gesamtdeutsche Akzeptanz hervorheben, die seine Ausstellung nach der Wiedervereinigung gefunden habe, indem sich nun dort selbst NVA-Offiziere zu ihrer großen Genugtuung als Widerstandskämpfer gegen die Hitler-Diktatur wiedergefunden hätten.

Immerhin war am 2. September 1993 unüberhörbar in dieser Frage ein neuer Akzent gesetzt worden. An diesem Tage hatte der Verteidigungsminister Volker Rühe anläßlich des Einzugs des Bundesministeriums der Verteidigung in den Bendlerblock, in dem Steinbachs Ausstellung gezeigt wurde und der nun Rühes neuer Amtssitz werden sollte, eine Rede gehalten. In ihr hieß es: "Der Bendlerblock symbolisiert in besonderem Maße Licht und Schatten deutscher Geschichte. Die Bundeswehr verbindet ihren Namen bewußt mit diesem Gebäude. Wir wollen ein Zeichen setzen dafür, daß sich die Armee des demokratischen und vereinigten Deutschland der ganzen deutschen Geschichte stellt. Wir blenden die dunklen Kapitel nicht aus, denn wir sind uns bewußt: wir können die Zukunft nur gestalten, wenn wir auch bereit sind, die Last der ganzen Wahrheit der Vergangenheit zu tragen ... Der Bendlerblock ist ein Ort, der die ganze Geschichte Deutschlands in diesem Jahrhundert wie ein Brennglas zusammenfaßt und widerspiegelt: hier residierten Reichsmarineamt und Großadmiral von Tirpitz, der 'spiritus rector' der unseligen Flottenpolitik des Deutschen Reiches; hier fand in der Weimarer Republik die Spitze der Reichswehr Platz; hier ist der Ort der unsäglichen Lebensraumrede Adolf Hitlers; hier residierte während des Dritten Reiches das Oberkommando des Heeres. Aber der Bendlerblock steht eben auch für den deutschen militärischen Widerstand gegen die Diktatur und das nationalsozialistische Regime. Es ist der Ort, wo Oberst Claus Graf von Stauffenberg, General der Infanterie Friedrich Olbricht, Oberst Albrecht Ritter Mertz von Quirnheim und Oberleutnant Werner von Haeften ermordet wurden. Deshalb ist hier seit langen Jahren die 'Gedenkstätte Deutscher Widerstand' untergebracht. In der Ausstellung, die dieses Gebäude beherbergt, werden aber auch Ulbricht, Pieck und andere Machthaber der späteren DDR als Personen der Geschichte dokumentiert. Auch dazu eine klare Wertung: Menschen, die ein Unrechtsregime nur durch ein anderes ersetzt haben und damit Unglück auch über Millionen Landsleute brachten, verdienen nicht an gleicher Stelle und in einem Atemzug mit Persönlichkeiten wie Graf von Stauffenberg, Goerdeler und Leuschner geehrt zu werden." Ein frischer Wind schien auf einmal die dumpfe Bundesrepublik zu durchwehen. Und selbst Professor Steinbach meinte, daß er nun, seit Rühe der "Lodenmantel-Klientel" öffentlich beigesprungen sei, um sein Konzept fürchte.

Wie sich sehr schnell zeigte, brauchte er das nicht. Es war nicht die hervorragende Rede Rühes, sondern erst ein unerwartetes Ereignis anläßlich des 50-jährigen Gedenkens des 20. Juli 1994, das den Schleier zerriß, den Steinbach über seine historischen Unverschämtheiten gezogen hatte. Und der erste Anstoß dazu kam nicht von rechts, sondern von links.

Am 18. Juli 1994 wurde die "Gedenkstätte Deutscher Widerstand" in Berlin von linken Autonomen besetzt. Aus den Fenstern zum Hof des Bendlerblocks, in dem am Abend des 20. Juli 1944 die ersten Verschwörer erschossen wurden, hingen zwei Spruchbänder: "Nie wieder Deutschland" und "20. Juli 1994: feiern für ein Viertes Reich". Die Besetzer waren aus Hamburg gekommen und bezeichneten sich als "Antinationales Aktionsbündnis". Aber was sich hinter dieser Gruppe tatsächlich verbarg, war natürlich eben doch die Vereinigung der autonomen Wirrköpfe und aller Linken in der alten Bundesrepublik, die den 20. Juli ablehnten. Für sie blieb der Aufstand der Offiziere ein Symbol, das allein der "Re-Nationalisierung" Deutschlands diene. Ein Angriff, der umso wirksamer war, als er sich auf das ständig eingepeitschte kollektive Schuldgefühl der bürgerlichen Gesellschaft und auf die moralischen Beschädigungen der bürgerlichen Institutionen, die den 68ern gelungen war, stützen konnte. Aufruf zu einem "antinationalen

Wochenende." "Kein Frieden mit Deutschland!" "Gegen die Kollaboration mit der Nation!" Eine 16-seitige Zeitung faßte alles zusammen, was an Krausem in den Köpfen von 23 autonomen Gruppen, vor allem aus Hamburg und Berlin, gegen das Dritte Reich, die Wehrmacht, den 20. Juli 1944 und die Bundeswehr vorging. "Jeder macht sich die Helden, die er braucht", schrieben sie. Wie wahr.

Unter dem Eindruck der Mahnmal-Besetzung durch die Autonomen rührte sich nun aber auch zum ersten Mal der Wìderstand der anderen Seite. "Die Gedenkstätte in ihrer heutigen Konzeption und Ausgestaltung", gab Franz Ludwig Schenk Graf von Stauffenberg, einer der Söhne von Claus Schenk Graf von Stauffenberg der Zeitschrift FOCUS zu Protokoll, "ist sichtbar Produkt und Ausdruck des Zeitgeistes der 70er und 80er Jahre. Damals suchte die Politik einen Ausgleich mit dem noch mächtigen sowjetischen Regime und der SED. Einer ganz typischen deutschen Tradition folgend, haben sich dabei bestimmte Akademiker bemüht, zur Unterstützung der Entspannung gleich das ganze philosophisch-moralische Koordinatensystem zu verschieben. Das wäre an sich noch nicht so schlimm, wenn das nicht ausgerechnet unter der Protektion des Berliner Senates geschehen wäre... Vor wenigen Tagen gedachte Deutschland des Volksaufstandes in der DDR am 17. Juni 1953. Der Berliner Regierende Bürgermeister und die Präsidentin des Berliner Abgeordnetenhauses, Eberhard Diepgen und Hanna Renate Laurien, haben Kränze am Mahnmal niedergelegt, die an die namenlosen Opfer des Aufstandes gegen das stalinistische Regime auf deutschem Boden, also auch gegen Ulbricht und Pieck erinnern. Gleichzeitig aber hält diese Stadt seit 10 Jahren ihre schützende Hand über ein Widerstandsverständnis, das die Unterdrücker und späteren Totschläger des 17. Juni, die erbarmungslos ihre Opfer verfolgten, als Helden eines vorbildhaften Widerstandes darstellt. "

Der Streit eskalierte. Von Graf Stauffenberg hieß es, er werde die 50-Jahr Feier am 20. Juli 1994 boykottieren, wenn die Bilder der

DDR-Größen nicht verschwänden. Steinbach drohte mit Rücktritt - eine fürchterliche Drohung -, wenn die auf Geheiß von Richard von Weizsäcker konzipierte Ausstellung "gereinigt" würde. Passieren tat schließlich nichts. Steinbach bestand weiter darauf, daß, politisch gesehen, es sich bei dem deutschen Widerstand des 20. Juli 1944 um ein unerhebliches historisches Ereignis gehandelt habe, die Bilder der Widerstandskämpfer ohne eigenes Risiko hinter Stacheldraht und ihrer Gehirnwäscher blieben in der Gedenkstätte hängen und Bundeskanzler Kohl hielt eine von viel Kopfschütteln begleitete Rede, in welcher er den Tischlergesellen Johann Georg Elser ehrte, der am 8. November 1939 im Münchner Bürgerbräukeller als treuer KPD-Wähler und zeitweiliges Mitglied im Rotkämpfer-Bund Deutschland per Bombe beinahe von Hitler befreit hätte. Bundespräsident Roman Herzog befand am Abend im Schloß Bellevue, daß er mit "Ulbricht" zwar nichts im Sinne, aber doch eben auch viele gute Kommunisten gekannt habe. Warum solle man sie heute ausgrenzen. Die Einzigen, die wagten das Wort "20. Juli" in den Mund zu nehmen, waren an der Hinrichtungsstätte Plötzensee die Sozialdemokratin Annemarie Renger, Gefährtin Kurt Schumachers und einstige Präsidentin des Deutschen Bundestages, und in der Zeitschrift DIE BUNDESWEHR der Generalinspekteur der Bundeswehr, General Klaus Naumann: "Stauffenberg, Beck, Goerdeler und all die anderen - sie haben durch ihre Tat dem deutschen Volk geholfen, den Weg zurück in die Gemeinschaft der Völker zu finden. Daß wir, trotz der schrecklichen Ereignisse jener Jahre, wieder einen geachteten Platz in der Welt einnehmen, ist auch ihr Verdienst."

Der Staat hatte sich am 20. Juli 1994 von dem 20. Juli 1944 verabschiedet. Für die Autonomen und Professor Peter Steinbach war das Rennen gelaufen.

Bürgermeister Diepgen hatte immerhin noch den Gedanken geäußert, daß man die Ausstellung künftig vielleicht nicht mehr in der Gedenkstätte, sondern im Deutschen Historischen Museum zeigen könne. Trennung also zwischen Gedenken und Forschen.

Aber selbst die Podiumsdiskussion von Historikern und Politik-Wissenschaftlern, die man der Feier des 20. Juli folgen ließ und die nun vom Elfenbeinturm der reinen Wissenschaft aus klären sollte, was Widerstand gegen das Dritte Reich denn nun vielleicht tatsächlich gewesen sein könnte und was nicht, ging auf Diepgens Anregung nicht einmal mehr ein. Die acht Professoren und zwei "Zeitzeugen", die sich da zu possierlichem Wissenschaftsgetuschel zusammengefunden hatten, votierten schließlich mit sechs profess-oralen Stimmen für und mit zwei Stimmen der "Zeitzeugen" gegen Ulbricht und Pieck, zwei Professoren enthielten sich. Außer Spesen nichts gewesen.

Und Professor Steinbach würzte weiter seinen Widerstandsgulasch. Schon im Vorfeld der Gedenkfeier zum 20. Juli war es darum gegangen, den Katalog der MGFA-Ausstellung "Aufstand des Gewissens" neu zu gestalten. Bei der Neuauflage des Katalogs fehlte plötzlich ein interessanter Beitrag, verfaßt von dem wissenschaftlichen Direktor im MGFA, Dr. Georg Meyer. Der Darstellung des angeblich neuen Forschungsstandes wurde dagegen breiter Raum eingeräumt. Den Katalog schmückte nun ein Beitrag von Professor Steinbach über die "Rote Kapelle" und ein Aufsatz von Gerd R. Ueberschär "Zur Rezeptionsgeschichte des Widerstandes". Eine Erklärung, warum Meyers Beitrag zur Wirkungsgeschichte des 20. Juli nicht wieder aufgenommen worden war, gab es nicht. Noch kein dramatischer Einbruch der "roten Zelle" in einen bisher neutralen Bereich des MGFA, aber immerhin ein vielversprechender Anfang.

Und in der Tat zeitigte er dann auch schnell beachtliche Ergebnisse. Auf Anregung des amerikanischen Generals Colin Powell sollte nämlich eine Ausstellung zur Geschichte des Widerstandes zum Gedenken des 20. Juli 1944 in Washington gezeigt werden. Als Basis diente díe MGFA-Wanderausstellung, die aber nun in Zusammenarbeit mit Professor Peter Steinbach zu einer Ausstellung im Sinne seines "integralen Konzeptes" umfunktioniert wurde. Endlich sollten auch die Amerikaner über die Heldentaten deutscher Widerstandskämpfer ohne eigenes Risiko hinter Stacheldraht und ihrer Gehirnwäscher aufgeklärt werden. Die einführende Rede zu der Ausstellung in den USA mußte unvermeidlicherweise der Generalinspekteur der Bundeswehr, Klaus Naumann, halten, der vermutlich über den manipulativen Charakter der Ausstellung nicht im Bilde war.

Zur Feier des 20. Juli 1995, der 51sten, trat dann die Präsidentin des Bundesverfassungsgerichtes, Frau Jutta Limbach, auf den Plan und würzte das Widerstandsgulasch auf besondere Weise. Nicht vom Erfolg, noch auch, wie sie es in ihrem gepflegten 68er-Deutsch ausdrückte, von der Gefahr der Gegengewalt (auf deutsch: von der Gefahr, durch den Widerstand sein Leben zu verlieren), dürfe die Bedeutung des Widerstandes abhängig gemacht werden. Allein "dagegen" zähle! Jede Handreichung, jede, selbst noch die gefahrloseste Verweigerung. Erwähnt wurden Pieck, Ulbricht und Graf von Einsiedel nicht, aber Frau Limbach tat alles, um durch die Inflationierung des Widerstandsbegriffes das zu feiernde Attentat zur Bedeutungslosigkeit einzuebnen und klammheimlich auch den Deserteuren der Wehrmacht, von denen schon seit 1992 öfter die Rede gewesen war, den Weg zum Ruhm als Widerstandskämpfer zu eröffnen.

Noch im gleichen Jahr war dann schon wieder ein Gedenktag herangekommen: die Bundeswehr feierte den 40. Jahrestag ihres Bestehens. Gelegenheit für den Bundespräsidenten, Roman Herzog, ein wenig nachzubessern, was er am 20. Juli 1994 versäumt hatte: "Tradition ist... nicht die pauschale Fortsetzung von Geschichte. Tradition ist die Auswahl von Menschen, von Werten, Haltungen und Taten, die als beispielgebend gewertet werden... Nicht die Wehrmacht von 1939 - 1945, wohl aber einzelne, ja viele Soldaten der Wehrmacht können durchaus traditionsbegründend sein, genauso wie Blücher und Yorck, Scharnhorst und Gneisenau und *natürlich die Männer des 20. Juli 1944*."

Aber schon bei der 52. Gedenkfeier des 20. Juli, im Jahr 1996 gingen die Lichter wieder aus und wurde die von Frau Limbach auf Kosten der Männer des 20. Juli für die Deserteure geschlagene Bresche elegant erweitert. Bundesbauminister Klaus Töpfer (CDU) und Thüringens Ministerpräsident Bernhard Vogel (CDU) hielten die üblichen CDU-Reden. Den entscheidenden Punkt aber setzte die Berliner Bürgermeisterin Christine Bergmann (SPD) die einerseits nun in aller Öffentlichkeit die Rehabilitierung der Deserteure forderte, zugleich aber auch auf die Aufhebung der Unrechtsurteile des Volksgerichtshofes gegen die Männer des 20. Juli und die noch ausstehende Rehabilitierung des Theologen Dietrich Bonhoeffer "und seines Kreises" einging und damit sehr geschickt die Rehabilitierung sehr unterschiedlich zu bewertender Widerstandshandlungen miteinander verband. Der Einebnungsprozeß hatte eine neue Qualität erreicht.

Tatsächlich stellte dann am 6. August 1996 das Landgericht Berlin fest, daß das Urteil des SS-Standgerichts im Konzentrationslager Flossenbürg in der Oberpfalz vom 8. April 1945, durch das neben dem Theologen Dietrich Bonhoeffer Admiral Wilhelm Canaris, Hauptmann Ludwig Gehre, Generalmajor Hans Oster und Heeresrichter Carl Sack - sie alle wurden von Frau Christine Bergmann namentlich nicht genannt - wegen Landes- und Hochverrats zum Tode verurteilt und erhängt wurden, aufgehoben ist. Eine gute, eine hervorragende Nachricht. Was sich hinter ihr verbarg, war eher beschämend. Einerseits zeigte sich, daß sich die bieneneifrigen 68er unserer Zeit bei ihrer Suche nach Verbrechen in der Wehrmacht niemals um die Verbrechen gekümmert hatten, die an den aktiven Widerstandskämpfern gegen das Dritte Reich verübt worden waren, es zeigte sich aber auch, daß die Aufarbeitung des Nationalsozialismus im deutschen Gerichtswesen durch die Demokraten deutlich Schwächen aufwies.

Was war geschehen? Der Vorsitzende des Standgerichtes in Flossenbürg war SS-Sturmbannführer Thorbeck gewesen, Ankläger in dem SS-Standgericht der SS-Standartenführer und Abteilungsleiter im Reichssicherheitshauptamt, Walter Huppenkothen. Als Beisitzer trat der SS-Obersturmbannführer Kögel zu dem Standgericht hinzu. Einen Verteidiger gab es nicht.

Thorbeck und Huppenkothen kamen vor Gericht. Am 15. Februar 1952 sprach das Landgericht München I Huppenkothen von der Anklage der Beihilfe zum Mord frei. Der Bundesgerichtshof (BGH) setzte sich dann mit dem Fall insgesamt noch dreimal in unterschiedlicher Weise auseinander. Zunächst hob der BGH das Urteil auf und verwies es nach München I zurück. Das Landgericht sprach Huppenkothen und Thorbeck, der nun mit auf der Anklagebank saß, erneut frei. Der BGH hob am 30. November 1954 das Urteil wieder auf und verwies die Sache an das Landgericht Augsburg. Augsburg verurteilte daraufhin Huppenkothen zu insgesamt 7 Jahren, Thorbeck zu 4 Jahren Zuchthaus. Die Verurteilten legten Revision ein. Am 23. Mai 1956 bestätigte der BGH abschließend das Urteil gegen Huppenkothen mit 6 Jahren, Thorbeck wurde freigesprochen.

Es würde hier zu weit führen, die juristischen Einlassungen, die mit jedem Urteil und jeder Urteilsaufhebung verknüpft waren, darzustellen. Sicher ist nur, daß aufgrund der Urteilsbegründung des BGH von 1955 bis auf zwei Fälle kein Richter mehr wegen seiner Tätigkeit für das NS-Terrorsystem in der Bundesrepublik verurteilt wurde. Die Unrechtsurteile des Dritten Reiches, die sie fällten, gelten bis heute fort.

In Zusammenhang mit diesen Vorgängen stellten sich noch andere Merkwürdigkeiten heraus. *Eine bundesweite Regelung zur Rehabilitierung der Widerstandskämpfer des 20. Juli gegen das Dritte Reich hat es nie gegeben und gibt es bis heute nicht.* Aber vielleicht ist das auch nur gut so, solange wir in unserem verwirrten Selbstverständnis nicht wissen, was Widerstand gegen das Dritte Reich tatsächlich war, und wer das ethische Recht besitzt, rehabilitiert und geehrt zu werden - und wer nicht.

P.S. Die Trennung zwischen der Gedenkstätte und einer der Forschung dienenden Ausstellung konnte bisher (1997) nicht vorgenommen werden, da die Kosten für die Gedenkstätte unter diesen Bedingungen vom Innenministerium übernommen werden müßten und dieses nicht über hinreichende Mittel verfügt.

Die Ehrung der Deserteure

Mit der Inflationierung des Widerstandsbegriffes war der Weg zu der Forderung, auch Deserteure der Wehrmacht als Widerstandskämpfer zu ehren, nicht mehr weit. Begonnen hatte er, für nur sehr wenige erkennbar, mit einem Grundsatzurteil des Bundessozialgerichtes vom 11. September 1991. Über dieses Urteil und seine Hintergründe wurde bereits in der ersten Streitschrift "Wider den Mißbrauch der Geschichte deutscher Soldaten zu politischen Zwecken" berichtet. Um die im weiteren dargestellten Zusammenhänge besser verstehen zu können, muß hier wenigstens noch einmal kurz auf das Urteil eingegangen werden.

Es ging um die Rechtswidrigkeit von Todesurteilen der Militärstrafjustiz im Zweiten Weltkrieg und im einzelnen um den Antrag auf Hinterbliebenenversorgung einer Witwe, deren Ehemann, Walter Leschinski (Dienstgrad Gefreiter), am 10. März 1945 in der von sowjetischen Truppen eingeschlossenen Festung Breslau als fahnenflüchtiger Soldat zum Tode verurteilt und durch Erschießen hingerichtet worden war. Die in Polen lebende Klägerin hatte 1955 wieder geheiratet. Deshalb konnte sie ihren Anspruch auf Witwenrente erst nach dem Tode ihres zweiten Mannes geltend machen. Ihr Begehren war in zweiter Instanz am 21. Oktober 1988 vom Landessozialgericht Baden-Württemberg abgelehnt worden, da der Tod ihres ersten Ehemannes nicht Folge einer Schädigung im Sinne des Bundesversorgungsgesetzes gewesen sei. Auf ihre Revision gab das Bundessozialgericht dem Antrag der zweifachen Witwe statt. Im Sinne einer sozialen Rechtsprechung ist das Urteil sicherlich gerecht, auch die Grundsatzbegründung des Urteils erscheint vernünftig: "Die Todesurteile der Militärstrafjustiz während des Zweiten Weltkrieges schließen die Hinterbliebenen der von ihnen betroffenen Soldaten in der Regel nicht von allen Leistungen des Bundesversorgungsgesetzes aus, weil angesichts der gesamten Umstände die Rechtswidrigkeit der Urteile zu vermuten ist." Aber genau mit dem Wort "vermuten" fing nun doch die Katastrophe an. Es hätte "nicht auszuschließen ist" heißen müssen, um der nun folgenden unglaublich einseitigen Urteilsbegründung ihren Stachel zu nehmen. So vernünftig und menschlich das Urteil auch war, - was die Verfasserin der Begründung des Urteils, Frau Renate Jaeger, als 68er Richterin daraus machte, war und bleibt bis heute ein Skandal. In dieser Begründung heißt es: Die von Gerichten der ehemaligen deutschen Wehrmacht gefällten Todesurteile rechtfertigen *durchweg die Vermutung* der "Rechtsstaatswidrigkeit" und seien deshalb bis zum Beweis des Gegenteils im Einzelfall sämtlich als "offensichtliches Unrecht" zu behandeln. Umdrehung der Beweislast. Formulierungsbeispiele aus der Urteilsbegründung: "Urteil aus dem Geist der Zeit, (das) im Gewande des Rechts Gestalt angenommen hat". "Die Todesstrafe wurde so... zwangsläufig verhängt, wie in den Urteilen des Volksgerichtshofes"; "... nur vor dem Hintergrund einer zur Normalität gewordenen Perversion des Rechtsdenkens." Hier taucht zudem zum ersten Mal in einem letztinstanzlichen Urteil die Pauschalisierung von historischen Vorgängen auf, die dann in Heers Ausstellung so schreckliche Urstände feiern sollte. Nicht weniger als 15 mal erwähnt die Urteilsbegründung Publikationen von Messerschmidt und Wüllner, einseitig festgelegten Gegnern der Wehrmacht und vor allem ihrer Justìz: "Die Wehrmachtjustiz im Dienst des Nationalsozialismus", Messerschmidt, Wüllner 1987 - und "NS-Militärjustiz und das Elend der Geschichte", Wüllner 1991 (eine erweiterte Fassung des Messerschmidt/Wüllner Buches). Beide Veröffentlichungen waren außerhalb des Militärgeschichtlichen Forschungsamtes erschienen und stellten rein persönliche Auffassungen der Autoren dar. Von Frau Jaeger wurden sie indessen als eine Art amtlicher Quellen benutzt. Gegenstimmen, wie etwa die Standardwerke von Schweling/Schwinge "Die deutsche Militärjustiz in der Zeit des Nationalsozialismus", 1978, oder das Werk von Franz W. Seidler: "Die Militärgerichtsbarkeit der deutschen Wehrmacht", 1991, blieben unerwähnt. Der Bundesminister für Arbeit und Sozìalordnung trat mit Rundschreiben am 21. April 1992 dem Urteil bei. Ob er je einen Blick in die Urteilsbegründung geworfen hat und dabei auf den für unsere Politik so gefährlichen, von Frau Jaeger in ihrer

Urteilsbegründung neu geschaffenen Begriff der "Unrechtsvermutung" gestoßen ist, bleibt offen. Aber wie die Dinge nun lagen, waren damit die politischen Voraussetzungen geschaffen worden, die generelle Rehabilitierung der Deserteure zu fordern.

Was nun begann, war ein langer parlamentarischer Prozeß, der mit je einem Antrag der SPD (Drucksache 12/6220) vom 2. Dezember 1992 und mit einem entsprechenden Antrag der Bündnis 90/Die Grünen (Drucksache 12J6418) vom 10. März 1994 seinen Anfang nahm, in der Folgezeit in fünf Ausschüssen beraten wurde und am 28. Juni 1994 zu einer Beschlußempfehlung des Rechtsausschusses (einer Empfehlung also auch mit den Stimmen der CDU) an den Bundestag am 28. Juni 1994 führte. Inzwischen war die zwölfte Wahlperiode zuende gegangen, woraufhin die SPD (neues Aktenzeichen: 13/354) und Bündnis 90/Die Grünen (neues Aktenzeichen 13/353) ihre ursprünglichen Anträge am 30. Januar 1995 erneut vorlegten. Daraufhin kam es auf der 27. Sitzung des Parlaments am 16. März 1995 zu einer ausführlichen Aussprache.

In seiner Eröffnung machte der SPD-Abgeordnete Volker Kröning in drei Punkten auf den "Debattenstand" aufmerksam und plötzlich zeigte sich, daß in den vergangenen Jahren das 68er Netzwerk im Zusammenhang mit der zur Debatte stehenden Frage auf das wirkungsvollste gearbeitet hatte.

Als erstem Punkt dieses "Debattenstandes" führte Kröning die von der breiten Öffentlichkeit so gut wie unbeachtete, 1992 in der "Gedenkstätte Deutscher Widerstand" entstandene Wanderausstellung über das "Reichskriegsgericht und den Widerstand gegen die nationalsozialistische Herrschaft" an, die nur zu begrüßen gewesen wäre, hätten nicht die Veranstalter dafür gesorgt, daß ihr Werk seiner Einseitigkeit wegen geradezu zu einer Einstiegsdroge für die Ausstellung des Hamburger Instituts für Sozialforschung und seiner These von der Verbrecherorganisation Wehrmacht gewertet werden mußte. Wieder war es der 68er Soziologieprofessor Peter Steinbach, wieder war es der linke 68er-Klüngel der Berliner Senatsverwaltung, welche in dieser Ausstellung die Feder führten und diesmal von einem "newcomer", der linkslastigen 68er Metastase "Neue Richtervereinigung", wirksam unterstützt wurden. Die "Neue Richtervereinigung" war im September 1995 die Mitveranstalterin der Heer-Ausstellung in Stuttgart und einladende Instanz für den ersten Auftritt der Bundesverfassungsrichterin Renate Jaeger im Rahmen der Reemtsma-Diffamierungskampagne gewesen und sie wiederum - wie eben geschildert - war 1991, damals als Richterin im Bundessozialgericht für die skandalöse Begründung des Urteils vom 11. September 1991 zuständig. (Wenige Jahre später setzte sie als Bundesverfassungsrichterin das erste Soldaten-Mörder-Urteil durch.)

Das Urteil des Bundessozialgerichtes diente Volker Kröning als das zweite Merkmal des "Debattenstandes", zu dem er dann noch als drittes die Koalitionsvereinbarung von CDU und SPD in Mecklenburg-Vorpommern unter der Ägide des aus seiner Ostvergangenheit dunkelrot gefärbten stellvertretenden Ministerpräsidenten, Dr. Harald Ringsdorf, zur Aufhebung der Urteile gegen Deserteure hinzufügte.

Der Vortrag des Abgeordneten Volker Kröning war sachlich und einsichtig. Aber die Materie, um die es geht, ist nun einmal schwierig. Da ist zunächst die Frage, ob die von SPD- und CDU-Politikern unterschiedslos gebrauchte Formulierung von dem "völkerrechtswidrigen Angriffskrieg Hitlers" überhaupt stimmt. Sein Charakter als Angriffskrieg ist nicht zu bezweifeln. Aber war er auch völkerrechtswidrig? Der übliche Bezug auf den Kellogg-Pakt reicht womöglich nicht aus. So schrieb zum Beispiel der eher nach links tendierende Herbert Graml vom Institut für Zeitgeschichte (München) in Band 1 "Deutsche Geschichte seit dem Ersten Weltkrieg" 1971, S. 381: "Der ebenso generellen Überzeugung, derartige Verpflichtungen zum Verzicht auf den Krieg als Instrument nationaler Politik seien im Grunde noch kein ausreichender Schutz vor Konflikten und vor Angriffen, entsprach es freilich auch, daß sich Signatar-Staaten weder auf Sanktionsklauseln noch auf Abrüstungsversprechen eingelassen hatten, der Pakt also rein deklaratorischen Charakter besaß und damit die noch immer gegebene Unfähigkeit, nationale Staatsräson in eine kollektive Friedensordnung einzuschmelzen, eher unterstrich."

Aber überlassen wir das einer wirklich einmal kritischen Geschichtsforschung. In der im März 1995 geführten Diskussion gab es Übereinkünfte und Dissense. Übereinkunft herrschte darüber, daß von der Militärjustiz unbestreitbar Unrechtsurteile gefällt worden waren. Die CDU erwies sich bereit, im Falle der Todesurteile generell die Vermutung des Unrechtscharakters zugrunde zu legen. Auch einer Rehabilitierung von Deserteuren, die unbestritten aus politischer Überzeugung gehandelt hätten, wollte sich niemand widersetzen. Aber die Motive zu einer so schwerwiegenden Handlung festzustellen, erwies sich nicht nur als schwierig, sondern auch als unter Umständen entwürdigend. Damit war man bei einem Problem angekommen, das sich im Grunde wahrscheinlich als unlösbar erweist: der Bestimmung des rechtlichen Maßstabs. Das Militärstrafgesetzbuch war bereits nach dem Ersten Weltkrieg neu gefaßt worden. Für die Frage, ob das Verfahren vor den Wehrmachtsgerichten rechtsstaatlichen Anforderungen genügt hat, ist die "Kriegssonderstrafrechtsverordnung" maßgebend, die vom August 1938 stammt. Vorausgegangen war das Gesetz über die Einführung der Militärgerichtsbarkeit vom 12. Mai 1933, dessen §1 lautet: "Die Militärgerichtsbarkeit ist auf der Grundlage der Militärstrafgerichtsordnung vom 1. Dezember 1898 (!) allgemein wieder einzuführen." Es ist daher eher unwahrscheinlich, daß die von den Nationalsozialisten wieder belebte Militärstrafgerichtsordnung der Abstützung des Systems gedient habe. Die Richter waren frei von jeder Weisung, manche haben sich sogar um eine Versetzung in die Militärgerichtsbarkeit bemüht, weil sie sich dort freier fühlen mochten als in der zivilen Justiz, und viele haben persönlich ganz sicher auch rechtsstaatliche Verfahren geführt. Der oberste Richter der Wehrmacht, Karl Sack, gehört zu den Widerstandskämpfern.

Je gröbere und unqualifiziertere Maßstäbe man anlegt, umso einfacher ist die Lösung. Für die ideologisch eingeschränkte Richterin Renate Jaeger zum Beispiel war alles ganz einfach: "Unsere jetzigen Maßstäbe müssen gelten und nicht die der damaligen Zeit". Wir alle wissen aber, wie schwer sich bis heute noch jeder anständige demokratische Richter tut, einer derartig primitiven Forderung mit juristischer Ehrbarkeit und moralischer Verantwortung zu folgen. Ausgerechnet an dem Tag, da Frau Jaeger in Stuttgart sprach, hatte der Bundesgerichtshof auch noch seine Entscheidung bekannt gegeben, daß DDR-Richter, außer im Extremfall, von dem Vorwurf der Rechtsbeugung freizusprechen seien. Der Satz, "was damals Recht war, kann heute nicht Unrecht sein", bekam eine neue aktuelle Wendung. Die nicht so lange zurückliegenden Verstöße des SED-Regimes und seiner Richter werden heute in der Regel, weil damaligem Recht entsprechend, als rechtmäßig angesehen! Was Frau Jaeger da so schlankweg fordert, ist Faschismus in Reinkultur: Recht, selbst wenn es manchmal noch so weh tut, nicht an Ethik zu binden, sondern an Macht. Die Mehrheit der in Strafprozessen tätigen Richter, die man auch nach 1945 laufen ließ, hätte man auch nach dem für sie und ihre Zeit geltenden Recht (Rechtsbeugung) verurteilen können. Warum das dann in den Fällen, in denen das Delikt nachgewiesen werden konnte, nicht geschah, steht in diesem Buch in Kapitel 10 und die damit verbundene Schuld war nicht die Schuld der Nazis, sondern der Demokraten der Bundesrepublik.

Der Abgeordnete Norbert Gansel (SPD) beschloß schließlich die Diskussion und wies vorsichtig einen möglichen Weg aus einer schwer lösbaren Frage: "Es leben nur noch wenige von denen, die die Desertion überlebt haben und von den Angehörigen der Hingerichteten. Es geht mit dieser Initiative doch darum, diesen Menschen eine Geste der Anerkennung für das Leid, das Nazi-Barbarei und Krieg ausgelöst haben, zu geben." Statt juristischer Rehabilitierung und Rechthaberei, eine Geste der Gnade. Den Richtigen und den Falschen gegenüber, wodurch im zweiten Falle wieder Unrecht entstand. Aber irgendwie war das nun eben doch 50 Jahre her und die meisten Deserteure waren schließlich in den letzten Monaten eines unmöglichen Krieges desertiert. Ein Hauch von Menschlichkeit durchwehte plötzlich den Bundestag.

Der einzige Beschluß, der am 16. März 1995 gefaßt wurde, war, der Frage nun eine öffentliche Anhörung des Rechtsausschusses zu widmen. Bevor diese dann am 29. November 1995 stattfand, wurde im Sinne des Stellvertreter-Krieges der 68er gegen das Establishment eifrig an der Herstellung eines geeigneten "Debattenstandes" gearbeitet: die Richterin am Bundesverfassungsgericht Renate Jaeger trat am 15. September 1995 im Rahmen der Ausstellung des Hamburger Instituts für Sozialforschung und seiner These von der Verbrecherorganisation der Wehrmacht in Stuttgart als Rednerin auf. Der von ihr gewählte und von Professor Friedrich Karl Fromme in der FAZ vorsichtig als "vielleicht unbedacht" apostrophierte Vortragstitel: "Die NS-Militärgerichtsbarkeit und ihre Opfer". (gemeint hatte sie die Militärgerichtsbarkeit im Dritten Reich; die "NS-Militärgerichtsbarkeit" gehört in das güldene Wortschatzkästlein der 68er). Es war ziemlich genau ein Jahr her, daß sie als Mitglied der "roten Zelle" des Bundesverfassungsgerichtes am 19. September 1994 das Soldaten-Mörder-Urteil aus der Taufe gehoben, und wiederum ziemlich genau vier Jahre her, daß sie am 11. September 1991 als Richterin eines unserer fünf höchsten Bundesgerichte die skandalöse Urteilsbegründung des Bundessozialgerichtes formuliert hatte, die dann der mit dem Urteil verbundenen Problematik einen sorgfältig vorbereiteten Schub nach links gab.

Um was es ihr in Stuttgart unübersehbar ging, war die Aufforderung an den Bundestag, die Urteile der Militärgerichtsbarkeit im Dritten Reich so, wie es mit den Urteilen des Volksgerichtshofes geschehen war, komplett zu kassieren. Sie wußte ihre Meinung mit vielen juristischen Einlassungen zu unterstützen und bezog sich dabei auch auf das Bundesentschädigungsgesetz von 1953, in dem Entschädigungsleistungen mit folgendem Tenor festgesetzt worden waren: "In Anerkennung der Tatsache, daß Personen aus Gründen politischer Gegnerschaft gegen den Nationalsozialismus, aber auch aus Gründen der Rasse, des Glaubens und der Weltanschauung Unrecht geschehen ist, daß Menschen aus Überzeugung oder um ihres Glaubens oder Gewissens willen gegen die nationalsozialistische Gewaltherrschaft

Widerstand geleistet haben, und daß dies ein Verdienst um das Wohl des deutschen Volkes und Staates war."

Noch lag also damals die Beweislast bei den Betroffenen und auch der Bundesgerichtshof (BGH) sah zunächst "Widerstand" nur dann als gegeben an, wenn er auf einer einigermaßen sinnvollen Planung beruhte und gewisse Erfolgsaussichten hatte. Aus diesem Grunde wurde zum Beispiel Kriegsdienstverweigerung mangels Erfolgsaussicht als ungerechtfertigter Widerstand angesehen. Insoweit wurde der BGH der Präambel des Bundesentschädigungsgesetzes nicht voll gerecht, der Präambel, die Frau Jaeger nun wiederum in der Weise auslegt, daß Widerstand nicht unbedingt aus politischer Überzeugung geleistet werden müsse. Glaubens- und Gewissensdruck genügten. Allein bei aktivem Widerstand komme eine Güterabwägung mit der Gefährdung Dritter und der Sinnhaftigkeit des Handelns in Betracht. Wer aus Gründen politischer Gegnerschaft gegen den Nationalsozialismus verfolgt worden sei, müsse nicht wirklich aktiv Gegner gewesen sein. Es genüge, daß das Gericht aus dem Verhalten auf politische Gegnerschaft schließen könne. Für eine Güterabwägung sei in diesem Zusammenhang kein Raum. Und damit ist sie dann klammheimlich bei der Rehabilitierung der Deserteure angekommen, wenn sie das in ihrem Vortrag auch nicht im einzelnen ausführt.

Bedeutsamer als die Rabulistik der juristischen Argumente sind zwei Fragen, die nicht an den Rand, sondern mitten in das Problem hineinführen.

1. Sollte eine Bundesverfassungsrichterin im Rahmen einer derart umstrittenen Ausstellung wie die des Hamburger Instituts für Sozialforschung überhaupt auftreten und damit einer zugespitzten einseitigen Meinung vor der Öffentlichkeit ein Gütesiegel verleihen?

2. Sollte eine Richterin des Bundesverfassungsgerichtes, das womöglich eines Tages im Auftrage des Bundestages mit der Frage der Rechtmäßigkeit der Desertion befaßt sein könnte,

bereits auf einer in diesem Punkte eindeutig einseitig festgelegten Ausstellung einen Vortrag halten und damit ihre Position als allein der Neutralität und Gerechtigkeit verpflichteten Richterin ebenso eindeutig im voraus festlegen?

Es handelt sich hier nicht allein um Stilfragen. Frau Jaeger hat zu Stil kein Verhältnis. Aber als Richterin beim Bundesverfassungsgericht ist das nicht mehr ihr persönliches Problem. Handelt es sich hier vielleicht um eine gewollte Proletarisierung? In ihrem Vortrag taucht ein höchst interessanter Begriff auf. Der Begriff des "Elitenaustausches". Im nächsten Kapitel dieser Schrift wird noch ausführlich darauf einzugehen sein. Offenbar haben wir heute im Bundesverfassungsgericht tatsächlich einen linken Flügel, der sich genau das vorgenommen hat. In unserem obersten Verfassungsgericht geht es, wie es scheint, nicht mehr um dem Recht dienende Urteile, sondern nur noch um die Überwindung des Systems.

Wenn Frau Jaeger in Stuttgart zusammen mit der "Neuen Richtervereinigung", den Mitgliedern der "roten Zelle" des MGFA wie dem Titularprofessor Dr. Manfred Messerschmidt oder Dr. Gerhard Schreiber und dem Chef des Hamburger Instituts für Sozialforschung, Jan Philipp Reemtsma, Arm in Arm auftritt, beschädigt sie vor den Augen einer immer breiteren Öffentlichkeit die dritte Macht in unserer Demokratie.

Noch eins sei dem hinzugefügt. Frau Jaeger spricht davon, daß mit dem Urteil vom 11. September 1991 ein "grundsätzlicher Anschauungswandel" in unserer Gesellschaft stattgefunden hätte. In der Tat waren an dem Urteil drei Berufsrichter mit zwei Schöffen beteiligt. Man darf mit größter Wahrscheinlichkeit davon ausgehen, daß die Schöffen die weitreichende politische Bedeutung des Begriffes "vermuten", aus dem dann Frau Jaeger die Unrechtsvermutung machte, überhaupt nicht verstanden haben. Das aber würde bedeuten, daß der "grundsätzliche Anschauungswandel" unserer Gesellschaft auf zwei Personen zurückgeht: auf Frau Jaeger und den Vorsitzenden des Gerichtes Freigott Wulfhorst. Beide sind 68er.

Am 29. November 1995 kam es schließlich zu der am 16. März 1995 im Bundestag beschlossenen Anhörung im Rechtsausschuß. Diesem Termin war noch im Juni die Formulierung eines Kompromißvorschlages der Berichterstatter der SPD und CDU/CSU vorangegangen, in dem es hieß: "Der Deutsche Bundestag stellt fest, daß die deutsche Militärjustiz im nationalsozialistischen Staat - vor allem im Verlauf des Zweiten Weltkrieges - zu einem Terrorinstrument geworden ist, wenngleich sich Richter auch um maßvolle Urteile bemüht haben." Die CDU/CSU verwarf ihn, das Bündnis 90/Die Grünen lehnte ihn ab. Die für den 30. Juni 1995 vorgesehene Abstimmung im Rechtsausschuß konnte nicht stattfinden. So trafen dann dort am 29. November 1995 zehn Berichterstatter aufeinander, fünf, die für eine Rehabilitierung der Deserteure votierten, darunter der dem Leser schon bekannte Sprecher der "Bundesvereinigung Opfer der NS-Militärjustiz", Ludwig Baumann, der links-außen Rechtsanwalt, Dr. Otto Gritschneder, der Bundessozialrichter Dr. Freigott Wulfhorst, der zusammen mit Frau Renate Jaeger 1991 - wie dargestellt - durch die Einführung des Begriffes der "Unrechtsvermutung" mit seinem Urteil des Bundessozialgerichtes die deutsche Politik so entscheidend beeinflußt hat, und schließlich der unvermeidbare Titularprofessor Dr. Manfred Messerschmidt. Auf der Seite der die Rehabilitierung Ablehnenden waren es vor allem Professor Dr. Franz W. Seidler von der Bundeswehr-Universität in München, der amerikanische Professor Dr. Alfred de Zayas und Generalmajor a. D. Dr. Jürgen Schreiber vom Verband Deutscher Soldaten, die der linken Fraktion Widerstand leisteten. Zur Debatte stand der Wunsch der SPD und der Grünen, alle Verurteilungen während der nationalsozialistischen Gewaltherrschaft wegen der Tatbestände "Desertion/Fahnenflucht", "Wehrkraftzersetzung" und "Wehrdienstverweigerung" von Anfang an als Unrecht festzustellen. Es habe sich bei ihnen nicht um Urteile unabhängiger Richter, sondern um Akte eines "Terrorsystems" gehandelt. Genau darum mußte es in der Diskussion dann auch zunächst einmal gehen. War die Sache mit dem "Terrorsystem" erst einmal klar, löste sich der Rest von allein. Das ist die Methode der Linken, die historische Vielfalt einer Gesellschaft durch die Breitwandoptik einer unglaublichen Pauschalisierung zu betrachten. Aus der Charakterisierung des NS-Staates als "totalitäres Unrechtssystem" - eine Pauschalisierung, an der sich in jüngster Vergangenheit die CDU stets beteiligte - läßt sich das "Unrechtssystem" der Wehrmachtjustiz folgern und in diesem "Unrechtssystem" werden dann die militär-rechtlichen Maßstäbe festgelegt. Wie aber könnten diese, da sie in einem Unrechtssystem entstanden, rechtens sein. Wie sagt doch schon Frau Renate Jaeger so falsch: "Unsere jetzigen Maßstäbe müssen gelten und nicht die der damaligen Zeit."

Von diesem Standpunkt gingen die Antragsteller, die SPD und die Grünen, aus, und mit ihnen auch die Mehrheit der anwesenden Berichterstatter. Was unter diesen Voraussetzungen unvermeidlich kommen mußte, war eine Diskussion auf einer schiefen Ebene. Zunächst hätte geklärt werden müssen, wieweit das Verbrecherische des NS-Systems automatisch allen seinen konstitutiven Elementen zugerechnet werden darf, oder inwieweit von Element zu Element: der Wehrmacht, ihres Gerichtswesens, der Forschung, dem Bildungswesen, der Wirtschaft, der Reichspost oder Reichsbahn der Zusammenhang mit dem NS-System differenziert werden mußte. War die Reichsbahn ein verbrecherisches System, weil ihre Lokführer Juden nach Auschwitz transportiert, oder die Reichspost mit ihren dieses System stützenden Briefträgern, weil diese Feldpostbriefe ausgetragen haben? Wer die Vielfalt eines historisch gewachsenen und in einem bestimmten Abschnitt der Geschichte sich bewegenden Volkes auf einen einzigen Schuldbegriff "totalitäres Unrechtssystem" fixiert, kann jede Frage nach Unrecht mühelos beantworten, nur die historische Wahrheit kann man nicht mehr finden.

So zog sich dann durch die ganze Diskussion immer wieder derselbe Unterschied. Die einen sprachen von Menschen, Zusammenhängen, Umständen, Entwicklungen, kurz von *Geschichte*, die anderen vom *System*. Die einen meinten, es gehe nicht an, die Urteile der Militärrichter generell für Unrecht zu erklären und führten aus, daß die Militärjustiz mit großem Mut dem Druck von

Partei und Gestapo widerstanden und sich um unabhängige richterliche Urteile bemüht hätte. Die Richter seien frei von Weisungen gewesen. Zwei der höchsten Militärjuristen, der Generalstabsrichter Dr. Carl Sack vom Heer und Ministerialdirigent Dr. Rüdiger Schleicher von der Luftwaffe, seien im Zusammenhang mit dem 20. Juli 1944 hingerichtet worden. Es gäbe eine endlose Zahl von Beispielen, wie Richter immer wieder versucht hätten, Urteile abzumildern.

Ja aber, sagten die anderen, es gäbe auch viele Beispiele der Strafverschärfung. Die Richter seien zwar weisungsfrei gewesen, aber zur Beurteilung des *Gesamtapparates Wehrmachtjustiz* reiche das nicht aus. Entscheidungsfreiheit habe in dem totalitären Unrechtsssystems nichts anderes als NS-konforme Rechtsprechung bedeutet. Urteile hätten vom Divisionskommandeur, Todesurteile von Armee-Oberbefehlshabern, in ihrer zusätzlichen Eigenschaft als Gerichtsherren, bestätigt werden müssen. Diese hätten als Soldaten, also härter als die Richter geurteilt, - oder eben auch gerade nicht. Das hing von den zuständigen Generälen ab - und unter ihnen gab es viele, die Hitler nicht freiwillig folgten.

Hier ist nicht der Platz die Kontroverse im Ausschuß bis ins einzelne zu erörtern. Zwei Themen mögen als Beispiele genügen: die Diskussion um die Todesstrafe und um die Deserteure.

Todesurteile konnten auch wegen "Zersetzung der Wehrkraft" und wegen "Kriegsdienstverweigerung" ausgesprochen werden. Kriegsdienstverweigerer handelten in der Regel aus religiösen Motiven. Es bestand daher auch in dem Ausschuß Einigkeit darüber, daß in diesen Fällen eine kollektive Rehabilitierung angemessen sei. Der Tatbestand der "Zersetzung" lehnt sich so eng an die nationalsozialistische Ideologie an, daß ein Unrechtsverdacht zu Recht angenommen werden kann. Da es aber in diesen Fällen auch rechtsstaatlich zu billigende Fälle gab, forderten die einen die Einzelprüfung, während die anderen den Unrechtsverdacht für eine kollektive Rehabilitierung für angemessen hielten. Grundsätzlich anders liegen die Dinge im Falle der Deserteure. Desertion wird in allen Armeen der Welt, auch in der Bundeswehr, mit scharfen Strafen belegt, wo es möglich ist, mit der Todesstrafe und das zu Recht. Eine Armee, die sich nicht vor Deserteuren schützen darf, braucht sich nicht Armee zu nennen. Der Soldat, eingezogen oder freiwillig dienend, weiß und muß wissen, daß im Rahmen des Verbandes, in dem er steht, für seine Handlungen eine absolute Grenze gezogen ist. Deshalb kann auch unter der Betrachtung der Diktatur des Dritten Reiches allein ein nachweisbares Motiv des Widerstandes gegen das politische System die Voraussetzung für eine Rehabilitierung sein. Ein Überläufer, der zum Feind überging, hat mit Sicherheit den eigenen Kameraden geschadet, da Überläufer natürlich aussagten und damit dem Gegner Voraussetzungen für Gegenstösse, Artillerieziele usw. boten. Ja aber, meint dann Herr Messerschmidt, die meisten seien ja gar nicht zum Feind übergelaufen, sondern hätten eher aus persönlichen Gründen, Untreue der Ehefrau, Liebschaften am Standort, Kriegsmüdigkeit oder Feigheit die Truppe im eigenen Lande verlassen. Das aber kann kein Milderungsgrund sein. Widerstandskämpfer waren sie nicht. Ein Soldat, der fahnenflüchtig wird, aus welchen Gründen auch immer, wußte in der Wehrmacht, daß ihm unter Umständen die Todesstrafe drohte - und weiß bis heute, daß ihm in jeder Armee die jeweils höchste verhängbare Strafe droht. Hier kann es keine Unrechtsvermutung geben, und das schon deshalb nicht, weil nicht einmal in der Wehrmacht jede Desertion mit dem Tode bestraft wurde, mildernde Umstände also ins Spiel gebracht werden konnten und ins Spiel gebracht wurden.

Um dennoch die Unmenschlichkeit der Wehrmachtjustiz zu beweisen, zogen Messerschmidt und seine Liga die Häufigkeit von erlassenen Todesurteilen als Beweis für die Unmenschlichkeit der Militärjustiz der Wehrmacht heran. Dabei gelang es Messerschmidt, einen Vergleich zu entwickeln, der eindeutig eine psychopathologische Vermutung zuläßt. Zwischen 1907 und 1932, also in 25 Jahren, in die der Erste Weltkrieg, die Revolution und die Nachkriegswirren fielen, seien im Deutschen Reich 337 Todesurteile vollstreckt worden. In den knapp sechs Jahren des Zweiten Weltkrieges waren es 10000 bis 12 000. Wenn 337 Todesurteile also für

25 Jahre gereicht haben, reichten bei gleichem Tempo 12 000 Todesurteile für 800 Jahre. In sechs Jahren hätten die Nazis - logo - geschafft, wofür die Deutschen vor ihnen 800 Jahre gebraucht hätten. Wenn das kein Beweis für die Unmenschlichkeit der Wehrmachtjustiz ist!

Schlampiger Historiker, der Messerschmidt nun einmal ist, hat er bei seiner Rechnung sogar noch vergessen, daß seit 1928 in der Weimarer Republik, bis auf eine Ausnahme in Süddeutschland, keine Todestrafe mehr vollstreckt wurde.

In der Tat wurden bis zum Juni 1944 - wissenschaftlich nachweisbar - insgesamt 13 550 Soldaten der Wehrmacht wegen Fahnenflucht verurteilt. Etwa 6000 wurden mit dem Tode bestraft. In der Urteilsbehandlung gibt es zwei Zäsuren: das Jahr 1941 mit dem Beginn des Rußlandfeldzuges und gegen das Ende des Krieges im Juni 1944, in dem Regimentskommandeure das Recht zur Bestätigung von Todesurteilen erhielten, und später die Einrichtung von fliegenden Standgerichten und Sonderstandgerichten, über die es keine gesicherten Statistiken mehr gibt, die aber auch nicht mehr der ordentlichen Wehrmachtgerichtsbarkeit zugerechnet werden können.

In der Sowjetunion dürfte es um die 100 000 Todesurteile wegen Fahnenflucht gegeben haben. Insgesamt liefen eine Million Soldaten der Roten Armee zu den Deutschen über. Wenigstens 800.000 kämpften in deutschen Uniformen aktiv an der Niederringung des Kommunismus und für die Befreiung ihrer Völker in der "Mörder-Organisation der Wehrmacht" gegen die UdSSR mit. Nur wenige von ihnen dürften nach dem Krieg überlebt haben.

Als letztes war noch zu diskutieren, wer denn die deutschen Deserteure eigentlich gewesen seien, was wir über sie wüßten. Messerschmidt bezog sich immer wieder auf die sicher ungenügende Darstellung von Professor Dr. Erich Schwinge, daß sich 50 bis 90 Prozent der Deserteure aus "psychopathisch Minderwertigen" zusammengesetzt hätten. Diese Aussage liegt zu dicht am Rassismus und Messerschmidt hat recht, wenn er meint, daß sie als Kranke dann ja gerade eine umso mildere Be- und Verurteilung verdient hätten. Aber wer die Aussage Seidlers, daß es sich besonders bei den Fahnenflüchtigen um Männer gehandelt habe, die bereits vor der Einberufung zur Wehrmacht straffällig geworden seien, in der Diskussion dahingehend umdreht, Seidler habe "vor und nach der Desertion" gemeint und damit die Todesstrafe für einen Deserteur billigen wollen, der nach seiner Desertion ein Fahrrad gestohlen habe, so ist das einer der typischen Fälle von Verklitterung von Tatsachen und Behauptungen, aus der Messerschmidt seinen Ruhm herleitet.

Politische Motive für die Desertion waren verschwindend gering. Das ergaben die Unterlagen sowohl der Schweizer wie auch der Schwedischen Polizei, der bevorzugten Länder, wenn Deserteure nicht zum Feind überliefen oder im Lande blieben. Das aber führt eindeutig zu der logischen Folge, daß eine pauschale Unschuldsvermutung für Deserteure im Unterschied zu den Tatbeständen von Wehrkraftzersetzung und Wehrdienstverweigerung sowohl wissenschaftlich wie auch politisch inakzeptabel ist, auch wenn das Urteil des Bundessozialgerichts vom 11. September 1991 das anders sieht. In der Frage der Desertion kann grundsätzlich nur eine individuelle Klärung Rehabilitation verschaffen.

Aber die Argumente der Linken leben in der Gesellschaft fort. Für sie bleibt die Wehrmachtjustiz eben ein integraler Teil des NS-Herrschaftssystems, in dem der Dienst als Soldat, der ja aus seiner Sicht für den Staat und nicht für Hitler geleistet wurde, weniger wert war, als der Versuch, sich dem *Unrechtssystem* zu entziehen, aus welchen Gründen auch immer, um persönlicher Vorteile willen oder aus purer Feigheit.

Schon im November 1995 hatte das auch die Synode der evangelischen Kirche gut gefunden und forderte in einem Antrag die "Rehabilitierung und Entschädigung von Kriegsdienstverweigerern, Deserteuren und Wehrkraftzersetzern", als ob das alles das Gleiche wäre. Von der Tatsache, daß über die Hälfte aller Deserteure bereits schon einmal vor einem Militärgericht gestanden hatte, davon wieder die Hälfte sogar mehrfach, und daß ein Drittel bereits, bevor sie Soldat wurden, von einem zivilen Gericht verurteilt worden waren kein Wort mehr. Kluge Kommentatoren wußten im übrigen darauf hinzuweisen, daß in den US-Streitkräften im Zweiten Weltkrieg seit dem D-Day nur ein einziges Todesurteil wegen Fahnenflucht ausgesprochen und vollstreckt worden sei. Als ob die Voraussetzungen eines zehnmonatigen, von Anbeginn siegreichen Krieges mit den sechs Jahren Krieg deutscher Soldaten zu vergleichen wären, die sich für Millionen von ihnen im Rußlandfeldzug zu einem von ihnen weder gewollten, noch zu verantwortenden Holocaust gewandelt hatten.

Schon zuvor, nämlich am 23. März 1995 hatte der Erfurter Stadtrat mit 24 "ja" und 17 Gegenstimmen bei drei Enthaltungen beschlossen, den, wie es hieß, 30 000 bis 50 000 Deserteuren der Wehrmacht ein Denkmal zu setzen. Unterstützt wurde die Initiative von dem ewig um seine Publizität bangenden Ralph Giordano und dem PDS-Bundestagsabgeordneten Gerhard Zwerenz. Oberbürgermeister Manfred Ruge und der Fraktionschef im Thüringer Landtag widersetzten sich. Ende August wurden sie in einer Sondersitzung der Stadtverordnetenversammlung überstimmt. Das Denkmal wurde am 1. September 1995 eingeweiht. Schnell schloß sich der Grüne Rezzo Schlauch anläßlich der Oberbürgermeisterwahl in Stuttgart im Herbst 1996 dem Trend der Zeit an. Auch er wollte ein Denkmal aufstellen, wenn er gewählt würde. Glücklicherweise wurde er es nicht.

Inzwischen ist der politische Prozeß weitergegangen. Die Fraktionen im Rechtsausschuß hatten einen Kompromiß erarbeitet, der folgendes vorsah: alle Personen, die zu Unrecht wegen Kriegsdienstverweigerung, Zersetzung und Fahnenflucht verurteilt worden sind, sollten entschädigt werden. Wörtlich hieß es dann weiter: "Wegen dieser Tatbestände ergangene Urteile sind bei Anwendung grundlegender rechtsstaatlicher Wertmaßstäbe Unrecht. Anderes gilt, wenn bei Anlegung dieser Maßstäbe die der Verurteilung zugrunde liegenden Handlung auch heute Unrecht wäre." Man unterschied also zwischen Kriegsdienstverweigerung und Wehrkraftzersetzung, die heute nicht mehr Straftatbestände sind, und Desertion, die bis heute unter Strafe steht. Eine kluge und logische Lösung. Aber sie bedeutete auch, daß Fahnenflucht nicht pauschal rehabilitiert werden konnte, sondern eine individuelle Prüfung verlangte oder verlangen konnte.

Dieser Kompromiß vom 17. April 1997 fand im Rechtsausschuß keine Mehrheit. Die Frage wurde vertagt. Am 23. April kam es dann in dem Ausschuß aber doch noch zu einer Übereinkunft zwischen den CDU/CSU- und SPD-Fraktionen, ein Kompromiß, der den Text vom 17. April noch einmal in schlimmer Weise verwässerte. Die Urteile über Kriegsdienstverweigerung, Wehrkraftzersetzung und Fahnenflucht wurden als Unrecht eingestuft. Die Urteile gegen Wehrkraftzersetzung und Desertion dürfen allerdings nur dann als Unrecht bezeichnet werden, wenn sie "unter Anlegung rechtsstaatlicher Maßstäbe" so bewertet werden müßten. Auf Einzelfallprüfung solle verzichtet werden. Für alle Opfer der Wehrmachtjustiz gelte, daß Ihnen eine "einmalige, nicht anrechenbare Leistung von DM 7.500.-" zu zahlen sei. Das Geld wird auf Antrag gezahlt, der bis Ende 1998 gestellt werden muß. Zugleich wird in dem Antrag versichert, daß die Rehabilitierung weder eine "Abwertung der deutschen Soldaten des Zweiten Weltkrieges" darstelle, noch "negative Auswirkungen auf die Bundeswehr" habe. Am 16. Mai 1997 wurde der Text, der weitgehend einem Beschluß der Synode der Evangelischen Kirche Deutschlands folgt, Gesetz.

Ein Eiertanz der Unsicherheit vor den Maßstäben unserer Geschichte, wie man ihn sich nicht eindrucksvoller vorstellen kann. Den Grünen genügte selbst dieses klägliche Kompromißchen nicht. Sie bestanden auf dem konstitutiven Unrechtsstaat. Ihre ewig umtriebigen Dorfpfarrer aus den Kinderkreuzzügen in Gorleben haben halt mit der Bibel auch nicht mehr zu tun, als die Synodalen der evangelischen Kirche. Es gab einmal einen Mann, der nannte sich Jesus Christus und wagte zu verkünden, daß man Verbrecher auch Verbrecher sein lassen und ohne Juristerei und semantische Glasperlenspiele einfach begnadigen kann. Aber das ist lange her.

Der Niedergang der Dritten Gewalt im Staat

Nach dem Bundespräsidenten gibt es in unserer Demokratie keine Instanz, die traditionell ein höheres Ansehen genießt als das Bundesverfassungsgericht. Inzwischen gibt es in unserer Demokratie keine Instanz, die sich schneller und gründlicher um ihr Ansehen gebracht hat, als eben dieses Bundesverfassungsgericht.

Aber vielleicht ist es daran noch nicht einmal schuld. Sicher ist jedenfalls, daß die Konstruktion unseres Parteienstaates mit seiner Rigidität und den damit unvermeidlichen ständigen Selbstblockaden immer wieder dazu geführt hat, daß die Richter des Bundesverfassungsgerichts den ratlosen Politikern unter die Arme greifen mußten, um zu politischen Entscheidungen zu kommen. So geschehen schon vor den Totschlagsurteilen über Sitzblockaden, Soldaten-Mörder und Kruzifixe, auch in zahllosen Urteilen über Fernsehfragen, Maastricht I, Asylrecht, Abtreibung, Bundeswehreinsätze, Vermögensteuer, Erbschaftsteuer, Brokdorf, Medienfreiheit und viele andere Themen. Unter solchen Umständen müssen sich die Richter natürlich dazu aufgerufen fühlen, nicht nur Recht zu sprechen, sondern Politik zu machen. Und so füllten sich dann auch die Richterbänke unseres höchsten Gerichtes, von unserem durch und durch politisiertem Richterwahlsystem begünstigt, mehr und mehr mit politischen Ideologen. Selten konnten sie in ihrer Lage klar "ja" oder "nein" sagen, aber immer konnten sie die Lösung des vorgelegten Problems nuancieren. Und so gut wie immer nuancierten sie es nach links. Bis zu allem Unglück noch als Nachfolgerin von dem in das Amt des Bundespräsidenten wechselnden Roman Herzog am 7. September 1994 Frau Jutta Limbach Präsidentin des Gerichts wurde. Damit war aus dem Bundesverfassungsgericht endgültig eine politisch linke Schaltzentrale geworden.

Frau Limbach, geborene Ryneck, ist Jahrgang 1934 und damit voll in die 68er Generation hineingewachsen. Sie ist in Berlin-Neukölln geboren, kommt aus einem kleinbürgerlichen, seit Generationen durch die SPD geprägten Elternhaus (ihr Vater, der im Nazi-Deutschland Berufsverbot hatte, war nach 1945 zum Bürgermeister im Ostberliner Stadtteil Pankow-Heinersdorf ernannt worden und ging 1948 nach Westberlin). Seine Tochter studierte in Freiburg, Kiel und Speyer, legte 1962 das zweite juristische Staatsexamen ab, trat in die SPD ein, promovierte 1966, habilitierte sich 1971 und wurde, wie in der Welt der 68er damals so üblich, noch im gleichen Jahr Professorin in der zu dieser Zeit "linker gehts nicht mehr" - Freien Universität in Berlin. Eine linke Bilderbuchkarriere, über die sie später vor Zeugen wissen ließ, daß, eben weil sie aus so kleinen Verhältnissen komme, sie sich das Ziel gesetzt habe, einen "Eliten-austausch" zu bewirken. Klassischer Marxismus des Klassenkampfes, nach der 68er Überzeugung neu formuliert.

Nach allerlei politischen Zwischenstationen wurde sie in der rot-grünen Koalition des Walter Momper (SPD) in Berlin am 17. März 1979 Senatorin der Justiz, trat als solche sofort energisch für die umstrittene partielle Zusammenlegung der RAF-Häftlinge ein, sorgte für die Auflösung der "politischen Abteilung" der Berliner Staatsanwaltschaft, die den ewig demonstrierenden linken Studenten auf die Nerven gefallen war, und ließ nebenbei den früheren Mitarbeiter des DDR-Staatssicherheitsdienstes, Werner Hoppe (68), sang- und klanglos aus der U-Haft entlassen. Inzwischen machte sie sich auch immer wieder einmal im Sinne der 68er-Strategie an die Familie heran, um deren Rolle als Sozialisationszentrum der Gesellschaft zu schwächen. Ehe und Familie erschienen ihr nicht als besonders schutzbedürftig; sie seien vielmehr als eine weithin private Angelegenheit der Eheleute zu verstehen, die deshalb auch keine steuerrechtliche Privilegierung verdienten. Dagegen seien nicht-eheliche Lebensgemeinschaften zu stützen, die immer noch zu wenig gesetzlichen Schutz genössen.

Der liebe Gott allein weiß, was die Berliner CDU, als sie am 9. Dezember 1990 - also nach der Wiedervereinigung - mit der SPD eine Große Koalition bildete, dazu veranlaßte, Frau Limbach in ihrem Ressort zu dulden. Nun mußte sie DDR-Richter und Staatsanwälte überprüfen und sorgte zunächst nicht nur für bemerkenswerte Strenge ihren juristischen Kollegen gegenüber, sondern auch für einen Skandal über den Verbleib wichtiger Akten im Zusammenhang mit Tätigkeiten des früheren DDR-Unterhändlers und Devisen-Beschaffers Schalck-Golodkowski. Im Verfahren gegen Erich Honecker, dem das Berliner Verfassungsgericht die Ausreise ermöglicht hatte, fiel sie dadurch auf, daß die Kritik, die der Generalstaatsanwalt beim Kammergericht, Dieter Neumann, gegenüber dem Verfassungsgericht äußerte, praktisch ein Text der Justizsenatorin Limbach war, die damit ihre Zuständigkeit grob verletzte. Unter dem Druck einer aufbrandenden massiven Kritik mußte dann die Präsidentin vor dem Rechtsausschuß des Berliner Abgeordnetenhauses "Selbstkritik" üben, Fehler einräumen und zugeben, "Stilregeln" verletzt zu haben. Bei der Verletzung von Stilregeln ist es dann bei ihrem weiteren Lebenslauf in überzeugender Weise geblieben.

Im klassischen Theater folgt das Satyrspiel dem Drama. Bei Frau Limbach war das umgekehrt. Dem leichtfüssigen Satyrspiel ihrer bisherigen Karriere folgte die Wucht ihres dramatischen Aufstiegs. Schon im März 1993 hatte sie ehrgeizig wissen lassen, daß sie sich in ihrem Marsch durch die Institutionen für das Verfassungsrichteramt in Karlsruhe interessiere. Als dann dort am 6. Juli 1994 Ernst Gottfried Mahrenholz aus dem 2. Senat ausschied, galt es, den Posten, der nach ungeschriebenen Regeln (die noch erläutert werden) der SPD zustand, neu zu besetzen. Bundesjustizminister a. D. Jürgen Schmude, die stellvertretende SPD-Vorsitzende Däubler-Gmelin und die unsägliche Jutta Limbach standen zur Debatte. Es kam zu einem erheblichen Gezerre in der Partei. Aber schließlich war es dann doch Frau Limbach, die nominiert und durch das Wahlgremium des Bundestages am 4. März 1994 einstimmig zur Richterin gewählt wurde. Der Marsch ging weiter. Am 24. März

1994 wurde sie nicht nur offiziell ernannt, sondern zugleich, Mahrenholz folgend, zur Vizepräsidentin des Bundesverfassungsgerichts bestellt. Und als dann am 23. Mai 1994 der Präsidentenstuhl frei wurde, war sie es, die ihn am 7. September 1994 erklomm und zugleich Vorsitzende des 2. Senates wurde. Der lange Marsch durch die Institutionen war beendet. Als Richterin konnte sie höher nicht mehr aufsteigen.

Der wissenschaftliche Ausweis für diese Karriere ist ihre Beschäftigung mit der Rechtssoziologie, dem Zivil-, Handels-, und Wirtschaftsrecht und drei veraltete Veröffentlichungen aus diesen Bereichen. "Theorie und Wirklichkeit der GmbH" (66; Dissertation), "Der Referentenentwurf eines neuen GmbH-Gesetzes" (70), "Der verständige Rechtsgenosse" (77). Die höchste Richterin unseres Landes ist 68er Soziologin. Das merkt man ihr als Juristin an.

Die neuere Geschichte des Bundesverfassungsgerichtes zeigt, daß sich seit den 70er Jahren in Karlsruhe unverkennbar ein Wandel vollzogen hat. Während sich der 2. Senat bislang als ein Gremium erwies, das sich darum bemühte, so unabhängig und juristisch wie möglich Recht zu sprechen, entwickelte sich der 1. Senat immer deutlicher zu einer Art Denkfabrik der 68er und ihrer Freunde. Wichtige Entscheidungen des 2. Senates erfolgten in der Regel einstimmig oder mit großer Mehrheit. So die Entscheidung über den Grundlagenvertrag vom 31. Juli 1973, der einstimmig beschieden wurde; oder die Entscheidung über die Nachrüstung vom 18. September 1984, die eine Mehrheit von 7 zu 1 Stimmen gewann; oder der Beschluß über die Verwendung der Bundeswehr "out of area" vom 12. Juli 1994 mit 6 zu 2. Der Beschluß über die Rechtmässigkeit der Spionage für die DDR durch eigene Staatsbürger erfolgte mit 5 zu 3, wobei sich das Gericht auf die Auffassung stützte, daß, wer nach DDR-Recht nicht straffällig gewesen war, nicht nach dem Recht der Bundesrepublik Deutschland verurteilt werden dürfe.

Beim 1. Senat sah das immer anders aus. Bei der ersten Entscheidung über die Rechtmässigkeit von Sitzblockaden vom 11. November 1986 kam es gerade mal so eben zu einem Patt von 4 zu 4. Neun Jahre später hatte sich das Bild radikal geändert. Der Beschluß vom 10. Januar 1995, der Sitzblockaden rechtens werden ließ, wurde mit 5 zu 3 Stimmen gefaßt; das Kruzifix-Urteil vom 10. August 1995 wieder mit 5 zu 3 Stimmen, wobei sich in allen diesen Urteilen immer wieder zeigte, daß der auf dem FDP-Ticket gewählte Verfassungsrichter Johann-Friedrich Henschel ständig mit den von der SPD verpflichteten Richtern votierte. Zum Skandal, der den ganzen Niedergang des Bundesverfassungsgerichtes nun aller Welt vor Augen führte, kam es, als die nur mit drei Richtern besetzte 3. Kammer des 1. Senates am 24. August 1984 einstimmig das Urteil fällte, das Soldaten nun zum Freiwild von Mörder-Denunziationen machte.

Zu dem Urteil ist vielerlei zu sagen. Zunächst einmal, daß der 1. Senat den Weg dazu in einer ebenso kritikwürdigen Entscheidung bereits am 25. März 1992 vorbereitet hatte. Damals ließ er zu, daß eine Satire-Zeitschrift einen querschnittgelähmten Reserveoffizier als "geborenen Mörder" bezeichnete. Als dann die Entscheidung, ob Autoaufkleber mit dem Tucholsky-Zitat "Soldaten sind Mörder" rechtens seien, anstand, fiel nach der Geschäftsverteilung des Gerichts der Urteilsspruch der 3. Kammer des 1. Senates zu. In ihr sitzt als überragender Kopf Professor Dr. Dieter Grimm, 1968 31 Jahre alt, also 68er, seit 1987 am Bundesverfassungsgericht tätig und unbestritten der Vertreter der neomarxistischen "Kritischen Theorie" von Horkheimer und Adorno. Über richterliche Erfahrungen verfügt er nicht. Als Beisitzer in der 3. Kammer standen ihm zwei Richterinnen zur Seite, Helga Seibert (1968 29 Jahre alt) und Renate Jaeger (1968 28 Jahre alt), beide, wie Grimm geborene 68er, die Damen dazu Mitglieder der SPD.

Als Helga Seibert 1989 zur Bundesverfassungsrichterin gewählt wurde, sagte man ihr damals nach, daß ihre richterlichen Erfahrungen nur in dem bescheidenen Rahmen ihrer Referendar-

Stationen gewertet werden könnten. Dafür aber kann sie auf eine lupenreine Partei-Karriere zurückblicken: während und nach dem Studium enge Bindungen an die SPD; Referendarin unter dem Frankfurter Landgerichtspräsidenten Erkel (SPD), dem späteren Staatssekretär im Bundesjustizministerium; in den 60er Jahren SPD-Mitglied; 1970 Referentin beim "Arbeitskreis Rechtswesen" der SPD-Bundestagsfraktion; 1972 für zwei Jahre wissenschaftliche Mitarbeiterin bei dem angesehenen Verfassungsrichter Martin Hirsch, einem Mitglied des linken Flügels der SPD; 1974 unter dem SPD-Minister Hans Jochen Vogel im Bundesjustizministerium; Aufstieg zur Ministerialrätin und in der "Arbeitsgemeinschaft Sozialdemokratischer Juristen" engagiert, bevor sie schließlich im Bundesverfassungsgericht landete.

Renate Jaeger wurde am 24. März 1994 Bundesverfassungsrichterin, meinte zunächst, daß es dem Richteramt nicht zieme, einer Partei anzugehören, trat 1990 aber dann doch in die SPD ein und wurde vier Jahre später für Karlsruhe ausersehen, wo sie auf ihre Freundin, die Präsidentin des Bundesverfassungsgerichtes, Jutta Limbach stieß, die für Frau Jaeger das von dieser verfaßte Buch über nicht-eheliche Lebensgemeinschaften herausgab. In der Zwischenzeit war sie 25 Jahre lang in der Sozialgerichtsbarkeit tätig. Zunächst in Düsseldorf, dann in Essen, wo sie Vorsitzende Richterin wurde und schließlich in Kassel als Richterin am Bundessozialgericht. Dort war sie dann entscheidend an der Abfassung der Urteilsbegründung des hier bereits erwähnten berühmt, berüchtigten Urteils vom 11. September 1991 tätig.

Nach Auffassung von Verfassungsrechtlern hätte es den drei Richtern, die sich ihrer überwältigenden Einseitigkeit bewußt sein mußten, zugestanden, den Fall angesichts der gesellschaftlichen Bedeutung der Materie und um der Überparteilichkeit willen, dem achtköpfigen Senat vorzulegen. Sie taten das nicht, faßten ihr Urteil einstimmig und schufen damit die Voraussetzungen und die Zwänge für das zweite unwesentlich abgeänderte Soldaten-Mörder-Urteil des 1. Senates vom 19. September 1994, das dann mit 5 zu 3, wieder mit der Stimme von Richter Henschel, gefällt wurde.

Das Urteil stellte fest, wie der Bundespräsident Roman Herzog in seiner Rede zum 40. Jahrestag der Bundeswehr meinte, daß, wer konkret einen Soldaten einfach deshalb, weil er Soldat sei, als Mörder bezeichne, bestraft werden könne, auch könne bestraft werden, wer die Bundeswehr als ganzes Mörder nenne. Und etwas lendenlahm fügte er hinzu, daß die Entscheidung des Bundesverfassungsgerichtes nicht immer ganz leicht zu lesen sei. In der Tat hatte Richter Grimm das Urteil ziemlich abenteuerlich auf das sogenannte Lüth-Urteil vom 15. Januar 1958 gestützt, nach dem Gesetze, die ein Grundrecht einschränkten, wiederum "im Lichte" des besagten Grundrechtes ausgelegt werden müßten. Diese einem Adorno würdige Rabulistik, hat er dann in der "Neuen Juristischen Wochenschrift" vom 5. Juli 1995 noch einmal erläutert: "Meist wird daher die Qualifizierung einer umstrittenen Äußerung als Meinungsäußerung oder Tatsachenbehauptung auf einer Isolierung einzelner Teile aus ihrem sprachlichen Kontext beruhen. Das ist berechtigt, soweit dadurch der Sinn der Äußerung nicht verlorengeht oder verfälscht wird. Kann eine Trennung dagegen nicht ohne Sinnverfälschung vorgenommen werden, muß die Äußerung insgesamt als Meinungsäußerung betrachtet und in den Schutz des Grundrechtes einbezogen werden." Professor Friedrich Karl Fromme von der FAZ meinte dazu, daß die Rechtssprechung sich in der Mitte des Stromes dessen halten müsse, was das Volk akzeptiert, in dessen Namen Recht gesprochen wird. In diesem Sinne sei Montesquieus Wort zu verstehen, die rechtsprechende Gewalt sei als Gewalt in gewisser Zeit gleich Null. Das aber wollten die nun im Bundesverfassungsgericht versammelten 68er eben gerade nicht anerkennen. Ihnen ging es nicht mehr um Gerechtigkeit und Urteile, sondern um eben das, was Montesquieu "Gewalt" nennt, es geht ihnen um Politik, die Veränderung der Gesellschaft und den Austausch von Eliten.

Von der Wehrmacht war überhaupt keine Rede mehr. Ihre Soldaten Mörder zu nennen, blieb also erlaubt. Die Soldaten anderer Nationen, mit denen die Bundeswehr-Soldaten in der Ifor oder Sfor zusammenwirkten, übrigens auch. Ein bunter Haufen halt von Mördern und Nichtmördern. Die Öffentlichkeit verstand ohnehin nichts mehr, hielt zu 55 Prozent das Urteil des Bundesverfassungsgerichts für einen Skandal und sah zu 50 Prozent in dem Urteil auch eine Beleidigung der Bundeswehr. Richter Johann-Friedrich Henschel, der sich bei dem Soldaten-Mörder Urteil auf die These gestützt hatte, daß Hunderttausende von Menschen als "eine Mehrheit" nicht beleidigt werden könnten, d.h. nicht "beleidigungsfähig" seien, war von Richter Grimms viel raffinierterem Ansatz schlicht ad absurdum geführt worden. Die Bundeswehr, der im 2. Soldaten-Mörder Urteil plötzlich Schutz gewährt wurde, war genau eine solche Mehrheit, durfte nun aber doch nicht beleidigt werden. Nur blieb natürlich auch diese Unterscheidung, wie die Befragung des Publikums zeigte, sinnlos. Für den Bürger auf der Straße hatte das Gericht Soldaten zu Mördern gemacht.

Auf so feinsinnige und kluge Gedanken, wie sie der Professor Dr. jur. Friedrich-Christian Schroeder aus Regensburg geäußert hatte, nämlich, daß Mord eine Tat sei, die niedrige und heimtückische Beweggründe voraussetze und als Begriff auf Soldaten überhaupt nicht angewendet werden könnte, oder aber daß es ja gerade die Nazis gewesen seien, welche die große Errungenschaft des preußischen Strafgesetzbuches von 1851, nämlich nicht mehr in der Urteilsformel von "als Mörder", sondern von "wegen Mordes" zu sprechen, 1941 wieder aufhoben und damit auf die "*Volksüberzeugung eines umrissenen Täterbildes des typischen Mörders*" zurückgefunden hätten, war unser Verfassungsgericht erst gar nicht gekommen. Aber indem die Nationalsozialisten den Mord nicht an die Tat, sondern an die Person banden, an "das Täterbild des typischen Mörders", bahnten sie dem Rassismus des Holocaust den Weg. Nun ging Richter Grimm diesen Weg. Die ganz Linken und ganz Rechten waren sich ja schon immer seit dem Völkermord an den Kulaken in so vielen Dingen letzten Endes ähnlich.

Die seinerzeit einsetzende Kritik an diesem Urteil ist bis heute nicht verstummt. Bis heute gilt das Wort des Göttinger Professors Uwe Diederichsen. Er erklärte das Urteil eines Rechtsstaates für unwürdig, man könne einen Satz wie "Soldaten sind Mörder" nicht mit Hilfe eines Kunstbegriffs rechtfertigen; der Satz sei eine klar widerlegbare Tatsachenbehauptung. Der Vorsitzende Richter am Landgericht Mainz Karl-Heinz Fischer ließ in einem durch das Bundesverfassungsgericht erzwungenen Freispruch die Urteilsbegründung folgen, daß das Mörder-Urteil "anmaßend, juristisch fragwürdig und gesellschaftspolitisch falsch" sei. Und der Bürgermeister von Hamburg und SPD-Vorstandsmitglied Henning Voscherau nannte das Urteil, gerade wegen des wichtigen Einsatzes der Bundeswehr in Bosnien heute völlig "unlogisch und überspannt". Weil das Bundesverfassungsgericht das Wiederholen des Satzes "Soldaten sind Mörder" in bestimmten Fällen erlaube, habe das Gericht seine "Autorität überspannt und so an Akzeptanz und Respekt verloren." Der Bundestag bekräftigte sein Bekenntnis zur Bundeswehr. Die Bundestagsfraktion der CDU/CSU beriet allerlei weitere Maßnahmen zum Schutz der Soldaten. Herausgekommen ist aus alledem nichts.

Im November 1996 war der "Studienkreis für Presserecht und Pressefreiheit" auf seiner 80. Tagung in Hannover noch einmal der Frage nachgegangen, ob die Äußerung "Soldaten sind Mörder" durch das Grundrecht der Meinungsfreiheit gedeckt sei. Wieder war viel von der Beleidigungsunfähigkeit von Mehrheiten die Rede. Aber dann kam ein Einwurf: man nehme einen Autoaufkleber mit dem Text "Der Jude wird verbrannt", ein Zitat Gotthold Ephraim Lessings aus "Nathan der Weise". Was würde nun geschehen? Die Öffentlichkeit würde sich genauso wehren wie gegen den "Soldaten-Mörder"-Aufkleber. Vielleicht nicht immer dieselben, aber in der überwiegenden Mehrheit die gleichen. Was würde Richter Grimm nun machen? Den Aufkleber zulassen oder welchen Lüth-Trick würde er in diesem Falle finden, ihn zu verbieten? Die Frage wurde auf der Tagung übrigens nicht weiter diskutiert.

Die Linkslastigkeit der höchsten deutschen Gerichte hat inzwischen mehr als bedenkliche Formen angenommen. 1995 waren am Bundesgerichtshof von 123 Stellen 36 mit Mitgliedern der SPD, 19 der CDU, und vier der FDP besetzt. Die übrigen Richter waren parteilos. Beim Bundesverwaltungsgericht mit 70 Stellen, hießen die Zahlen: 23 SPD, 15 CDU, drei FDP; beim Bundesfinanzhof mit 62 Stellen: 25 SPD, 15 CDU, einer FDP; beim Bundessozialgericht mit 46 Stellen: 16 SPD, sieben CDU und beim Bundesarbeitsgericht mit 32 Stellen schließlich: 16 SPD und acht CDU. Und das alles nach einer fünfzehnjährigen Herrschaft der bürgerlichen Parteien.

Der Grund dafür liegt offensichtlich darin, daß die politische Mitte die Bedeutung der Personalpolitik auf allen Ebenen der Gesellschaft ständig unterschätzt. Wie aggressiv die Linke sich dagegen dieses Feldes annimmt, war eindrucksvoll 1995 zu beobachten. Damals stand die Neuwahl von 15 Bundesrichtern an. Gewählt wurden als Parteigänger der SPD neun, als Parteilose sechs. Hier hatte sich auch besonders deutlich gezeigt, mit welcher Brachialgewalt die Linke die Vorschriften der Richterwahl zu ihren Gunsten nutzt.

Die Richter werden zunächst von einem Richterwahlausschuß ausgesucht. Er besteht aus den 16 Justizministern der Länder und 16 Bundestagsabgeordneten, aufgegliedert je nach ihrer Fraktionsstärke. Die Wahlen selbst erfolgen dann in einem Organ, das aus 12 Bundestagsabgeordneten und 12 Vertretern des Bundesrates besetzt ist. Dem Richterwahlausschuß kommt bei diesem Verfahren die größere Bedeutung zu. 1995 ergab sich in ihm eine linke Mehrheit. Nun galt bisher die stille Vereinbarung, daß die Wahlen in jedem Falle auf einem Konsens beruhen sollten, also zu paritätischen Ergebnissen zu kommen hätten. Genau das aber lehnte die SPD Abgeordnete Herta Däubler-Gmelin nun unmißverständlich ab und erklärte, man werde von der Mehrheit unbedingt Gebrauch machen. Und so kam es dann zu der oben beschriebenen Wahl. Der konservativen Regierung bleibt als Gegengewicht zu derartiger Einseitigkeit ein letzter Strohhalm, an den sie sich klammern kann. Sie nämlich ist für die Beförderung von Richtern zu Senatsvorsitzenden zuständig und so gab sie der SPD gelegentlich zu verstehen, daß, falls die Linke weiter an ihrer Durchmarsch-Strategie festhalte, es keine Beförderung von SPD-Richtern mehr geben würde. Aber die Waffe ist natürlich unglaublich stumpf: erstens ändert sie an den Mehrheitsverhältnissen in den Senaten nichts und zweitens ist sie praktisch in der Regel nicht durchsetzbar. Für die Wahl von Bundesverfassungsrichtern galt bislang das ungeschriebene Gesetz, daß acht von ihnen von der CDU/CSU, acht von der SPD vorgeschlagen werden. Die großen Parteien können "tickets" an Verbündete abgeben, die FDP oder die Grünen. Die Regel wurde bei der Wahl von Frau Limbach eingehalten, aber zu bremsen war sie dann nicht mehr. Sie wurde zur Vorsitzenden des 2. Senates befördert, obwohl alle Welt wußte, daß damit der Verfassungssenat beschädigt wurde, der bisher der Regierung eher zugeneigt oder doch zumindest als juristisch vernünftig galt.

Welche grotesken Formen die Versorgung von Parteigrößen mit Bundesrichterposten inzwischen angenommen hat, läßt sich an dem Beispiel des Berliner Rechtsanwalts, Wolfgang Schomburg darstellen. Als Vertrauter des brandenburgischen Ministerpräsidenten Manfred Stolpe (IM Sekretär) wurde er 1995 mit einem Richteramt am Bundesgerichtshof belohnt. Er folgt damit den Spuren von Frau Limbach, der Schomburg als Staatssekretär gedient hatte. In einer Bewertung des Kandidaten Schomburg war der Präsidialrat des Bundesgerichtshofes, wie die WELT AM SONNTAG am 9. April 1995 zu berichten wußte, zu dem Schluß gekommen, daß der Anwalt "eigentlich nicht geeignet" sei. Wohl war Schomburgs Engagement in allgemeinen rechtspolitischen Fragen und als Berliner Vorsitzender der "Arbeitsgemeinschaft Sozialdemokratischer Juristen" positiv vermerkt worden, aber Schomburgs Fähigkeiten zur Beurteilung von Rechtsfragen im konkreten Einzelfall, sowie sein schnelles Rechtsfindungsvermögen wurde infrage gestellt. Auf Grund dieser internen Beurteilung formulierte der Präsidialrat des

Bundesgerichtshofes in seiner Stellungnahme an den Wahlausschuß vorsichtig: der Rat halte es "für fraglich", ob die Tätigkeit im Spruchkörper eines Revisionsgerichts "dem Werdegang und der Persönlichkeit" von Rechtsanwalt Schomburg "voll entspricht". Genutzt hat das alles nichts. Schomburg wurde gewählt.

Ein nicht weniger skandalöser Fall, wie in Deutschland mit hohen Richterämtern umgegangen wird, ist die Wahl von Rosemarie Will durch den Landtag des Landes Brandenburg zur Verfassungsrichterin des Landes. Da bei den letzten Landtagswahlen die FDP und die Grünen nicht mehr in den Landtag kamen, mußte im Verfassungsgericht des Landes eine Stelle umbesetzt werden. Es entsprach dem gestörten Demokratieverständnis des Ministerpräsidenten Stolpe, die formalen Möglichkeiten des Gesetzes zu nutzen, um schließlich Frau Will dem Landtag zur Wahl vorzustellen. Immerhin hatte die Kandidatin eine lupenreine kommunistische Vergangenheit: mit 20 Jahren Eintritt in die SED, 1969 bis 1973 Studium der Rechtswissenschaften an der Humboldt-Universität in Berlin, 1977 Promotion mit einer Dissertation "Zum Kampf um die sozialen Grundrechte in der Bundesrepublik", 1979/80 zusätzliche Studien in der Sowjetunion, zurückgekehrt an die Humboldt-Universität, Habilitation über die "Rolle des Staates im sozialistischen System", dann dort Professorin. 1989/90 bemerkte sie Reformbedarf in der SED. Von Läuterung indessen keine Spur. Letzte Veröffentlichung: "Rechtswissenschaften in der DDR - was wird davon bleiben?", als ob man von einem "Rechtssystem" der DDR überhaupt sprechen kann. Und dann kommen die Jahre von 1993 bis 1995, wo sie mit dem Bundesverfassungsrichter Professor Dr. Dieter Grimm eng zusammen arbeitete. Das war die Zeit jener Urteile - so auch des Soldaten-Mörder Urteils - die zeigten, daß sich im Bundesverfassungsgericht in Karlsruhe eine "rote Zelle" entwickelt hatte. Hier in Karlsruhe wurde Frau Will dann auch in die SPD aufgenommen. Der Brandenburger Landtag wählte sie mit 56 von 86 Stimmen der SPD und PDS im September 1996 zur Verfassungsrichterin des Landes Brandenburg.

"Alle diese Beispiele der Wahl und der letzten Urteile unserer höchsten Richter zeigen", wie Professor Dr. Karl August Bettermann schreibt, "daß wir uns inmitten einer schlimmen Krise befinden, einer Justizkrise und einer Krise des bundesdeutschen Verfassungsgefüges: seiner grundsätzlichen Ordnung mit ihrer Gewaltentrennung und der Austarierung von Demokratie und Rechtsstaat, aber auch mit seiner Entartung zum Parteien-Absolutismus. Wer diese Zusammenhänge in den Blick nimmt, erkennt die Dimension, die einer Reform des Bundesverfassungsgerichtes zukommt: daß sie an Haupt und Gliedern erfolgen, und daß der Blick nicht nur auf Karlsruhe, sondern auch auf Bonn und Berlin gerichtet werden muß. Politik und Recht müssen wieder sauber geschieden werden. Die gerichtliche Kontrolle politischer Entscheidungen hat sich strikt auf deren Rechtmäßigkeit, bei Gesetzen auf deren Verfassungsmäßigkeit - bei Landesgesetz auch auf deren Bundesrechtsmäßigkeit - zu beschränken. Für Besserwisserei ist hier so wenig Raum wie für Korrekturen aus (partei)-politischen oder ideologischen Präferenzen und Vorurteilen."

Wenn heute das politisierte Bundesverfassungsgericht neue Grundrechte erfinden darf, deren Einführung im Bundestag eine Zweidrittelmehrheit benötigen würde, läuft das darauf hinaus, daß sich das "Gericht" zu einem Gesetzgebungsorgan mit - mangels parlamentarischer Struktur - autoritären Zügen entwickelt hat. Natürlich gibt es ein Spannungsverhältnis zwischen richterlicher Unabhängigkeit und Gesetzesbindung. Aber die Freiheit, die sich das Bundesverfassungsgericht heute nimmt, den Gesetzgeber zu interpretieren, übersteigt alle Grenzen. Sie klärt nicht mehr die Rechtmäßigkeit, sondern fällt politische Entscheidungen und das nur allzu oft in ideologisch gebundener einseitiger Form.

"Es wäre an der Zeit", schreibt Professor Friedrich Karl Fromme in der FAZ, "die institutionelle Ordnung wieder herzustellen. Sie heißt: die Politik entscheidet, der Gesetzgeber verwirklicht das ihm vorgeschriebene Verfahren, das Verfassungsgericht prüft dies nach, wenn es von einem Berechtigten angerufen wird. Dem an einer

Nahtstelle der Gewaltenteilung balancierenden Verfassungsgericht ist nicht damit gedient, wenn es mal als Eisbrecher in politisch zugefrorenen Fahrrinnen eingesetzt, mal als Verfasser politischer Lyrik gering geachtet wird."

Und zum Eisbrecher hat unsere Politik das Gericht nur allzu oft gemacht. Wer dem Bundesverfassungsgericht so viel politischen Spielraum zumutet, darf sich nicht wundern, daß wir uns plötzlich auf dem Wege zum Verfassungsrichterstaat wiederfinden, daß von "judicial restraint" keine Rede mehr sein kann und die politischen Ideologen in den Roben der Richter ín unserem Staat das Heft in die Hand nehmen.

Der zentrale Vorwurf, den man dem Bundesverfassungsgericht heute machen muß, ist die totale Politisierung der Wahlvorgänge. Nicht das Volk wählt sich seine Richter, sondern ihre machtgierigen, weitgehend ideologisierten Parteien tun das. Gerade die Instanz in unserer Demokratie, die mit Macht am wenigsten zu tun haben sollte, hat nur noch mit Macht zu tun. Auch der Minister der Justiz, Edzard Schmidt-Jortzig, sieht in der Richterauswahl die entscheidenden Schwächen unseres obersten Gerichtssystems, fordert ausgewogene Personalentscheidungen - und meint natürlich: *ausgewogenere* - und äußert vorsichtig, daß (leider) gerade im 1. Senat mehr Leute stark von *einem gewissen Vorverständnis* geprägt seien. Diese Schrift kann es offener sagen: die Schwäche des Bundesverfassungsgerichtes ist, daß ihm zu wenige hervorragende Richterpersönlichkeiten angehören und stattdessen zu viele raffinierte 68er und schwache Parteigrößen.

Die Frage ist, gibt es Lösungen? Vielleicht könnten die Griechen als Beispiel dienen und ihr Areopag. Wie wäre es, wenn in Deutschland als Verfassungsrichter nur Menschen gewählt werden dürften, die zwischen 60 und 70 Jahre alt sind, alles gestandene Richter mit jahrelanger praktischer Erfahrung, gewählt von Ausschüssen, die, wie in den öffentlich rechtlichen Rundfunkanstalten, sich aus (möglichst unabhängigen) Vertretern der gesellschaftlich relevanten Gruppen unserer Gesellschaft zusammensetzten, ohne Vertreter politischer Parteien. Auch diese Richter werden vielleicht nicht unbeeinflußbar sein, aber eben unvergleichlich weniger als alle, die nur Repräsentanten von Parteitickets sind ...

So wie die Dinge *heute* liegen, verstehen die Ideologen selbst noch die zunehmende Richterschelte zu ihren Gunsten zu wenden. So etwa meint zum Beispiel der Bundesverfassungsrichter Grimm: wenn schon Reformen, dann vielleicht im Sinne des amerikanischen Supreme Courts, der für die Annahme von Verfahren volle Freiheit besitzt; das Bundesverfassungsgericht könnte dann aus den vielleicht 5000 Eingängen im Jahr (die das Gericht natürlich arbeitsmäßig belasten und seine politischen Aktionen einschränken) etwa 150 politisch relevante Fälle herausziehen, um sie - ja was? Den Gesetzen der "Kritischen Theorie" zu unterwerfen und damit dann endgültig eine Diktatur der Politik durch die Justiz zu entfalten?

Die linken Verknüpfungen unserer Gesellschaft, überwiegend gestützt auf die Gemeinsamkeiten der 68er-Erlebnisse, sind unübersehbar. Da holt Frau Limbach, um die Urteile ihres Hauses der Öffentlichkeit besser nahebringen zu können, Frau Uta Fölster, natürlich auch eine 68erin, die Frau Limbach in ihrer Zeit als Justizsenatorin in Berlin bereits zur Seite stand, als Pressesprecherin in ihren Kreis, nicht ohne zu vermerken, daß man eine offensive Pressepolitik allerdings nicht führen könne, da für das Gericht "*leider*" das Gebot der richterlichen Zurückhaltung gelte. Ein Gebot, das zu übersehen Frau Limbach für sich selbst zur Tagesordnung gemacht hat, ob es nun um das Asylrecht ging, dessen Urteilsentscheidung Frau Limbach stetig vorgriff, ja, dessen politischen Meinungsstreit sie geradezu angeheizt hatte, ob sie sich bemüssigt fühlte, nach der Richterschelte im Zusammenhang mit dem Kruzifix-Urteil mehr plebiszitäre Elemente in der Politik zu fordern (was ihr nicht zusteht), ob sie mitteilte, sie würde heute die KPD nicht mehr verbieten, wie das 1956 geschehen sei und damit vorsorglich ihre Meinung bekannt gab, falls irgendjemand irgendwann irgendetwas gegen Linksradikale in Deutschland zu unternehmen wagen sollte. Anläßlich des 50. Jahrestages des Nürnberger Militärtribunals würdigte sie die Verfahren als "fair", obwohl bei aller Unbestrittenheit, daß dieses Tribunal notwendig war, gerade die Frage der Fairness strittig ist. Als Präsidentin des Bundesverfassungsgerichtes schmeckte sie anläßlich des 51. Gedenktages des 20. Juli in ihrer Rede den Widerstandsgulasch des 68er Soziologieprofessors und wissenschaftlichen Leiters der "Gedenkstätte 20. Juli", Professor Dr. Peter Steinbach, ab und äußerte sich zu Hause nicht dazu, daß in ihrem Büro ein paar Türen weiter Professor Dr. Dieter Grimm die SED-Kommunistin Frau Rosemarie Will in allem unterrichtete, was man so braucht, um sich als Demokratin darstellen zu können und schließlich in dem befreundeten Bundesland Brandenburg bei dessen befreundetem Ministerpräsidenten, Manfred Stolpe, Verfassungsrichterin zu werden. Noch dramatischer die engen Kontakte zu dem Hamburger Institut für Sozialforschung. Gegen einen Besuch ihrer Freundin und Mitverfassungsrichterin, Renate Jaeger, als Rednerin bei der Veranstaltung der Herren Reemtsma und Heer in Stuttgart hatte sie nicht nur nichts einzuwenden, sondern begrüßte diesen Auftritt wohl sogar. Wie sonst wäre es zu verstehen, daß Frau Jaeger in Karlsruhe bei der Ausstellung gleich *noch einmal* auftreten durfte, ja - und das ist bislang wohl der Höhepunkt von Frau Limbachs Verständnis für "judicial restraint" - daß sie diese Ausstellung am 10. Januar 1997 sogar *in personam eröffnete.*

Mit ihrem Erscheinen in Karlsruhe waren ein paar Tropfen aus dem Faß ihrer Unverschämtheiten nun doch übergelaufen. Wieder ging es nicht darum, was sie bei der Eröffnung der Ausstellung sagte, sondern, daß sie es dort tat. Es war ein Jesuitenpater, Lothar Groppe, Sohn eines tapferen Generals, der den Nationalsozialisten unerschrocken Widerstand leistete, der sich das Herz faßte, einmal unmißverständlicher auszusprechen, was Hunderte von Briefen empörter Zeitgenossen an Politiker und an die Presse nur vorsichtig zu beklagen wagten: "Frau Limbach, immerhin eine der ranghöchsten Repräsentantinnen unseres Staates, lobte die Organisatoren der

Wanderausstellung als 'Tabuverletzer'. Mit dem 'Suchen und Offenlegen der historischen Wahrheit' werde keineswegs das Andenken deutscher Soldaten verunglimpft ... Daß sich die oberste Richterin unseres Staates nicht entblödet, einer solchen Pauschalverurteilung Respekt zu zollen, zeugt nicht von richterlicher Unabhängigkeit, sondern ist Ausdruck ideologischer Verbohrtheit."

Man bemerke auch die fehlerlose Verbindung zwischen den Urteilen des Bundesverfassungsgerichts und der im Kapitel 4 dieser Streitschrift beschriebenen Strategien der 68er zur Überwindung des Systems: das Sitzblockade-Urteil als die geforderte *exzessive Wahrnehmung der Demonstrationsfreiheit*, die dann zu den erwünschten bürgerkriegsähnlichen Zuständen in Brokdorf führten; das Soldaten-Mörder Urteil *als Bestätigung des 68er Radikalpazifismus*: "Hoch die Generäle ... an die Laternenpfähle"; das Kruzifix-Urteil als Schwächung des *Sozialisationszentrums Familie.* Auch wenn man sich andere Urteile der Bundesgerichte aus der jüngsten Zeit ansieht, fügt sich so gut wie alles fugenlos zusammen, bis etwa zu dem Hasch-Urteil und die Erinnerung an alte schöne Zeiten: Hass'u Haschisch inn'e Taschen, hass'u immer was zu Naschen.

Auch die zeitliche Koordination war eindrucksvoll: der Einschnitt der 50 Jahre nach dem Ende des Zweiten Weltkrieges mit der sich ergebenden Anzahl anfallender Gedenktage genau im Stimmungstief der Linken, die nach der Vereinigung der beiden deutschen Staaten und dem totalen Zusammenbruch der UdSSR sich aller Ziele und Feindbilder beraubt fühlten; die seit 1993 sorgfältig vorbereitete Demonstration eines neuen Feindbildes durch das Hamburger Institut: die Verbrecher-Organisation Wehrmacht; die Einebnung des Widerstandsbegriffes um die "Gedenkstätte 20. Juli" in Berlin und die Aktivität der Grünen und der linken SPD-Abgeordneten in Bonn, aus Deserteuren Helden zu machen; die zunehmende Aktivität der linken Presse, vor allem der ZEIT und des SPIEGEL, die sich um die wachsende Melancholie der Linken Sorgen machten, und dazu dann die Kettenhunde, wie die

BADISCHE ZEITUNG oder die zu erbärmlicher Provinzialität abgesunkene SÜDDEUTSCHE ZEITUNG, die, sobald das neue Feindbild gefunden war, gar nicht mehr auffhören konnten zu bellen. Die Wertestruktur unserer Gesellschaft sah sich einer neuen geballten Offensive gegenüber. Aber da sie zeitlich mit der Entwertung des Standortes Bundesrepublik durch die Globalisierung der Wirtschaft zusammenfiel, mit dem damit notwendig gewordenen Zwang, das inzwischen durch die Strategie der 68er total überzogene Sozial- und überlastete Wirtschaftssystem auf normale Verhältnisse zurückzuführen, und mit bei der Langsamkeit dieses Prozesses unvermeidlich ständig steigenden Arbeitslosigkeit, blieb die Gefährlichkeit des ideologischen Angriffs verdeckt. Man sprach von Krise und meinte die Wirtschaft. Daß diese Krise vielmehr einen seit langem durch den Marsch durch die Institutionen vorbereiteten und nun in den 90er Jahren mit voller Wucht ausbrechenden Angriff auf die bisherige Ordnung darstellt, blieb im Bewußtsein der schweigenden Mehrheit unrealisiert. Darüber nachzudenken, fehlte ihr der Mut.

Bereits im Oktober 1996 hatte der SPIEGEL schon davon gesprochen, daß in Kreisen der SPD-Frauen überlegt werde, Frau Limbach nach dem Abgang von Herrn Roman Herzog in das Amt des Bundespräsidenten zu wählen. Kurz danach rief sie zum Aufbruch in die "Berliner Republik" auf. "Berliner Republik" und "Elitenaustausch" könnten zu den neuen Symbolworten der Linken werden.

Auf dem Wege zu dieser neuen Gesellschaft ist es Frau Limbach als Soziologin natürlich auch gleichgültig, daß die Mörder-Urteile - und zwar beide - gegen internationales Recht verstossen. Das Zitat "Soldaten sind Mörder" bezieht sich auf alle Soldaten in der Welt und steht damit in krassem Widerspruch zum geltenden Völkerrecht, das festlegt, daß Soldaten eben nicht als Mörder behandelt werden dürfen, sondern als Kombattanten, die unter den Schutz der Genfer Konvention gestellt sind. Der Grund dafür liegt darin, daß es nach internationalem Rechtsverständnis *einzelnen Soldaten nicht angelastet werden kann und darf*, wenn sie für ein Kriegsziel kämpfen müssen, das unter Umständen verwerflich ist. Diese strikte Gleichbehandlung von Soldaten eines Angreiferstaates mit solchen eines Verteidigerstaates entspricht wohlverstandenen humanitären Grundsätzen. In den letzten Verhandlungen zu den Zusatzprotokollen zu den Genfer Konventionen von 1977 wurde von Vietnam der Antrag eingebracht, die Soldaten eines Angriffsstaates nicht unter humanitären Völkerrechtsschutz zu stellen. Dieser Antrag wurde mit großer Mehrheit zurückgewiesen und in der Präambel zum Zusatzprotokoll I, die dazu beschlossen wurde, heißt es, daß "die Bestimmungen der Genfer Abkommen vom 12. August 1949 und dieses Protokoll unter allen Umständen uneingeschränkt auf alle, durch diese Übereinkünfte geschützten Personen anzuwenden sind und zwar *ohne jede nachteilige Unterscheidung, die auf Art oder Ursprung des bewaffneten Konflikts oder auch Beweggründen beruht, die von den am Konflikt beteiligten Personen vertreten oder ihnen zugeschrieben werden"*. Danach können Soldaten, welcher Armee sie auch immer angehören, niemals als Mörder angesehen werden. Das ist auch deswegen wieder bekräftigt worden, *weil im letzten Krieg die Sowjetunion deutsche Soldaten als Mörder verurteilt hatte, da sie einem verbrecherischen Regime gedient hätten. Das widerspricht internationalem Recht und ist genau die Argumentationslinie, die heute Reemtsma und Heer in ihrer unglaublichen Ausstellung vertreten.* Der im internationalen Recht völlig gefestigte Grundsatz, daß Soldaten nicht kriminell sind, solange sie nicht als Person selbst Kriegsverbrechen begehen, kam ja auch dadurch zum Ausdruck, daß im Nürnberger Prozeß der Generalstab und das Oberkommando der Wehrmacht (OKW) nicht als verbrecherische Organisation verurteilt wurden, auch wenn sie dem Hitler-Regime gedient hatten. Wenn man auf Verurteilungen verzichtete, lag das also nicht etwa daran, daß nicht genügend belastendes Material vorgelegen hätte, - das wurde in den Folgeprozessen (Fall VII und Fall XII) gegen hochrangige Soldaten eindrucksvoll ausgebreitet -, sondern daß aus guten humanitären Gründen formuliertes Völkerrecht nicht gebrochen werden sollte.

Diese allgemeinen Grundsätze des Völkerrechts, wenn sie so gefestigt sind, wie das hier der Fall ist, sind im übrigen Bestandteil unserer Verfassung gemäß Artikel 25, in dem es heißt:

"Die allgemeinen Regeln des Völkerrechts sind Bestandteil des Bundesrechtes. Sie gehen den Gesetzen vor und erzeugen Rechte und Pflichten unmittelbar für die Bewohner des Bundesgebietes." Es ist ist also zunächst die Frage zu stellen, ob das Bundesverfassungsgericht mit seinem Mörder-Urteil nicht gegen Artikel 25 unserer Bundesverfassung verstossen hat.

Gibt es denn in unserem Lande nicht eine einzige Instanz, nicht eine einzige Gruppe, nicht einen einzigen Rechtsanwalt, der sich dieser Frage einmal annähme?

Aber weiter. Die Auffassung, man könne alle Soldaten außer der Bundeswehr als Mörder bezeichnen, wie es das Bundesverfassungsgericht für rechtens hält, würde in zukünftigen Auseinandersetzungen dazu führen, daß Partisanen und Freischärler nach deutschem Recht ermuntert würden, auf reguläre Truppen als Mörder zu schießen, wobei sie allerdings, wenn es sich um Sfor-Truppen oder andere internationale Verbände handelte, zwischen deutschen und nicht-deutschen Truppen zu unterscheiden hätten. Die deutschen Bundeswehrangehörigen dürften sie nämlich nicht erschießen, weil diese nach Auffassung des Bundesverfassungsgerichts nicht Mörder sind. Dagegen stünde es ihnen frei, sich auf deutsches Recht beziehend, deren ausländische Kameraden abzuknallen. Wie müßig solche Überlegungen auch sind, verdeutlichen sie doch die Hirnrissigkeit deutscher Verfassungsgerichtsurteile.

Aus alledem ergibt sich die weitere Frage, ob gegen das Soldaten-Mörder Urteil des 1. Senates des deutschen Bundesverfassungsgerichtes nicht vor dem europäischen Gerichtshof geklagt werden könnte. Auf jeden Fall hat der Europäische Gerichtshof schon 1963 festgestellt, daß die europäische Gemeinschaft eine neue Rechtsordnung des Völkerrechts darstellt, zu deren Gunsten die Staaten, wenn auch in begrenztem Rahmen, ihre Souveränitätsrechte eingeschränkt hätten. Wenn und soweit das Gemeinschaftsrecht unmittelbare Wirkung entfaltet, kommt ihm Vorrang vor nationalem Recht zu, auch vor nationalem Verfassungsrecht. Natürlich handelt es sich hier um eine juristisch ungemein schwierige Materie, die zugleich tief in die Politik hineinreicht. Aber ist die eklatante Verletzung des Völkerrechts nicht doch eine wesentlich wichtigere Frage als eine Bananenmarktordnung? Warum erhebt nicht die Bundesregierung in Luxemburg vor dem Europäischen Gerichtshof Klage gegen das eigene Verfassungsgericht?

Es ist wirklich nicht mehr sehr eindrucksvoll, in Deutschland zu leben: für Millionen von Arbeitslosen, die plötzlich merken, daß sie Opfer der Wirtschaftsstrategien der 68er geworden sind; für alle, die von der Intoleranz der linken Intelligenzia unterdrückt werden ("ich kenne nichts Intoleranteres als unser intellektuelles Klima", Martin Walser); für die schweigende Mehrheit, der eingebleut wird, daß "law and order" Schimpfworte sind, und die vor Kriminellen Angst haben müssen; für die als Mörder diffamierte Generation der Väter und Großväter, die als Soldaten der Wehrmacht guten Glaubens für ihr Vaterland gekämpft haben, in dem noch immer die Erinnerung an den Friedensvertrag von Versailles und die wahnsinnige Reparationspolitik der Alliierten nachwirkte, und die objektiv ohnehin gegen die Kriegsziele ihrer Regierung nichts machen konnten; für die Soldaten der Bundeswehr, die zu ihrer Vereidigung Polizeischutz brauchen; schließlich aber auch für die Generation der Enkel, denen die Fortschrittsfeindlichkeit der 68er und der Grünen die Zukunft verbaut. Wer jung ist, etwas gelernt hat und zupacken kann, lebt als Europäer heute besser in Frankreich, Spanien oder Italien, Ländern, in denen europäische Geschichte noch lebendig ist, als Abenteurer und Naturfreund besser in der Weite Australiens und als Mensch, der wissen will, wo die Musik spielt, besser in Nordamerika. Eine rot-grüne Regierung im Jahr 1998 würde ohnehin zu einer leisen, aber stetigen Kapitalflucht aus unserem Lande führen, die vielen das Leben in Deutschland auf

Dauer unmöglich machte. Ob die nächste Generation eines Tages unserem Land ein neues Gesicht geben wird, wissen wir nicht. Inzwischen bleibt die Lösung für unsere Probleme nur, unsere nationale Identität, soweit sie sich entwickelt, immer enger an die nationalen Identitäten unserer westlichen Verbündeten anzulehnen. Für die deutschen Soldaten könnte das auf Dauer heissen: Ende der Wehrpflicht, Bildung einer Berufsarmee, integriert ausschließlich in internationalen westlichen Truppenverbänden in denen die Tradition der Soldaten der Wehrmacht und der Bundeswehr weiter ihren Platz finden könnte, eine Streitmacht, einem eigenen übernationalen Korpsgeist verpflichtet. Natürlich wäre das ein anderes Deutschland. Aber, wenn man Probleme nicht lösen kann, muß man sie abschaffen oder an ihnen vorbeigehen.

Namenverzeichnis